Winkler / LVA Grunewald

Dirk Winkler

Lokomotiv-Versuchsamt Grunewald

Die Geschichte des berühmten Lok-Labors

GeraMond

Titelbild:	Ein Blick auf den Rollenprüfstand der LVA Grunewald Slg. D. Winkler
Abbildung Vorsatz:	Die dänische 2'C-h3-Schnellzuglokomotive vor ihrem Versuchszug beim Halt in Güsten. Ganz außen rechts Richard Paul Wagner, der damalige Versuchsamtleiter Slg. A Gottwaldt
Abbildung Nachsatz:	Eine der seltenen Aufnahmen vom Einsatz der Schwartzkopff-Löffler-Hochdrucklokomotive zeigt die H02 1001 vor dem Messwagen in Magdeburg. Die hohe Störanfälligkeit und die für die Reichsbahn ungewöhnliche Bauart führten dazu, dass die Maschine von der Reichsbahn nicht übernommen wurde Slg. M. Weisbrod

Die Deutsche Bibliothek – CIP-Einheitsaufnahme

Ein Titeldatensatz für dies Publikation ist bei
Der Deutschen Bibliothek erhältlich

ISBN 3-7654-7131-3

© 2002 by GeraMond Verlag
im Hause GeraNova Zeitschriftenverlag GmbH, D-81673 München
www.geranova.de

1. Auflage 2002

Der Nachdruck, auch einzelner Teile, ist verboten. Das Urheberrecht und sämtliche weiteren Rechte sind dem Verlag vorbehalten. Übersetzung, Speicherung, Vervielfältigung und Verbreitung einschließlich Übernahme auf elektronische Datenträger wie CD-ROM, Bildplatte usw. sowie Einspeicherung in elektronische Medien wie Bildschirmtext, Internet usw. sind ohne vorherige schriftliche Genehmigung des Verlages unzulässig und strafbar.

Lektorat: Andreas Knipping
Redaktion: Thilo Kreier, Rudolf Heym
Herstellung: Hubert Bertele
Druck: Heichlinger Druckerei GmbH, Garching
Printed in Germany

Vorwort

In den Gründerjahren hatte sich in Berlin eine rasante industrielle Entwicklung vollzogen, die aus der einstmals beschaulichen Stadt bald eine Metropole der neuen, industriellen Welt machen sollte. Der Dampflokomotivbau, wie auch die Entwicklung der Elektrolokomotiven hatten wichtige Wurzeln in der Stadt und trugen einen nicht unbedeutenden Anteil an der industriellen Entwicklung des Berliner Großraums.

Bedingt durch die Rolle als Reichshauptstadt saßen in Berlin die für das Eisenbahnwesen damals wichtigsten Institutionen: das preußische Ministerium für öffentliche Arbeiten, dem die Verwaltung der Preußischen Staatseisenbahnen oblag sowie später das Reichs-Verkehrsministerium und die Hauptverwaltung der Deutschen Reichsbahn. Aus beiden Richtungen, der Regierung sowie der Eisenbahnverwaltung, kamen zusätzliche Impulse, die auch das Bild der Eisenbahn in Berlin bestimmten. Oft lag es nahe, neue technische Errungenschaften sozusagen vor der Haustür in Berlin und Umgebung zu erproben. So entstanden u.a. unter dem Einfluss der großen Elektrofirmen mehrere Versuchsstrecken in und bei Berlin, die wichtige Erkenntnisse für die elektrische Zugförderung brachten. Nicht zuletzt hatte die Schaffung des preußischen Eisenbahn-Zentralamtes in Berlin eine unmittelbare Auswirkung auf diese Entwicklung.

In der ersten Hälfte des zwanzigsten Jahrhunderts bot der Bahnknoten Berlin ein facettenreiches Bild der damaligen Möglichkeiten im Eisenbahnwesen. Viele der damals in Berlin zu erblickenden Fahrzeuge waren nur Gäste in der Stadt, teilweise auf längere Zeit. Hierzu gehörten auch diejenigen Fahrzeuge, die in den Versuchsämtern im RAW Grunewald mehr oder minder langfristigen Untersuchungen unterzogen wurden. Die Versuchsämter hatten mit ihrem Fachpersonal einen maßgeblichen Anteil an der Entwicklungsarbeit, die im Eisenbahnfahrzeugbau geleistet wurde. Eines dieser Ämter war das Versuchsamt für Lokomotiven und Triebwagen, dem in dieser Abhandlung unsere besondere Aufmerksamkeit gelten soll. Das Buch will eine Eindruck davon vermitteln, was sich hinter dem in der Eisenbahnhobbyliteratur so oft zu findenden Kürzel „LVA" verbarg, die dort maßgeblichen Personen vorstellen, die Örtlichkeiten aufzeigen und natürlich dessen Tätigkeit bis zu seiner Auflösung im Jahre 1945 vorstellen.

Die Fülle und fachtechnische Tiefe der vorliegenden Quellen gestatten es nicht, auf alle durchgeführten Versuche genauestens einzugehen. Die Wiedergabe einer Vielzahl von Testberichten oder auch nur Auszügen daraus hätte den Rahmen des Buches gesprengt – zum Teil sind sie in den einschlägig bekannten Publikationen über die einzelnen Lokomotivbaureihen wiederzufinden. Vielmehr will das Buch einen Überblick über die Tätigkeit der in der Literatur so oft erwähnten „LVA" Grunewald geben und die in knapp 40 Jahren geleistete Arbeit aufzeigen. Ein weiteres Anliegen des Autors war es, neben der weitgehend chronologischen Darstellung der eigentlichen Versuchstätigkeit auch die Organisation des Versuchswesens der Deutschen Reichsbahn sowie die technischen Voraussetzungen für die Grunewalder Arbeit vorzustellen und einen kurzen, wenn auch vielleicht unvollständigen, Blick auf die Jahre vor der Gründung des Versuchsanstalt zu werfen.

An dieser Stelle sein sei all jenen gedankt, die durch ihre Unterstützung zum Gelingen der Arbeit beigetragen haben. Genannt seien hier insbesondere Volkmar Kubitzki, der dem Autor seine umfängliche Sammlung an Sekundärquellen zugänglich machte, sowie Manfred Weisbrod und Rudolf Frieser, die Informationen zur Nachkriegsgeschichte beisteuerten. Mein spezieller Dank gilt Alfred Gottwaldt, der mit besonderer Aufmerksamkeit die Entstehung der Arbeit verfolgt und durch zahlreiche Hinweise ergänzt hat und umfangreiches Bildmaterial für dieses Buch zur Verfügung stellte. Auch den anderen Bildurhebern, die mit Fotos aus ihren Sammlungen, eine umfängliche Illustration möglich machten, sei an dieser Stelle gedankt: Andreas Knipping, Helmut Griebl, Manfred Weisbrod, Rudolf Frieser, Joachim Deppmeyer.

Beiersdorf, im Januar 2002
Dirk Winkler

Inhaltsverzeichnis

	1	**Lokomotivbeschaffung und Versuchswesen in Preußen**	
	1.1	Gründung des Königlichen Eisenbahn-Zentralamtes in Berlin	8
	1.2	Entwicklung des Versuchswesens bei den Preußisch-Hessischen Staatsbahnen	11

	2	**Das Versuchswesen bei der Deutschen Reichsbahn 1920 bis 1945**	

	2.1	Vom Lokomotiv-Versuchswesen im Eisenbahn-Zentralamt zur Lokomotiv-Versuchsabteilung im EAW Grunewald	18
	2.2	Das Versuchswesen in den zwanziger und dreißiger Jahren	28
	2.3	Die Situation der LVA während des Zweiten Weltkriegs und nach Kriegsende	37

	3	**Die technischen Voraussetzungen der Arbeit der LVA Grunewald**	
	3.1	Bauliche und technische Ausstattung	46
	3.2	Fahrzeuge	52
	3.2.1	*Mess- und Dienstwagen*	52
	3.2.2	*Brems- und Versuchslokomotiven*	60
	3.3	Versuchsdurchführung	
	3.3.1	*Versuchsmethoden und Versuchsstrecken*	67
	3.3.2	*Die Untersuchung der Dampflokomotiven in den dreißiger Jahren*	72
	3.3.3	*Die Untersuchung der Lokomotiven mit Verbrennungsmotor und der Triebwagen*	84

	4	**Die Versuchstätigkeit in Preußen bis zum Ende des Ersten Weltkrieges**	
	4.1	Anfänge in Grunewald nach der Jahrhundertwende	88
	4.2	Der Messwagen ist da	90
	4.3	Das Pensum wird umfangreicher – Die Versuchstätigkeit ab 1910	93
	4.4	Erste Versuche an Fahrzeugen mit Verbrennungsmotoren	103

5 Von den preußischen Bauarten zur Reichsbahn-Einheitslokomotive

5.1	Untersuchungen und Messfahrten in den ersten Nachkriegsjahren	105
5.2	Die Riggenbach-Gegendruckbremse, die preussische T 20 und die bayerische Gt 2x4/4	112
5.3	Versuche mit Braunkohlenfeuerung	114
5.4	Die Erprobung der Einheitslokomotiven für die Deutsche Reichsbahn und vergleichende Untersuchungen an Länderbahnlokomotiven	116
5.5	Neue Lokomotivbauarten in Grunewald	121
5.5.1	*Hochdruck- und Turbinenlokomotiven*	121
5.5.2	*Lokomotiven mit Kohlenstaubfeuerung*	125
5.5.3	*Mitteldrucklokomotiven*	127
5.6	Versuche mit Triebwagen und Verbrennungskrafttriebfahrzeugen	130
5.7	Weitere Untersuchungen an den neuen Einheitslokomotiven	134
5.7.1	*Heißdampf und Verbundwirkung*	134
5.7.2	*Versuche mit strömungsgünstig verkleideten Lokomotiven*	139
5.7.3	*Weitere Untersuchungen von 1934 bis 1939*	143
5.7.4	*Versuche mit Lentz-Ventilsteuerung*	147
5.8	Akkumulator- oder „Zweikraft"-Loks	149
5.9	Untersuchung von neuen Triebfahrzeugen mit Verbrennungsmotor	151
5.9.1	*Lokomotiven mit Verbrennungsmotoren*	151
5.9.2	*Die Schnelltriebwagen*	153
5.9.3	*Neue Verbrennungstriebwagen für Haupt- und Nebenbahnen*	157
5.10	Weitere versuchstechnische Aufgaben der VL	158
5.10.1	*Betriebsmessfahrten*	158
5.10.2	*Material- und Bauteiluntersuchungen*	161
5.10.3.	*Lauftechnische Untersuchungen*	162

6 Die Versuchstätigkeit während des Zweiten Weltkrieges

6.1	Einheits- und Kriegslokomotiven	166
6.2	Blicke über die Grenzen	172
6.3	Und immer wieder Betriebsmessfahrten	176
6.4	Holzgas und Wehrmachtsdiesellok	178
6.5	Die Erprobung der Kriegslokomotiven	182

1 Lokomotivbeschaffung und Versuchswesen in Preußen

1.1 Gründung des Königlichen Eisenbahn-Zentralamtes

Will man einen Blick auf die Entwicklung des Lokomotiv-Versuchsamtes Grunewald werfen, so ist man gezwungen, die Entwicklung des Lokomotivbaus in Preußen zu betrachten, denn eben damit hing der Aufbau des späteren Grunewalder Versuchsamtes eng zusammen. In diesem Sinne sei mit der Beschreibung des Versuchsamtes für Lokomotiven ein Ausflug in die ältere preußische Eisenbahngeschichte gestattet.

Mit dem Inkrafttreten der „Verwaltungsordnung für die Staatseisenbahnen" am 1. April 1895 hatte man die bis-

Gründung des Kgl. Eisenbahn-Zentralamtes

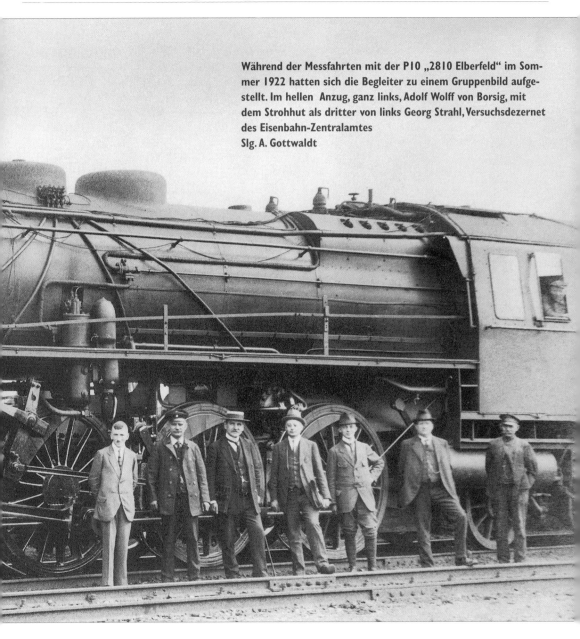

Während der Messfahrten mit der P10 „2810 Elberfeld" im Sommer 1922 hatten sich die Begleiter zu einem Gruppenbild aufgestellt. Im hellen Anzug, ganz links, Adolf Wolff von Borsig, mit dem Strohhut als dritter von links Georg Strahl, Versuchsdezernet des Eisenbahn-Zentralamtes
Slg. A. Gottwaldt

herigen, aus der Übernahme der alten Privat- und Staatsbahnen entstandenen elf Eisenbahn-Direktionen sowie die Betriebsämter in Preußen aufgelöst und 20 neue Eisenbahn-Direktionen gebildet.[1] Nach der Gründung der „Betriebs- und Finanzgemeinschaft der Königlich Preußischen und Großherzoglich Hessischen Staatseisenbahnen" am 23. Juni 1896 kam als 21. Direktion die K.E.D. Mainz hinzu. Die Eisenbahn-Direktionsbezirke waren selbständige, durch die jeweiligen Direktionen verwaltete Eisenbahnbetriebe, die unter der Aufsicht und Leitung des „Ministeriums für öffentliche Arbeiten" standen. Nach Durchführung der Verwaltungsreform griff das Ministerium in die Selbstän-

1 Die Neuordnung der preußischen Staatseisenbahn-Verwaltung. Centralblatt der Bauverwaltung. 15 (1895), S. 113/114

Lokomotivbeschaffung und Versuchswesen

digkeit der Direktionen nur soweit ein, wie es im Sinne einer einheitlichen Betriebsführung im Staate Preußen notwendig erschien. So betraute man einzelne Direktionen mit zentralen Aufgaben, die sie stellvertretend für alle Eisenbahn-Direktionen wahrzunehmen hatten. Der K.E.D. Berlin fiel dabei die Zuständigkeit für die Beschaffung von Lokomotiven zu. Den Posten des hierfür zuständigen Dezernenten bei der K.E.D. Berlin nahm *Robert Garbe* (1847-1932) ein, dem im Ministerium für öffentliche Arbeiten sein Vorgänger Dr.-Ing. E.h. *Karl Müller* (1848-1929) als Referent für Lokomotiven und Werkstätten gegenüber saß.

Vor der o.g. Verwaltungsreform war der Entwurf und der Bau von Lokomotiven in Preußen den einzelnen Eisenbahn-Direktionen überlassen. Daraus resultierend entstand zumeist in den Maschinentechnischen Büros der Direktionen eine Vielzahl von Lokomotivbauarten, die auf die oft speziellen Streckengegebenheiten in den Direktionen ausgelegt waren. Erst spät sollte sich eine einheitliche Linie innerhalb Preußens herausbilden.

Nachdem im Jahre 1902 weitere Privatbahnen in Preußen verstaatlicht wurden, gab das „Ministerium für öffentliche Arbeiten" zum 17. Mai 1902 die Verwaltungsordnung für die Staatseisenbahnen neu heraus. Damit einher gingen neuerliche Änderungen der Direktionsbezirksgrenzen, nachdem ersten Änderungen bereits zum 1. April 1899 stattgefunden hatten. Ebenfalls in das Jahr 1902 fiel die Ernennung von *Hermann von Budde* als neuem Minister für öffentliche Arbeiten, dessen Leitung er aus gesundheitlichen Gründen bereits im Mai 1906 an Dr. *Paul Justin von Breitenbach* (1850-1930) abgeben musste.[2]

Insbesondere in der Zeit von Breitenbachs vollzog sich eine stürmische Entwicklung der Preußisch-Hessischen Staatsbahnen, die mit der Industrialisierung Preußens einher ging. Der Zunahme des Güter- und Reiseverkehrs musste man mit neuen Betriebsmitteln aber auch verbesserten Anlagen entgegentreten. Hierbei zeigte sich, dass die beauftragten Direktionen dem anscheinend nicht mehr gewachsen waren und auch das Ministerium mit seinen Mitarbeitern sich nicht mehr in der Lage sah, die Aufgaben zeitlich und inhaltlich ausreichend bearbeiten zu können. Deshalb schlug im Jahre 1906 der Vortragende Rat im Ministerium für öffentliche Arbeiten *Wilhelm Hoff* (1851–1940) vor, eine Behörde für zentrale Aufgaben zu schaffen, die im Range den Eisenbahn-Direktionen gleichgestellt wäre. Diesen Schritt vollzog man zum 1. April 1907 mit der Gründung des Königlichen Eisenbahn-Zentralamtes (E.Z.A.) dessen Sitz man nach Berlin in unmittelbare Nähe zum Ministerium legte. Sein erster Präsident hieß: *Wilhelm Hoff*.[3]

Ihren ersten Dienstsitz bezog die Behörde in der Luisenstraße 31a, bevor man später in den Neubau am Schöneberger Ufer umziehen konnte. Prinzipiell war das 1907 geschaffene E.Z.A., neben anderen gemeinsamen Aufgaben, u.a. für die Förderung einheitlicher Bauarten auf technischem Gebiet, die Beschaffung der Fahrzeuge, Schienen, Weichen, Schwellen, Kohle und anderer Stoffe, die Wagenverteilung und die Verwaltung von Fürsorgeeinrichtungen zuständig. Mit seiner Gründung konzentrierte man bei den Preußisch-Hessischen Staatsbahnen nunmehr u.a. auch die Entwicklung neuer Lokomotiven und deren Erprobung an einer Stelle.

Das Dezernat 24 „Bauart der Heißdampflokomotiven und Tender" im Königlichen Eisenbahn-Zentralamt besetzte man mit *Robert Garbe*, der es bis zu seiner Pensionierung am 31.12.1912 leitete.[4][5][6][7][8]

---

2 Zehn Jahre preußischer Minister der öffentlichen Arbeiten. ZVDEV. 56 (1916). S. 429-433

3 Müller, C.: Der neue Minister der öffentlichen Arbeiten Herr Hoff. VtW. 13 (1919), S. 1

4 Änderung und Ergänzung der Verwaltungsordnung für die Staatseisenbahnen. Eisenbahn-Verordnungsblatt. (1907), S. 132

5 Seydel, F.: Die Organisation der preußischen Staatseisenbahnen bis zum Kriegsausbruch. Berlin. 1919, S. 56

6 Anger: Zum Tode des Geheimen Baurats Dr.-Ing. eh. Robert Garbe. DR. 8 (1932), S. 533

7 Verzeichnis der höheren Beamten der Preussisch-Hessischen Staatseisenbahnverwaltung. [mehrere Jg.]

8 Harder, K. J.: Die Einführung des Heißdampfes bei der Preußischen Staatsbahn - Das Lebenswerk Robert Garbes. LM. (1971), S. 571

1.2 Entwicklung des Versuchswesens bei den Preußisch-Hessischen Staatsbahnen

Bei der Bewertung der neuen Lokomotiven und deren Einzelteilen sowie deren Verbesserung orientierte man sich in Preußen im wesentlichen an den im Betriebsalltag gesammelten Erfahrungen. Mit der immensen technischen Entwicklung im Dampfkessel- und Lokomotivbau sowie der wissenschaftlichen Grundlagenforschung auf diesem Gebiet um die Jahrhundertwende nahmen aber auch eingehende Versuche an Lokomotiven bei den Preußischen Staatsbahnen immer mehr zu. Allerdings fehlte es an einem planmäßigen Vorgehen und einer Sammlung der Versuchsberichte und Erfahrungen, die in den einzelnen Direktionsbezirken gemacht wurden. Hier offenbarte sich einer der Nachteile der bisherigen Organisation im Lokomotivbeschaffungswesen der Preußischen Staatsbahnen.
Richard Anger (1873-1938), Regierungsbaumeister im preußischen Ministerium der öffentliche Arbeiten in Berlin und seit den zwanziger Jahren beim Reichsverkehrsministerium in der Hauptverwaltung als Leiter der Maschinentechnischen Abteilung tätig, beschrieb 1911 diese Situation sehr drastisch im „Organ für die Fortschritte des Eisenbahnwesens":[9] *„Solche Versuche (zur Ermittlung der Leistungswerte der Lokomotiven. d.A.) sind auf den preußischen Staatseisenbahnen schon im Jahre 1885/6 von allen Eisenbahn-Direktionen in großem Umfang mit den damaligen „Normal"-Lokomotiven, 1B-Personenzug, C-Nebenbahn-Tender- und C-Güterzug-Lokomotiven, ausgeführt worden. Zu den im gewöhnlichen Betriebe gemachten Versuchen wurden zahlreiche Lokomotiven in verschiedenen Abnutzungs- und Unterhaltungs-Zustande herangezogen. Die Ergebnisse wurden im Ministerium der öffentlichen Arbeiten gesammelt, rechnerisch ergänzt und in Belastungstafeln und Leistungsschaubildern ... zusammengestellt. Auch später wurden noch zahlreiche Versuche zur Bestimmung der Belastungsfähigkeit der Lokomotiven ausgeführt, die als durchaus geeignete Grundlage für eine zweckmäßige Fahrplanaufstellung anerkannt werden können. ... Bei manchen neueren Lokomotiven, namentlich den Heißdampflokomotiven, wurden die Versuche indes zum Teil nicht genügend durchge-*

9 Anger, R.: Erhöhung der Wirtschaftlichkeit des Zugförderdienstes auf Grund von Versuchen mit Lokomotiven im Betrieb der preußisch-hessischen Staatsbahn. Organ. 48 (1911), S. 1; S. 21; S. 37; S. 55; S. 75; S. 95

T 12 „Berlin 8269" mit Speisewasservorwärmer. Sie gehörte zu der umfangreichen Zahl der T 12, die durch die Grunewalder Versuchsabteilung gingen.

Slg. Helmut Griebl

Lokomotivbeschaffung und Versuchswesen

führt. Sie beschränkten sich zuweilen auf einige Fahrten mit einzelnen Lokomotiven der neuen Gattungen. Es blieb den einzelnen Eisenbahn-Direktionen überlassen, sich auf Grund von weiteren Sonderversuchen selbst die Belastungstafeln für diese Lokomotiven zu entwerfen. Einheitliche Vorschriften für Umfang, Durchführung und Auswertung dieser Versuche wurden nicht gegeben. Die Folge war, daß die Leistungsfähigkeit der neueren Lokomotivgattungen sehr verschieden bewertet wurde. Wie weit die in den Fahrplanbüchern der verschiedenen Bezirke benutzten Leistungswerte neuer Lokomotivgattungen von einander abwichen, geht daraus hervor, daß beispielsweise die Auslastung der 2B-Heißdampf-Schnellzuglokomotive der Gattung S 6 in einem Bezirke bei einer Grundgeschwindigkeit von 85 km/St zu 474 t, in einem anderen Bezirke für fast gleichwertige Steigungs- und Krümmungs-Verhältnisse bei 80 km/St Grundgeschwindigkeit zu nur 398 t angenommen wurde."

Dieser Mangel zeigte sich am deutlichsten bei der Verfolgung zweier Entwicklungslinien im preußischen Lokomotivbau nach der Jahrhundertwende, die von zwei, eng mit dem Lokomotivbau in Preußen verbundenen Persönlichkeiten getragen wurden: *August v. Borries* in Hannover und *Garbe* in Berlin. Von Borries (1852-1906) betrieb in Hannover mit Vehemenz den Bau der Verbundlokomotiven, *Garbe* von Berlin aus den Bau der Heißdampflokomotiven. Beide führten Versuche durch, ein direkter Vergleich der Bauarten auf versuchsmäßiger Grundlage fehlte jedoch weitgehend. *Richard Anger* sollte während seiner Zeit als Leiter der maschinentechnischen Abteilung in der Reichsbahn-Hauptverwaltung in den Jahren 1919 bis 1936 noch Berührung mit dem Thema und dem Manko der Garbeschen Baugrundsätze behalten. *Erich Metzeltin* (1871-1948), von 1918 bis 1948 Vorsitzender des Lokomotiv-Normenausschuss, erinnerte sich später zu dem Missverhältnis zwischen von *Borries* und *Garbe*: *„Nun war v. Borries ja durchaus für die Verwendung des Heißdampfes, er konnte nun beim besten Willen nicht einsehen, weshalb man nicht auch bei den Verbundlokomotiven Heißdampf versuchen sollte. Garbe hatte es sich jedoch in den Kopf gesetzt, nur die einfache Zwillingslokomotive und dazu nur die 2-B, nur ja keine Laufachse hinten, sei das einzig zu erstrebende Ziel. Mit einer 2B-Lokomotive sei alles zu schaffen, und er bekämpfte deshalb v. Borries bis aufs Messer, statt ihn, der vom Lokomotivbau doch wirklich etwas verstand, zum Freund und Mitarbeiter zu gewinnen. Wie hat Garbe auch die süddeutschen Fachleute verärgert, indem er die vorzüglichen Barrenrahmen „Zimmermannsbalken" nannte! Ich selbst wurde gegenüber Garbes Ausführungen besonders kritisch, als sein Buch erschienen war (gemeint ist: Die Dampflokomotiven der Gegenwart. d.A.). Ich habe manchem Kollegen folgende Wette vorgeschlagen: er solle bei den Zusammenstellungen über die vergleichenden Versuchsfahrten alle Spalten mit Ausnahme des Wetters zudecken und ich würde ihm sofort sagen, ob es sich um eine Heiß- oder Naßdampflokomotive handele. Letztere hatten nämlich immer gutes Wetter und Schiebewind, die Heißdampflokomotiven immer schlechtes Wetter und Gegenwind. Solche Entdeckungen machen natürlich stutzig. Zu diesem Thema vom Gegenwind noch folgendes Erlebnis: Bei einer Versuchsfahrt auf der Strecke Berlin – Hannover ergriff Garbe die Kohlenschaufel, hielt sie zum Führerhaus hinaus in den Windstrom und sagte zu Leitzmann: „Sehen Sie mal, Herr Kollege, was für einen Gegenwind wir haben!" Leitzmann antwortete in seiner zu Garbes ewiger Aufgeregtheit im Gegensatz stehenden ruhigen Weise: „Wollen Sie mich zum Meineid verleiten, Herr Kollege?"* [10]

Im Jahr 1905 griff man den Gedanken ernsthaft auf, einen zentralen Ort für Lokomotivversuche in Preußen zu schaffen. In der Presse hieß es dazu: *„Bei*

---

[10] Metzeltin, G.H.: Aus den Lebenserinnerungen von Erich Metzeltin. LM. (1967), H. 26, S. 57

Entwicklung des Versuchswesens

der großen technischen und wirtschaftlichen Bedeutung, welche der wissenschaftlichen Erprobung von Lokomotiven und sonstigen Eisenbahnbetriebsmittel zukommt, ist die Errichtung einer Versuchsanstalt für Lokomotivprüfungen im Anschluß an den Unterricht in der Technischen Hochschule [Charlottenburg; d.A.] in Aussicht genommen." Es „soll im Einverständnis mit der Eisenbahnverwaltung der Bau eines solchen Laboratoriums auf dem Gelände der Eisenbahnwerkstätten in Grunewald ausgeführt werden. Die Versuchseinrichtung wird im wesentlichen aus einem Gestell mit Laufrollen bestehen, auf welchem die Triebachsen der zu untersuchenden Lokomotive gestellt werden. Durch die gleichzeitige Tätigkeit der Laufrollen und der Triebräder der Lokomotive wird die Fortbewegung der letzteren aufgehoben. Die Einrichtungen sollen so getroffen werden, daß von den Studierenden die Geschwindigkeit, Leistung, Zugkraft, der Kohlen- und Wasserverbrauch usw. gemessen und die einzelnen Vorgänge an der Lokomotive, wie Verbrennung, Verdampfung, Dampfwirkung, Kraftübertragung usw., wissenschaftlich untersucht werden können. Die Gesamtkosten der Anlage einschließlich des Baues sind auf 90 000 M veranschlagt. Davon werden für 1905: 51 500 M gefordert." [11] Entsprechende Mittel für Hochschulzwecke wurden dann im preußischen Staatshaushalt für das Jahr 1906 bewilligt.[12]

Wenige Wochen nach dieser Meldung legte Regierungsbaumeister *Georg Dinglinger* in der „Zeitung des Vereins Deutscher Eisenbahnverwaltungen" die Notwendigkeit einer Eisenbahn-Versuchsabteilung dar. Er regte die Schaffung einer Zentralstelle an, *„die den Umfang der Versuche zu bestimmen hat und gegebenenfalls selbst imstande ist, Versuche anzustellen, die nur an einer einzelnen Stelle ausgeführt zu werden brauchen."* und verwies, mit Blick auf die bisherige Zersplitterung im Lokomotivversuchswesen, auf die Wirtschaftlichkeit einer solchen Zentralinstitution: *„Wie viel besser könnten derartige Versuchsfahrten von einer mit allen erforderlichen Apparaten ausgerüsteten Stelle von erfahrenen und mit der Ausführung solcher Versuche bewanderten Mannschaft ausgeführt werden, als wenn sie bald hier, bald dort angestellt werden. Wie viel schneller kann sich die Verwaltung bei der Wahl zwischen zwei verschiedenen Bauarten für eine von ihnen entscheiden, um die Zahl der bestehenden Lokomotivgattungen, der Normteile und Reservestücke auf das Mindestmaß zu beschränken! In gleicher Weise würden auch wissenschaftliche Versuche, welche mit Personen- und Güterwagen verschiedener Bauart zur Feststellung der Eigenbewegungen und des Eigenwiderstandes angestellt werden, die Wahl zwischen zwei Systemen erheblich erleichtern und auch Anregungen zu weiteren Verbesserungen geben."* Weiterhin befürwortete er, einen Versuchsring zu schaffen, der alle Möglichkeiten bot, um Lokomotiven und Wagen unter annähernden Betriebsbedingungen erproben zu können.[13]

Mit der Gründung der „Königlich Preußischen Versuchsanstalt für Oberbau und Bettung der Eisenbahnen" im Jahre 1907 kam dann ein solcher Versuchsring in Oranienburg bei Berlin zustande, allerdings zur Erprobung unterschiedlichster Oberbauformen, Schienen, Stößen, Schwellenformen und Bettungen. Dieser Versuchsring war mit einer einfachen Fahrleitung versehen. Auf ihm wurden anfänglich die vorher auf der Strecke Niederschöneweide - Spindlersfeld eingesetzten sechsachsigen Triebwagen verwendet, später kamen dann auch einige der in der Entstehung begriffenen ersten elektrischen Triebfahrzeuge der Preußischen Staatseisenbahn-Verwaltung hier zum Probeeinsatz.[14][15]

Mit dem Aufsatz von *Dinglinger* war ein Hauptaspekt der Wirtschaftlichkeit und späteren Arbeit der Versuchsämter

11 Versuchsanstalt für Lokomotivprüfungen. ZVDEV. 45 (1905), S. 57
12 ZVDI. 49 (1905), S. 147
12 ZVDI. 49 (1905), S. 147
13 Dinglinger, G.: Eine Eisenbahn-Versuchsabteilung. ZVDEV. 45 (1905), S. 696
14 Kafemann, Walther: Die Kgl. Preußische Versuchsanstalt für Oberbau und Bettung der Eisenbahnen. ZVDI. 51 (1907), S. 1839, 1840
15 Verein für Eisenbahnkunde zu Berlin. Versammlung am 13. September 1910. Vortrag von Samans über die bautechnischen Analgen der Bahn und Heymann: über die maschinentechnischen Anlagen der Bahn. GA. 34 (1911) I. S. 61

klar umrissen. Eine spezielle Versuchsstrecke für die Lokomotiverprobung kam zwar nicht zur Ausführung, hingegen schuf man später die hier bereits angedachten Versuchsstellen für Lokomotiven und Wagen. Die Standortwahl der Lokomotivabteilung der Eisenbahn-Hauptwerkstatt Grunewald der K.E.D. Berlin lag nahe, war sie doch bereits seit längerem mit Versuchen an neuen Lokomotiven seitens *Garbe* betraut worden. Des weiteren dürfte sicherlich die örtlicher Nähe zum 1907 gegründeten Eisenbahn-Zentralamt eine nicht unbedeutende Rolle bei der Entscheidung zugunsten von Grunewald gehabt haben, waren doch so die Herren Dezernenten eher in der Lage, kurzfristig an den Versuchen teilzunehmen oder eine der in der Hauptwerkstatt stehenden Maschinen selbst in Augenschein nehmen zu können.

Auch *Garbe* soll nach der Rückkehr von einer Studienreise preußischer Eisenbahnbeamter in die USA im Jahre 1903, wo er u.a. den Lokomotivprüfstand Altoona besucht hatte, die Schaffung eines für Preußen einheitlich wirkenden Versuchsamtes verfolgt haben.[16] *Garbe*, der wie gezeigt, seit 1895 die Aufgaben des Leiters des Lokomotivdezernats wahrnahm, ließ bei der K.E.D. Berlin seine Heißdampflokomotiven eingehenden und umfangreichen Versuchen unterziehen, galt es doch hier einerseits eine neue Lokomotivbauart zu erproben, andererseits den Skeptikern des Heißdampfgedankens stichhaltige Aussagen entgegenhalten zu können. Garbe selbst förderte die Idee eines Versuchsamtes, lobte die Möglichkeiten der Versuchsfahrten mit dem später zur Verfügung stehenden Meßwagen und befürwortete den Bau eines Lokomotivprüfstandes. Insbesondere zur genaueren Leistungsmessung mit Indikatoren erschien ihm der Lokomotivprüfstand prädestiniert. Und so schrieb er [17]: *„Es bedarf kaum einer Erwähnung der Tatsache, daß auch sämtliche anderen Messungen, die zur Beurteilung der Güte und Leistungsfähigkeit der Lokomotiven erforderlich sind, in einwandfreier Weise nur auf einem Prüfstand möglich sind. Insbesondere können Ermittlungen geeigneter Schieberbauarten, bei denen es naturgemäß auf größte Genauigkeit der Dampf- und Kohlenverbrauchszahlen ankommt, nur auf einen mit allen Meßvorrichtungen versehenen Prüfstand ausgeführt werden.*

Wird erwogen, wie große Fortschritte der Bau ortsfester Kraft- und auch der Arbeitsmaschinen den Prüfständen verdankt, so ist es verwunderlich, daß in Deutschland ... noch keine Prüfanlage für Lokomotiven besteht."

Eine der vordringlichsten Aufgaben für das E.Z.A. bestand in der Ermittlung einheitlicher Vorgaben für Leistung und Verbrauch, also den Eckdaten für den wirtschaftlichen Einsatz der Lokomotiven bei den Staatsbahnen. Zu den vom Ministerium, wie dem E.Z.A. betriebenen Arbeiten gehörte die Einführung *„einheitlicher Aufschreibungsmuster nebst allgemeiner Grundsätze für die Ausführung und Verwertung aus Versuchen"* aus dem Betrieb im Februar 1908 sowie die Erfassung der Kosten und Dauer der Ausbesserungen der einzelnen Lokomotiven in den Direktionsbezirken, die zum 1. Januar 1909 begonnen wurde. Damit sah man sich in der Lage, erstmals einheitliche wirtschaftliche Eckdaten des Lokomotivbetriebes zu erhalten.

Nochmals Anger[18]: *„Mit der Beseitigung der erwähnten Unterschiede und Unrichtigkeiten hat der Minister der öffentlichen Arbeiten im Jahre 1909 das Königliche Eisenbahn-Zentralamt und den preußischen Lokomotivausschuß beauftragt, die für die einzelnen Lokomotivgattungen die von den verschiedenen Eisenbahn-Direktionen ermittelten Belastungswerte zusammenstellen, nachprüfen und nötigenfalls durch weitere Versuche ergänzen sollen. Diese Arbeiten sind zur Zeit (1911. d.A.) noch*

---

16 Harder, K. J.: Die Einführung des Heißdampfes bei der Preußischen Staatsbahn. – Das Lebenswerk Robert Garbes. Lok Magazin (LM). (1971), S. 571

17 Garbe, Robert: Die Dampflokomotiven der Gegenwart. Berlin: Springer, 1920

18 Anger, R.: Erhöhung der Wirtschaftlichkeit des Zugförderdienstes auf Grund von Versuchen mit Lokomotiven im Betrieb der preußisch-hessischen Staatsbahn. Organ. 48 (1911), S. 1; S. 21; S. 37; S. 55; S. 75; S. 95

nicht abgeschlossen. Doch ist zu erwarten, daß bald auch für die neueren preußischen Lokomotivbauarten einwandfreie Belastungstafeln allgemein eingeführt werden können."
Die Vergleichsversuche zur Überwachung des Kohleverbrauchs, der Auslastung, Unterhaltung und Bedienung und Leistung in tkm führte man in den Direktionen vom 1. Juli bis 30. September 1908 und vom 1. Januar bis 31. März 1909 durch. „Der preußische Lokomotivausschuß ist gleichzeitig beauftragt worden, die Richtigkeit der für die Ergänzung der Belastungstafeln so wichtigen Widerstandsformel nachzuprüfen. Nach den im Betrieb gewonnenen Erfahrungen sind nämlich die zur Zeit benutzten Widerstandsformeln für die jetzigen Verhältnisse nicht oder nur in sehr beschränktem Maße brauchbar." Dies bedeutete, dass somit dem E.Z.A als weitere wesentliche Aufgabe die Schaffung wissenschaftlicher Grundlagen zur Bewertung der Lokomotiven übertragen wurde.

Die Tätigkeit des Zentralamtes belief sich in Bezug auf das Versuchswesen anfänglich, wie dargestellt, auf die Überwachung der Versuche sowie die Sammlung sowie Auswertung und Publizierung der Ergebnisse. Folgt man dem „Verzeichnis der Höheren Beamten der Preussisch-Hessischen Staatseisenbahnverwaltung" so hatte man in den ersten Jahren noch kein geeignetes Dezernat für das Lokomotivversuchswesen gefunden. Für die Jahre 1908/09 war es im Beschaffungsdezernat 25 bei *Maximilian Unger* angesiedelt. 1910/11 wurden „*Versuche mit Dampflokomotiven aller Art*" im Dezernat 28, „*Brems- und Kupplungswesen.*" mit betreut, das *Bruno Kunze* (1854-1935) führte. Hier finden wir es auch noch in dem Verzeichnis von 1911/12, nunmehr unter der Leitung von *Albert Grund* (1859-1923).

Die stetig steigende Zahl der Versuche, wie auch die Einsicht in die Wichtigkeit der Thematik führte jedoch noch vor dem Ersten Weltkrieg dazu, dass im Jahre 1911 ein gesondertes Dezernat 22 „*Versuche mit Dampflokomotiven aller Art und mit verschiedenen Betriebsmaterialien*" eingerichtet wurde, um die Versuche auf dem Gebiet des Lokomotivbaus zusammenzufassen. Erster Dezernent im Jahr 1912 wurde *Emil Bergerhoff*. Der stetige Wandel in der Besetzung der Dezernenten, die für die Lokomotivversuche verantwortlich zeichneten, fand erst mit der Einsetzung von *Wilhelm Höffinghoff* (1864-1925) im Jahre 1913 ein Ende.

Ab 1914 war das Dezernat nur noch für die *„Versuche mit Dampflokomotiven"* zuständig und *Höffinghoff* blieb als Dezernent für die nächste Zeit zuständig, so dass eine gewisse Kontinuität in der Arbeit erreicht wurde. [19][20]

Zu den ersten, uns bekannten Mitarbeitern im Lokomotivversuchswesen gehörte *Hermann Potthoff* (1873-1951). Er war im Jahre 1903 als Regierungsbaumeister bei der Preußischen Eisenbahnverwaltung in den Dienst getreten und kam nach Ablegung der Staatsprüfungen zum Preußischen Eisenbahn-Zentralamt, um dort zunächst als Hilfsarbeiter im Lokomotivversuchswesen tätig zu werden.

Bereits Ende 1910 trat *Potthoff* als Vorstand der Werkstätteninspektion Berlin-Grunewald aus dem Eisenbahndienst aus und nahm unterschiedliche Aufgaben in der Industrie wahr. So übernahm er 1911 die Leitung der Konstruktionsabteilung bei Henschel & Sohn, wurde im Ersten Weltkrieg zur verkehrstechnischen Prüfungskommission nach Berlin berufen, wo unter seiner Leitung u.a. die Heereslokomotive für Meterspur entstand, und wirkte von 1923 bis 1928 als Vorstand der Lokomotivfabrik Hohenzollern. Im Jahre 1928 berief ihn die TH Hannover zum Leiter des Lehrstuhls für Eisenbahnmaschinen- und Kraftfahrwesen. [21] Die Betreu-

19 Nordmann: Das Lokomotivversuchswesen der Deutschen Reichsbahn. Die Reichsbahn. 2 (1925), S. 506
20 Verzeichnis der Höheren Beamten der Preussisch-Hessischen Staatseisenbahnverwaltung. 1910/11-1915/16. Hannover: Jänecke.
21 Mitteilung in: GA. (1951), S. 184 sowie [Festschrift Uni Hannover von 1981]

Lokomotivbeschaffung und Versuchswesen

ung der zahlreichen Versuche sowie die spätere Publizierung der umfangreichen Versuchsergebnisse von 1913 übernahm der 1911 als Hilfsarbeiter in das Lokomotivdezernat des Eisenbahn-Zentralamtes berufene *Georg Iltgen*. Iltgen, am 9. Januar 1878 geboren, bekam im November 1920 als Mitglied

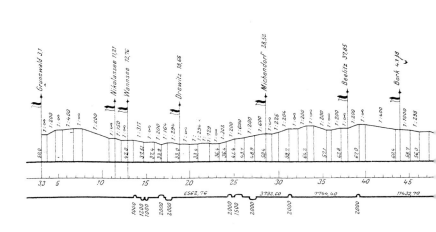

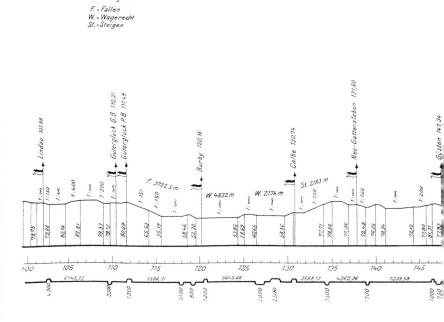

Entwicklung des Versuchswesens

des neuen RZA die Normung im Lokomotivbau übertragen und legte hier mit seiner Abeit einen der Grundsteine für die Vereinheitlichung der Länderbauarten und die Schaffung der Einheitslokomotiven bis zu seinem frühen Tod am 1. September im Jahre 1930. [22]

[22] Direktor bei der Reichsbahn Georg Iltgen †. GA. (1930), Nr. 1279, S. XI

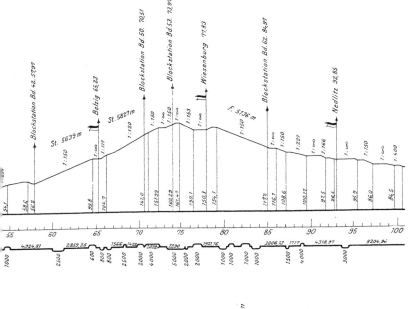

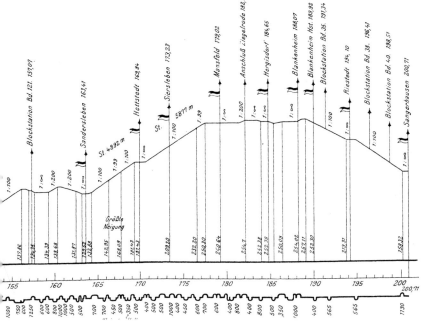

Streckenprofil der meistbefahrenen Versuchsstrecke Grunewald – Sangerhausen.

Slg. D. Winkler

2 Das Versuchswesen bei der Deutschen Reichsbahn 1920 bis 1945

2.1 Vom Lokomotiv-Versuchswesen im Eisenbahn-Zentralamt zur Lokomotiv-Versuchsabteilung im EAW Grunewald

Nach Beendigung des Ersten Weltkrieges und der Abdankung des Kaisers und preußischen Königs – Preußen wurde Republik – vollzog sich ein geringfügiger politischer Wandel. *Von Breitenbach* legte sein Amt am 16. November 1918 nieder.[23] Seine Nachfolge trat *Wilhelm Hoff* an, der als Präsident dem Königl. Eisenbahn-Zentralamt seit der Gründung am 1. April 1907 bis zum 11. Dezember 1912 vorstand.[24] Doch Hoff sollte nur ein knappes halbes Jahr in diesem Amte verbleiben. Zum 20. März 1919 wurde *Rudolf Oeser* (1858–1926) auf diesen Posten berufen.[25] Vorerst brachten die revolutionären Ereignisse des Jahres 1918 nur geringe Veränderungen für die bisherige Organisationsform des preußisch-hessischen Staatsbahnwesens mit sich. Aus der Bezeichnung des Eisenbahn-Zentralamtes entfernte man kurzerhand den monarchischen Hinweis. So fungierte es von 1918 bis 1920 nurmehr als Preußisches Eisenbahn-Zentralamt.

Der Wandel in den darauf folgenden Jahren sollte jedoch größer werden. Länderbahnzusammenschluss und Schaffung einer Reichseisenbahn mit dem Übergang der sieben größten deutschen Eisenbahnverwaltungen auf das Reich gemäß Artikel 89 der Deutschen Verfassung am 1. April 1920 waren hier

23 Staatsminister Dr. v. Breitenbach. Zentralblatt der Bauverwaltung. 38 (1918). S. 469; von Breitenbach =. Die Reichsbahn. 1930, S. 272; von Breitenbach zum Gedächtnis. Die Reichsbahn. 1930, S. 280
24 Müller, C.: Der neue Minister der öffentlichen Arbeiten Herr Hoff. VtW. 13 (1919), S. 1
25 (Berufung) Mitteil. des Eisenbahn-Zentralamts. (1919), S. 47 / Eisenbahn-Verordnungs-Blatt. (1919), S. 55

Ein Blick auf die Strecke und die Garnitur aus T38 3255 und dem Messwagen 2 der Versuchsabteilung für Lokomotiven.

Slg. A. Gottwaldt

Während der Vorbereitungen zu einer Probefahrt mit der 19 1001 posieren oben links Rüggeberg, daneben Mischke und auf der Leiter Roosen für den Fotografen. Die Herren der Firma Henschel betreuten in enger Zusammenarbeit mit den Dienststellen der Reichsbahn ihr Projekt.

Slg. Alfred Gottwaldt

Das Versuchswesen 1920 bis 1945

Auf dem Bahnsteig in Hannover haben sich neben der T18 die Herren Günther, Witte, Nordmann sowie weitere nicht bekannte Vertreter von Reichsbahn und Industrie aufgestellt.

Slg. A. Gottwaldt

26 Düring, Theodor: Die Schnellzuglokomotiven der Baureihe 03 der Deutschen Reichsbahn. LM. (1970), S. 244
27 Nachrichten. Mitteilungen des Königlichen Eisenbahn-Zentralamts. 1918, S. 41
28 de Grahl: Oberregierungsbaurat Strahl †. GA. (1922) II, S. 54
29 Personalnachrichten. ZVDEV. 43 (1903), S. 630
30 Nachruf in ZVDI. 66 (1922), S. 922
31 de Grahl: Oberregierungsbaurat Strahl †. GA. (1922) II, S. 54

die wichtigsten Meilensteine einer Entwicklung, die die politischen Veränderungen jener Zeit widerspiegelten. Für das Eisenbahn-Zentralamt (EZA) blieb es vorerst bei der gewohnten Bezeichnung. Erst infolge der Gründung der Deutschen Reichsbahn-Gesellschaft erhielt es zum 1. März 1925 die Bezeichnung Reichsbahn-Zentralamt (RZA).

Der Länderbahnzusammenschluss bewirkte für die in der Reichsbahn vereinigten Verwaltungen ein starkes preußisches Gewicht an den maßgeblichen Stellen. Deutlich wurde dies auch im Lokomotivwesen, waren doch in der Hauptverwaltung (HV) unter *Angers* Leitung mit *Friedrich Fuchs* (1871-1958) als Referenten für die Konstruktion und Beschaffung von Lokomotiven, Triebwagen, Schiffen und maschinellen Anlagen und im Eisenbahn-Zentralamt mit *Hinrich Lübken* (1856-1932) als lokomotivtechnischem Konstruktionsdezernenten, der *Garbe* 1912 abgelöst hatte, die wesentlichsten Posten mit preußischen Beamten besetzt worden. Zwar wahrte man anfänglich in den ersten Reichsbahnjahren noch scheinbar eine gewisse Parität zwischen den ehemaligen Staatsbahnverwaltungen bei der Weiterbeschaffung von Lokomotiven, doch waren die im Typenprogramm von 1924/25 unter Einfluss von *R. P. Wagner* enthaltenen Lokomotiven weitgehend nach preußischen Baugrundsätzen erarbeitet worden. [26]

Doch zurück zum Versuchswesen: Die Leitung des Lokomotiv-Versuchswesens beim EZA wurde zum 1. April 1918 dem Geheimen Regierungs- und Baurat *Georg Strahl* übertragen.[27] Strahl, am 29. Oktober 1861 in Georgshütte bei Kattowitz geboren, trat nach Beendigung seines Studiums 1889 in den staatlichen Eisenbahndienst ein. Lange musste er auf die entsprechende Anerkennung warten. *„Ihm war der Schematismus der Ausbildung zum Staatsbeamten ein Hemmschuh freier Entwicklung, durch den so mancher gute Wille unter Umständen bis*

Entwicklung zur Versuchsabteilung

zur Gleichgültigkeit abgebremst wird." Bereits 1891 hatte er sich erfolglos bei der K.E.D. Berlin um eine „*Beschäftigung im maschinentechnischen Büro der damaligen Königlichen Eisenbahn-Direktion-Berlin im Fahrzeugbau*" beworben. Es schlossen sich ab 1894 drei Jahre Beschäftigung bei der Kaiserlichen Werft in Kiel im Hebezeugbau an, bevor er 1897 zur Bahn zurückkehrte und in Breslau in verschiedenen Stellungen tätig war.[28] Dort konnte er erst spät und nach Unterstützung durch befreundete Seite seine Untersuchungen auf dem Gebiet des Lokbaus aufnehmen. Im Jahre 1903 zum Eisenbahnbauinspektor ernannt war er seit 1906 in Berlin im Maschinenamt 2 tätig, bevor er 1912 als Direktionsmitglied nach Königsberg berufen wurde.[29][30]

Strahl hatte bereits in seinen Breslauer Jahren einen bedeutenden Anteil an der Schaffung wissenschaftlicher Grundlagen zur Berechnung von Dampfloko-motiven gelegt und dabei selbst zahlreiche Versuche in der Breslauer Direktion durchführen können. Doch der Weg dahin war lang und steinig. *De Grahl*, langjähriger Vorsitzender der DMG, erinnerte sich 1922: „*Als Strahl zur Eisenbahn zurückkehrte, 1897 bis 1899 zu verschiedenen Dienstleistungen bei den Werkstätten-Inspektionen und der Maschinen-Inspektion 1 Breslau herangezogen wurde, herrschte über den Verbrennungsvorgang bei der Lokomotive höchst unklare Vorstellungen. Es mag genügen, hier anzuführen, daß ich ihm als Bundesbruder und Studienfreund anregend zur Seite stand, ihm den Dipl. Ing. C. Rades mit den nötigen Versuchsapparaten wochenlang zur Verfügung stellte, da für die Beschaffung solcher Versuchseinrichtungen kein Verständnis und demnach auch kein Geld vorhanden waren. Unter solchen Verhältnissen begann Strahl seine für die Eisenbahn-Verwaltung von so außerordentlichem Nutzen gewesenen Arbeiten.*"[31] Es entstanden im Ergebnis sei-

Während einer Messfahrt mit der 01 093 fanden sich u.a. Friedrich Witte (2. v. r.) und Karl Günther (3. v. r.) zum Gruppenbild ein.

Slg. A. Gottwaldt

Das Versuchswesen 1920 bis 1945

Während der Versuchsfahrten mit 18 479, an der man die Wasserenthärtung im Kessel untersuchte, trafen sich Friedrich Hörmann vom RZA München (links) und Hans Nordmann vom RZA Berlin.

Slg. A. Gottwaldt

Die kohlenstaubgefeuerte 58 1677 kam nach den Versuchen bei der LVA zum Planeinsatz nach Halle.

Slg. A. Gottwaldt

ner Versuche zahlreiche theoretische Abhandlungen, die für die damalige Zeit von immensem Nutzen waren.[32]

Man holte somit einen anerkannten Fachmann und Lokomotivtheoretiker nach Berlin, der nun die Methoden zur Untersuchung der Maschinen weiterentwickeln und mit der Einführung systematischer Untersuchungsmethoden für Lokomotiven ein wissenschaftlich fundiertes Versuchswesen bei der neuen Eisenbahnverwaltung aufbauen konnte.

Die stetig zunehmenden Zahl von Versuchen an Lokomotiven nach dem Ende des Ersten Weltkrieges stieß bald an die Grenzen der personellen Möglichkeiten des EZA.

Hier sahen sich der Lokomotiv-Versuchsdezernent und sein Mitarbeiter aufgrund der Fülle an Arbeit nicht mehr in der Lage, die Aufgaben ausreichend auszuführen. Diese Situation entspannte sich erst, nachdem man mit der Schaffung der Reichseisenbahnen am 1. April 1920 ein besonderes Lokomotiv-Versuchsamt in der Eisenbahn-Hauptwerkstatt Grunewald einrichtete. Nordmann führte hierzu 1923 aus: *„Die damit gegebene Arbeitsteilung zwischen Zentralamt und Versuchsamt hat sich als außerordentlich fruchtbar erwiesen. Das Lokomotiv-Versuchsdezernat des Zentralamts verfolgt jetzt, neben den zahlreichen, bei den Direktionen laufenden Betriebsversuchen, nur noch die Grunewalder Versuche, erteilt insbesondere auch Aufträge dazu, ist aber mit der ständigen Ausführung der Versuche, an denen der Dezernent zwar häufig teilnimmt, nicht mehr befaßt und kann sich mit größerer Muße der Auswertung der Ergebnisse widmen, während umgekehrt das Versuchsamt nicht viel Zeit auf die über den Rahmen der wissenschaftlich-kritischen Berichterstattung hinausgehende Auswertung zu verwenden braucht und sich mit größerer Vertiefung der experimentellen Tätigkeit hingeben kann."* [33]

Strahl blieb im EZA und betreute das entsprechende Dezernat 22 weiter. Nochmals *de Grahl: „...hier erst war er an die Stelle gesetzt, die eigentlich seinem ganzen Können voll entsprach, da sein Dezernat die praktische Erprobung und die wissenschaftliche Untersuchung der Lokomotiven mit umfaßte und wo zu seinem Dezernat auch das Versuchsamt Grunewald gehörte."* [34]

Als Vorstand des neu geschaffenen „Werkstättenamtes c (Versuchsamt für Lokomotivuntersuchungen) bei der Eisenbahn-Hauptwerkstätte Berlin-Grunewald" wurde *Richard Paul Wagner* (1882-1953) ausgewählt, der nach seiner Rückkehr aus dem Feldeisenbahndienst im Oktober 1918 mehrere Dienstposten beim Eisenbahn-Zentralamt durchlaufen hatte. [35]

Hans Nordmann übernimmt das Dezernat 22

Die umfangreiche Arbeit und sein unermüdliches Wirken belastete *Georg Strahl* zunehmend, ohne dass er sich dies eingestehen wollte. *„Da die Natur ihre Energiemengen nicht verschwendet, mußte dem Entropiezuwachs auf der einen Seite ein Verlust auf der andern entsprechen. Strahl verbrauchte schließlich seine Kräfte, so daß er über seinem Werke sitzend am Schreibtisch zusammenbrach."* Plötzlich und unerwartet erlitt er während der Arbeit im Berliner Zentralamt am 3. August 1922 einen Schlaganfall, in dessen Folge er vor der Vollendung seines einundsechzigsten Lebensjahres verstarb. Er hinterließ seine Frau und drei Kinder. [36]

Als seinen Nachfolger holte man *Hans Nordmann* in das Amt des Versuchsdezernenenten, nachdem er bereits seit einem halben Jahr wieder in Berlin tätig war.

Hans Nordmann wurde am 14. Januar 1879 in Halberstadt geboren. Nach dem Gymnasialabschluss begann er am 1. April 1897 eine Lehre in der Eisen-

---

32 s. hierzu u.a.: Strahl: Rauchgasanalysen und Verdampfungsversuche an Lokomotiven. GA. 55 (1904, 2. Hb.), S. 81, S. 101
– Vergleichende Versuche mit gesättigtem und maßig überhitztem Dampf an Lokomotiven. ZVDI. 48 (1904), S. 17
– Der Wert der Heizfläche für die Verdampfung und Ueberhitzung im Lokomotivkessel. ZVDI. 49 (1905), S. 719
– Untersuchung und Berechnung der Blasrohre und Schornsteine von Lokomotiven. Organ. 48 (1911), S. 322; S. 343; S. 359; S. 399
– Verfahren zur Bestimmung der Belastungsgrenzen der Dampflokomotiven. ZVDI. 57 (1913), S. 251; S. 326; S. 379; S. 421
– Der Wert der Heizfläche eines Lokomotivkessels für die Verdampfung, Ueberhitzung und Speisewasservorwärmung. ZVDI. 61 (1917), S. 257; S. 313; S. 327

33 Nordmann, H.: Die Tätigkeit des Eisenbahnzentralamts und des Lokomotiv-Versuchsamts auf dem Gebiet der Versuche mit Dampflokomotiven seit 1914. GA. (1923), S. 1

34 de Grahl: Oberregierungsbaurat Strahl †. GA. (1922) II, S. 54

35 Nachrichten. Mitteilungen des Eisenbahn-Zentralamts. (1920), S. 71

36 de Grahl: Oberregierungsbaurat Strahl †. GA. (1922) II, S. 54

bahn-Hauptwerkstatt Halberstadt, an die sich ein Maschinenbaustudium an der Technischen Hochschule Hannover anschloss. Die 1. Staatsprüfung bestand er im Dezember 1901. Seine weitere Ausbildung, dann bereits als Regierungsbauführer, erhielt er im Direktionsbezirk Magdeburg und schloss sie mit der 2. Staatsprüfung am 27. Oktober 1905 erfolgreich ab. Es schlossen sich für den jungen Regierungsbaumeister Aufgaben in den Eisenbahnämtern Halberstadt, Magdeburg und Gleiwitz bis Juli 1907 an, wo er u.a. die Bekanntschaft mit Wagner machte.

Nordmanns theoretische Fähigkeiten und seine Leistungsbereitschaft wurden recht schnell mit einem Staatspreis anerkannt, der es dem Achtundzwanzigjährigen ermöglichte, eine dreimonatige Studienreise durch Mitteleuropa anzutreten und den europäischen Lokomotivbau zu studieren. Nach seiner Rückkehr erhielt er eine Tätigkeit im Starkstromdezernat der K.E.D. Berlin. Am 1. April 1912 versetzte man ihn an das Königlich Preußische Eisenbahn-Zentralamt, wo er anfänglich im Lokomotivbau als Bauüberwachungs- und Abnahmebeamter eingesetzt und bis zum 9. März 1917 als Hilfsarbeiter tätig war. Mit 38 Jahren berief man ihn zum Vorstand des Eisenbahnwerkstättenamtes für den Lokomotivbau in Kassel, bevor er dann am 10. Januar 1922, kurz vor seinem 43. Geburtstag, seine Berufung zum Dezernenten 22 beim Eisenbahn-Zentralamt erhielt.[37]

Nordmanns weiterer Werdegang war, wie *Gottwaldt* in seinem Buch über den „Schöpfer" der Einheitslok *Richard Paul Wagner* bereits ausführlich aufzeigte, eng mit dem Wagners verbunden und abgestimmt, womit wir uns hier auf die weitere Darstellung der Entwicklung Nordmanns beschränken wollen: Am 1. Juli 1923 wurde er zum Honorarprofessor für Maschinenbau an der Technischen Hochschule Berlin berufen, wo er, neben seiner Tätigkeit beim EZA, weit über das Kriegsende hinaus bis zum 1. November 1954 Vorlesungen über Eisenbahnbetrieb und Eisenbahnwerkstätten abhielt. Am 1. November 1924 ernannte man ihn zum Reichsbahnoberrat. Am 9. Dezember 1930 erhielt er aus den Händen von Professor *Meineke* die Ehrendoktorwürde der Berliner Technischen Hochschule „*in Anerkennung seiner hervorragenden Verdienste um die Erforschung des Arbeitsganges in der Lokomotive und die Vervollkommnung des Untersuchungsverfahrens*". In seinem 56. Lebensjahr ernannte man Prof. Dr. E.h. *Hans Nordmann* am 1. April 1935 zum Direktor bei der Reichsbahn, zum 1. Dezember 1938 folgte seine Beförderung zum Abteilungspräsidenten. Noch mit 63 Jahren erhielt er 1942 in Würdigung seiner Leistungen die Ernennung zum Mitglied der Akademie der Wissenschaften.[39]

Bei all dem blieb *Nordmann* jedoch ein menschlich angenehmer Kollege, der nicht vergaß, die Leistungen seiner Mitarbeiter herauszustellen und zu würdigen. Man hob immer wieder sein aufgeschlossenes Wesen und seine besondere Vortragsgabe hervor, die auch einen Ausdruck in seinen über 60 umfangreicheren Veröffentlichungen fand.[40] *Nordmann*, der körperlich nicht sonderlich groß war und auch mit einer leichten Gehbehinderung leben musste, war „*ein glänzender Redner und unterhaltsamer Gesellschafter*", wie sich *Fr. Röhrs* erinnerte. Im Amte eher zurückhaltend und als pragmatischer Wissenschaftler auftretend, zeigte er sich bei den Meßfahrten seinen Mitarbeitern auch von einer anderen Seite. Dem nötigen Auftreten als Dezernent stand der humorvolle, geistreiche Charakter gegenüber, der nach Abschluss der täglichen Meßfahrten „*gern am Abend die Meßwagenmannschaft beim Glas Bier um sich*" hatte. „*Hier sprühte sein Geist, und wenn Nordmann einmal zu später Stunde kurz einge-*

---

37 Nachruf in: GA. 81 (1957), S. 408
38 s.a.: Gottwaldt, Alfred B.: 50 Jahre Einheitslokomotiven. Stuttgart: Franckh, S. 23, 56, 83, 89; (später: Gottwaldt, Alfred B.: Geschichte der deutschen Einheits-Lokomotiven. Stuttgart, 1978)
39 Nachruf in: GA. 81 (1957), S. 408.
40 Hierbei sei auf das Quellenverzeichnis dieses Buches verwiesen; weiterhin: Nordmann, H.: Maßnahmen zur Steigerung der Reisegeschwindigkeit im Eisenbahnverkehr. ZVDI. 75 (1931), S. 1237.

nickt war, so war er doch sofort wieder präsent, sobald ein Witz oder ein Scherzwort fielen." Und so manches Mal musste ihn der Versuchsleiter daran erinnern ein Ende zu finden, da die Mannschaft am nächsten Morgen um Sechs wieder an die Arbeit gehen musste.[41]

Nordmanns „Hilfsarbeiter"

Die umfangreiche Arbeit des Versuchsdezernenten im Zentralamt wäre nicht ohne die Unterstützung durch weitere Ingenieure zu bewältigen gewesen. Diese Hilfsarbeiter, wie es damals hieß, wurden dem Dezernenten *„zur Ausbildung oder zur Hilfeleistung in Dezernatsgeschäften überwiesen".*[42] Oft erledigten sie das Tagesgeschäft, bereiteten im Dezernat 22 die Berichte des Versuchsamtes für *Nordmanns* Veröffentlichungen auf oder werteten die zahllosen Messprotokolle aus.
Einer der Sachbearbeiter und Assistent *Nordmanns* war im Jahre 1925 *Erich Müller.* Ab 1926 sollte *Herbert van Hees* (1896-1977) seine Aufgaben übernehmen. *Van Hees,* der hier 1926 zusammen mit *Friedrich Witte* (1900-1977) tätig war und noch bis 1931 bei *Nordmann* bleiben sollte, war neben *Richard Woschni* (1899-1966) einer der langjährigsten Mitarbeiter im Dezernat 22. Beide, *van Hees* und *Woschni,* sollten über fünf Jahre gemeinsam mit *Nordmann* die umfangreichen Aufgaben des Dezernats betreuen. In ihre Zeit fielen, wie noch zu zeigen sein wird, sowohl die Aufträge zur Erprobung der ersten neuen Einheitslokomotiven, wie auch der zahlreichen Sonderbauformen, seien es die Turbinenlok, die Mitteldrucklok oder die Kohlenstaubmaschinen.
Van Hees wurde nach Verlassen des Dezernats 22 Leiter einer Abteilung im RAW Brandenburg und 1932 Vorstand des Maschinenamts Glogau.[43] Nach dem Krieg versah er seinen Dienst bei der Bundesbahn und war zuletzt als Dezernent für den Technischen Wagendienst bei der BD Essen tätig.[44]
Woschni, der wie Witte und van Hees 1925 eine Beuth-Medaille erhalten hatte[45], nahm seit Herbst 1933 leitende Aufgaben im maschinentechnischen Bereich wahr, wurde zuerst zum Maschinenamt Kassel, im Januar 1934 dann nach Glogau versetzt. Weitere Stationen seines Weges waren u.a. in Dresden und Minden, seit 1939 Kattowitz. Ab 1942 weilte er in der RBD Dresden als Amtsvorsteher eines der Maschinenämter. Nach dem Krieg wurde er an die neu gegründete „Hochschule für Verkehrswesen" in Dresden berufen. Dort lehrte Prof. Dr.-Ing. *Woschni* auf unterschiedlichen Gebieten bis zu seiner Pensionierung im Jahre 1965.[46]
Witte, der nur sehr kurz bei *Nordmann* im Büro tätig war, kam für längere Zeit ins Lokomotivbaudezernat zu *R. P. Wagner,* wurde 1933 Leiter des Maschinenamtes Berlin 3 und 1937 Dezernent für Anlagen des maschinentechnischen Betriebsdienstes in der Reichsbahnbaudirektion Berlin. Eine intensivere Zusammenarbeit mit *Nordmanns* Dezernat ergab sich erst wieder, nachdem er am 1. Oktober 1942 die Nachfolge *Wagners* im Dezernat 23 angetreten hatte.[47]
Im Jahre 1931 löste der junge Reichsbahnbauassessor *Werner Weber* (1902-...) *van Hees* im Dezernat 22 ab. Er blieb nach seiner Beförderung zum Reichsbahnrat im November 1933 noch bis 1934 bei *Nordmann,* bevor er zum Nachfolger von *Walther Helberg* als Vorstand des Grunewalder Versuchsamts berufen wurde.
Dies leitete er fünf Jahre bis 1939 und wechselte dann in die RBD Karlsruhe, musste 1944 kurzzeitig als Vorstand einer Hauptverkehrsdirektion tätig werden und kehrte nach dem Krieg wieder nach Karlsruhe zurück, wo er bis zu seiner Pensionierung im Juni 1967 als maschinentechnischer Dezernent tätig war.[48] *Webers* Nachfolge im

41 Erinnerungen von Friedrich Röhrs in: Gottwaldt, Alfred B.: Geschichte der deutschen Einheits-Lokomotiven. Stuttgart, 1978, S. 125
42 §9, Abs. 2 der Geschäftsanweisung für das Reichsbahn-Zentralamt Berlin ... DR (1936), S. 633
43 Personalnachrichten. DR. 8 (1932), S. 312
44 Persönliches. ZEV-Glas. Ann. 100 (1976), S. 360 und 101 (1977), S. 470
45 Mitteilungen der Deutschen Maschinentechnischen Gesellschaft. GA. (1935), S. XI
46 Verzeichnis der oberen Reichsbahnbeamten; Die Reichsbahn. Jahrgänge 1933 und 1934, Mitteilungen seiner Söhne Gerhard, Hans-Günter, Eugen-Georg Woschni an den Autor in 2000.
47 Friedrich Witte =.ZEV-Glas. Ann. 102 (1978), S. 32
48 siehe Verzeichnis der oberen Reichsbahnbeamten 1944/45, S. 134; Personalnachrichten. Die Reichsbahn. (1944), S. 134; sowie Personalmitteilungen Die Bundesbahn. (1967), H. 7

Dezernat 22 trat 1935 *Joachim Robrade* (1906-1998) an.

Robrade, der aus dem RAW Glückstadt kam, blieb bis zu seiner Versetzung in die RBD Saarbrücken im Jahre 1938 an Nordmanns Seite.[49]

Viele junge Ingenieure, die bei der Reichsbahn tätig wurden, durchliefen während der ersten „Ausbildungsjahre" beim RZA auch das Dezernat für die Lokomotivversuche, erschienen jedoch in den veröffentlichten Beamtenverzeichnissen nicht. Einige der mit dem Versuchswesen im RZA und der VL verbundenen jungen Reichsbahnbeamte sind uns durch *Nordmanns* Erwähnungen in seinen Veröffentlichungen bekannt geworden.

Zu ihnen gehört Reichsbahnbauführer Dipl. Ing. *Keller*, der mit der Auswertung und Zeichnung von Diagrammen um 1926 betraut war.[50] Im Jahre 1928 erwähnt *Nordmann* Reichsbahn-Assistenten *Krüger*, der als Mitarbeiter der LVA anregte, die Betriebsstoffverbrauchswerte auch bei Leerfahrt aufzunehmen sowie die Reichsbahnbauführer *Graepel* und *Bobbert*, die ihm bei der Auswertung von Messergebnissen behilflich waren.[51]

Viele, die in ihren Lehrjahren in Nordmanns Büro gesessen und ihn sowie die Kollegen der Versuchsabteilung bei den zahlreichen Messfahrten begleitet hatten, erinnerten sich später noch gern an die Arbeit dort zurück.

Max Baumberg war einer von ihnen, ihm sollen wir später noch einmal begegnen. Auch *Theodor Düring* (1912-1985), bekannt durch seine populärwissenschaftlichen Abhandlungen über den Lokomotivbau, gehörte zu den während der ersten Jahre beim RZA im Dezernat 22 eingesetzten jungen Reichsbahnbeamten und arbeitete hier 1938 unter Leitung Nordmanns am Vergleich deutscher und französischer Schnellzugmaschinen mit. Nach Ablegung seiner Großen Staatsprüfung ging er schließlich zum Maschinenamt Bremen und bald ans dortige RAW.[52]

Karl Günther und die Versuchsabteilung beim EAW Grunewald

Wenden wir uns jedoch wieder dem Geschehen im Grunewalder Amt zu: Mit der Umwandlung der Eisenbahn-Hauptwerkstatt Grunewald in ein Eisenbahnwerk der Reichsbahn (später Eisenbahn-Ausbesserungswerk: EAW) im Jahre 1922 änderte man auch die Organisation des bisherigen Versuchsamtes für Lokomotiven und *„erklärte es zur Versuchsabteilung, die dem Eisenbahnwerk angegliedert war."* Damit unterstand es nunmehr direkt der E.D. Berlin, also nicht mehr dem EZA. Anderseits unterstrich man gleichzeitig die Bedeutung des maschinentechnischen Versuchswesens durch die Schaffung eigener Räumlichkeiten für die Versuchsabteilung innerhalb des Grunewalder Werkes.[53] Dies war ein weiterer Schritt, um dem Lokomotivversuchswesen der Reichsbahn ein effektiveres Arbeiten zu ermöglichen.

Nach nur anderthalbjähriger Tätigkeit im Grunewalder Versuchsamt wurde *Wagner* zum 1. Oktober 1922 zum Zentralamtes versetzt[54] um sich dort unter *Hinrich Lübken* auf die Aufgabe als Bauartdezernent vorzubereiten. Sein Amt als Leiter bei der Versuchsabteilung für Lokomotiven in Grunewald übernahm Ende September 1922 der noch junge, am 22. März 1888 geborene *Karl Günther*.[55]

Erst 1920 war er als Hilfsarbeiter dem EZA zugeteilt worden[56] und bekam nun, nachdem Wagner den Aufbau des Amtes in seiner kurzen Dienstzeit vorbereitet hatte, den Vorstand übertragen. Legten *Strahl* und *Wagner* die Grundlagen der Lokomotivuntersuchung im Grunewalder Amt, so kann doch beim heutigen Rückblick von einer Ära *Nord-*

---

49 Joachim Robrade =. ZEV+DET Glas. Ann. 122 (1998), S. 340
50 Nordmann, H.: Neuere Ergebnisse aus den Versuchen des Eisenbahn-Zentralamts mit Dampflokomotiven. GA. (1926), S. 131
51 Nordmann, H.: Neue Versuchsmethoden und Versuchsergebnisse auf dem Gebiet der Dampflokomotive. GA. 52 (1928), S. 138,142,143
52 Düring, Theodor: Die deutschen Schnellzug-Dampflokomotiven der Einheitsbauart. Stuttgart: Franckh, 1979, S. 258; Theodor Düring 40 Jahre im Eisenbahndienst. Mindener Tageblatt. Ausg. v. 18. Mai 1976; Traueranzeige im Mindener Tageblatt vom 16.7.1985
53 Nordmann, H.: Die Tätigkeit des Eisenbahnzentralamts und des Lokomotiv-Versuchsamts auf dem Gebiet der Versuche mit Dampflokomotiven seit 1914. GA. 47 (1923), S. 3; Günther, Karl; Solveen: Neue Einrichtungen und Methoden zur wissenschaftlichen Untersuchung von Lokomotiven und ihren Einzelheiten. GA. (1931), S. 46, 47
54 Nachrichten. Mitteilungen des Eisenbahn-Zentralamts. (1922), S. 292
55 Amtsblatt Reichsbahndir. Berlin. No. 81 v. 29. 9.1922. Mitteilung No. 1800, S. 777
56 [Personalmitteilung] Mitteilungen des Eisenbahn-Zentral-Amts. 1920, S. 8

mann-Günther gesprochen werden, denn insbesondere in ihre Zeit fallen der Ausbau der Versuchseinrichtungen und die Einführung der Versuchsfahrten mit Bremslokomotiven.

Mit hohem technischem Sachverstand und viel Engagement der Männer der Versuchsabteilung sollte man Fortschritte machen, die eine weit objektivere Beurteilung der Lokomotiven zuließ und zu klareren, weniger angreifbaren Resultaten führten, als dies vorher der Fall war.

Dem Leiter der Versuchsabteilung standen mehrere Ingenieure sowie weitere Reichsbahner aus dem maschinentechnischen Fach als Mitarbeiter zur Seite. Für viele junge Regierungsbaumeister des maschinentechnischen Dienstes, für die eine Laufbahn als oberer Beamter bei den Preußischen Staatsbahnen bzw. später bei der Reichsbahn vorgesehen war, gehörte eine Tätigkeit als Hilfsarbeiter im Eisenbahn-/Reichsbahnzentralamt oder im Versuchsamt für Lokomotiven zu den ersten Dienstposten, auf die man sie im Zuge ihrer fachspezifischen Ausbildung berief. So bildete für den Konstrukteursnachwuchs, nach ersten Jahren praktischer Erfahrung im Eisenbahndienst der Direktionen z.B., eine ein- bis zweijährige Beschäftigung in einem der Versuchsämter die Voraussetzungen, um „nach festgestellter Eignung" eine „Konstrukteursstelle" im Reichsbahn-Zentralamt für Maschinenbau zu erhalten.[57] Und so kann man viele Namen in der Liste der Mitarbeiter des Lokomotiv-Versuchsamtes entdecken, die in späteren Jahren wesentliche Stellungen bei der Reichsbahn oder ihren Nachfolgebahnen einnehmen sollten oder in Forschung und Lehre tätig wurden.

Neben *Hermann Kempf* (1895-1960) arbeitet *Friedrich Mölbert* (1899-1969) in den Jahren 1925 bis 1927 bei der Versuchsabteilung. *Mölbert* trat nach Beendigung seines Studiums in Karlsruhe im Jahre 1924 in den Dienst der DRG und wurde zunächst im Versuchsamt tätig. Mit Fertigstellung des neuen, der Unterhaltung der S-Bahn-Züge vorbehaltenen RAW in Berlin-Schöneweide übernahm er dort 1928 die Leitung der technischen Abteilung. *Mölbert* sollte später im RZA maßgeblich an der Entwicklung der Schnelltriebwagen beteiligt werden und übernahm in den Jahren 1937 bis 1939 das Dezernat für Schnell- und Verbrennungstriebwagen beim RZA München. 1940, zwei Jahre nach der Emeritierung von Professor *Potthoff*, trat er dessen Nachfolge an der TH in Hannover an, zuerst vertretungsweise, seit dem 1. Dezember 1941 dann als Inhaber des Lehrstuhles, den er bis zum 1. September 1967 leitete.[58] *Hermann Kempf* bestand im Frühjahr 1924 seine Staatsprüfung und trat in den Dienst der DRG ein. *Kempf* blieb bis 1928 in Grunewald und wurde anschließend ins RZA als Abnahmebeamter berufen. 1937 wurde er zum Werkdirektor des RAW Osterode (Ostpr.) berufen.[59] Im Oktober 1935 erfolgte seine Berufung ins Reichsbahn Zentralamt für Einkauf.[60] Ihnen zur Seite stand mit *Günther Wittrock* (1900-1927) ein junger Mann, der seit 1918/19 mit Aufnahme seiner Lehrjahre als „*Maschinenbaubeflissener*"[61] in der HW Grunewald bald mit den Lokomotivmesswagen und den zugehörigen Mitarbeitern in Berührung kam und häufig die Fahrten begleiten konnte. „*Zu Strahl's Zeit, noch vor der Gründung des Lokomotiv-Versuchsamtes, wurde er bei dem allzu knappen Stande des Versuchspersonals sehr bald völlig unentbehrlich. Wohl alle Strahlschen Rechnungen aus jener Zeit gründeten sich auf Wittrocks Messungen.*" Auch nach dem Beginn seines Studiums an der TH Berlin im April 1919 arbeitete er weiter für die Grunewalder Ingenieure. Im April 1920 übernahm ihn das Grunewalder Versuchsamt formlos und er erhielt als Werkstudent ein mässiges Ent-

---

57 Personalfragen bei den Reichsbahn-Zentralämtern. Die Reichsbahn. (1934), S. 901

58 Professor Mölbert 60 Jahre alt. El. 10 (1959), H. 9 und Friedrich Mölbert gestorben. DB. 1969, H. 17

59 Personal-Nachrichten. GA. (1924) I, S. XII Personalnachrichten. DR. 5 (1929), S. 512 Personal-Nachrichten. GA. (1937) II, S. 92

60 Personal-Nachrichten. GA. (1935) II, Mitteilungen der DMG, S. V

61 Maschinenbaubeflissene waren junge Männer, „die im Besitz des Reifezeugnisses eines Gymnasiums oder Realgymnasiums des Deutschen Reiches oder einer preußischen Oberrealschule sind und beabsichtigen, das Maschinenbaufach an einer technischen Hochschule zu studieren ... in die Werkstätten der preußisch-hessischen Eisenbahngemeinschaft zu einer einjährigen praktischen Beschäftigung aufgenommen." Für die Ausbildung war eine Gebühr zu entrichten. Über die Annahme und Beschäftigung von Maschinenbau-Beflissenen... ZVDEV. 43 (1903), S. 320

Umfangreich ist das Gewirr an Kabeln und Leitungen an der Turbinenlok T38 3255. Die Aufnahme von 1935 lässt gut die Ausführung des Turbinentenders erkennen.

Carl Bellingrodt, Slg. D. Winkler

gelt für seine Bemühungen. *Wagner* hob in seinem überaus ausführlichen Nachruf *Wittrocks* unermüdliche Auswertungen der Messungen nach Abschluss der zahlreichen Fahrten hervor, wie er auch seine freundschaftliche Verbundenheit zu *Wittrock* herausstrich. Trotz zahlreicher Personalkürzungen konnte er noch bis Anfang 1924 beim LVA verbleiben, erst dann wurde sein Vertrag gekündigt. Nach bestandener Diplomprüfung kehrte er im November 1924 als Reichsbahnbauführer diesmal im Rahmen seiner weiteren Ausbildung im Zentralamt zur Reichsbahn zurück. Zu Beginn des Jahres 1927, am Tage seiner Laufbahnprüfung, verstarb er an einer Grippe.[62]

Mölberts Platz im Versuchsamt sollte 1928 *Walter Solveen* einnehmen, der später als Mitautor der umfangreichen Beschreibung des Grunewalder Versuchsamtes von 1931 in *Glasers* Annalen in Erscheinung trat. Auch *Solveen*, 1901 geboren, sammelte hier in Grunewald mit seinen siebenundzwanzig Jahren erste Praxiserfahrungen, die er bis 1931/32 vertiefen konnte. Wir finden ihn 1933 als vom Dienst bei der DRG beurlaubt wieder, im Jahre 1940 war er Ministerialrat und Referent im Reichswirtschaftsministerium in Berlin.[63]

2.2 Das Versuchswesen in den zwanziger und dreißiger Jahren

Die nach dem Kriegsende einsetzende Umstrukturierung und Rationalisierung im Ausbesserungswesen und die hiermit freiwerdenden Räumlichkeiten sowie das jahrelange Bestreben, ein eigenes Forschungsinstrument für das Eisenbahnwesen aufzubauen, begünstigten die Schaffung eines ganzen Apparates an Versuchsabteilungen. Neben der Lokomotiv-Versuchsabteilung in Grunewald besaß die 1925 geschaffene Deut-

Entwicklung zur Versuchsabteilung

sche Reichsbahn-Gesellschaft eine Reihe weiterer Versuchsämter/-abteilungen, die, entsprechend ihrer ebenfalls für die technische Entwicklung bei der Reichsbahn maßgeblichen Bedeutung, an dieser Stelle mit erwähnt werden sollen. Zu diesen Einrichtungen gehörten die, zumeist auf den Geländen der jeweiligen EAW gelegenen Versuchsämter/-abteilungen:
- für Bremsen in Grunewald
- für Wagen in Potsdam, später nach Grunewald verlegt
- für Lager in Göttingen
- das Chemische Versuchsamt in Berlin, später nach Brandenburg-West verlegt
- eine Mechanische Versuchsanstalt im Gebäude des RZA Berlin
- die Schweißtechnische Versuchsanstalt in Wittenberge.

Im Jahre 1933 kam noch die Versuchsabteilung für elektrische Lokomotiven im neu gebauten RAW Dessau hinzu, die allerdings 1934 bereits nach München-Freimann verlegt wurde – ein folgerichtiger Schritt nach der Zusammenfassung aller elektrotechnischen Aktivitäten beim RZA München.[64][65]

Die ehemalige Hauptwerkstätte in Grunewald beherbergte allein drei Versuchsabteilung im Jahre 1928:[66]
- Versuchsabteilung für Lokomotiven (VL)
- Versuchsabteilung für Bremsen (VBr)
- Versuchsabteilung für Wagen (VW)

Historisch bedingt waren damit an einem Ort drei der wesentlichsten wissenschaftlichen Forschungseinrichtungen für den Fahrzeugsektor der DRG konzentriert. Ein Vorteil, der sich im regen Austausch der Forschungsdisziplinen und der Versuchstätigkeit in den Jahren widerspiegelte. Nicht selten führte man gemeinsame Versuchsfahrten durch oder trat, wie noch zu zeigen sein wird, mit gemeinsamen Anliegen an höhere Dienststellen heran.

Wie gestaltete sich nun die Zusammenarbeit zwischen dem Zentralamt und der VL? Rein verwaltungsrechtlicher Natur gehörte die Grunewalder Lokomotiv-Versuchsabteilung, wie bereits gezeigt, in den Verantwortungsbereich der RBD Berlin, de facto wurden jedoch die ihr obliegenden Arbeiten vom RZA angeordnet. Die Aufgabenteilung zwischen dem RZA und den Versuchsabteilungen war so geregelt, dass das Lokomotiv-Versuchsdezernat des Zentralamtes (Dez. 22) die aus dem Lokomotiv- sowie dem Triebwagendezernat gestellten Versuchsanträge genehmigte, die Versuchsaufträge erteilte sowie die bei den Direktionen laufenden Betriebsversuche und die Versuche der Lokomotiv-Versuchsabteilung überwachte. Weiterhin nahm der Versuchsdezernent eine Auswertung und zumeist auch die Publizierung der Versuchsergebnisse vor. Die Durchführung der Versuche und Messfahrten sowie die wissenschaftlich-kritische Berichterstattung der einzelnen Ergebnisse lag dagegen beim Grunewalder Amt selbst. Hinzu kamen für Nordmann als Dezernent 22 Aufträge zur Berechnung von Leistungskenngrößen von Lokomotiven, die zu Vergleichen mit neuen Lokomotiventwürfen benötigt wurden.[67] Dies entsprach der seit dem 1. März 1925 gültigen Geschäftsanweisung für das Eisenbahn-Zentralamt, die in §2, Abs. 1.11 als ihm obliegendes Geschäft aufführte:[68] *„Zusammenfassung des Eisenbahnversuchswesens sowie Sammlung und Bekanntgabe der Versuchsergebnisse für den Bereich der vormals preußisch-hessischen Reichsbahndirektionen"*. Nun bezog sich der Nachsatz auf die den bayerischen Direktionen gewährte Autonomie, die letztendlich auf dem Gebiet des Lokomotiv- und Waggonbaus nicht zum Tragen kommen konnte, da alle wesentlichen Entscheidungen in Berlin gefällt wurden.

Seit 1928 liefen die Vorbereitungen für die Neuorganisation des Reichsbahn-

---

62 Günther Wittrock †. GA. 50 (1927), S. IX-XX

63 Verz. d. höheren Reichsbahnbeamten. 1933; Stockhorst, Erich: Fünftausend Köpfe: Wer war was im Dritten Reich. Velbert, 1967

64 Flemming, Friedrich: Das Forschungs- und Versuchswesen der Deutschen Bundesbahn. ETR. 1 (1952), S. 12, 13

65 Rimsting, Rudolf: Entstehung und Entwicklung des Bundesbahn-Zentralamts München. Die Bundesbahn. 1958, S. 144; Kasperowski, Ottomar: Das Versuchswesen beim Bundesbahn-Zentralamt München. Die Bundesbahn. 1958, S. 245

66 Verzeichnis der Reichsbahn-Ausbesserungswerke, Werkstättenämter und Betriebsabteilungen. RZA. Berlin, 1928

67 Nordmann, H.: Die Tätigkeit des Eisenbahnzentralamts und des Lokomotiv-Versuchsamts auf dem Gebiet der Versuche mit Dampflokomotiven seit 1914. GA. (1923), S. 3; Nordmann: Das Lokomotivversuchswesen der Deutschen Reichsbahn. Die Reichsbahn. 2 (1925), S. 506; Niederschrift über die 24. Beratung des Ausschusses für Lokomotiven. Deutsche Reichsbahn-Gesellschaft. 1934

68 Geschäftsanweisung für das Eisenbahn-Zentralamt. Gültig vom 1. März 1925. Die Reichsbahn. 2 (1925), S. 44

Das Versuchswesen 1920 bis 1945

T38 3255 mit dem Messwagen in Magdeburg. Lokführer und Schlosser sind mit einigen Arbeiten beschäftigt. Auf dem Bild wird ersichtlich, wozu die bei vielen Fahrten mitgeführte Holzleiter diente.

Slg. A. Gottwaldt

Zentralamts. Als erster Schritt wurden zum 1. November 1928 die drei Einkaufsabteilungen vorläufig zusammengefasst und einer Leitung unterstellt. [69] Doch es sollten noch nahezu zwei Jahre vergehen, bis die neue Organisationsform ihren endgültig Abschluss fand. Zum 1. Dezember 1930 war es dann soweit, dass RZA in seiner bisherigen Form wurde aufgelöst. An seine Stelle traten vier selbständige Zentralämter mit Sitz in Berlin:
- das Reichsbahn-Zentralamt für Bau- und Betriebstechnik (RZB)
- das Reichsbahn-Zentralamt für Maschinenbau (RZM)
- das Reichsbahn-Zentralamt für Einkauf (RZE)
- das Reichsbahn-Zentralamt für Rechnungswesen (RZR)

Mit der Umorganisation des RZA zum 1.12.1930 tilgte man den die bayerische Gruppenverwaltung betreffenden Nachsatz kurzerhand. So gehörten nun zu den Aufgaben des neuen RZM u.a.: *„Versuche auf dem Gebiet der maschinentechnischen Konstruktion sowie Sammlung und Bekanntgabe von Versuchsergebnissen."* [70]

Der Arbeitsumfang des Grunewalder VL nahm in den zwanziger Jahren immens zu. *Nordmann* und *Wagner* vom Zentralamt wussten die Möglichkeiten zu nutzen, die sich ihnen mit den Einrichtungen der Versuchsabteilung boten. Wie später noch zu zeigen sein wird, kam jede neue Lokomotiv-Konstruktion vor den Messzug, wie auch zahlreiche ältere Länderbahnmaschinen umfangreichen Versuchen unterzogen wurden. Nicht ohne Stolz präsentierte man seine Leistungen der breiten Öffentlichkeit und einem interessierten Fachpublikum. Allein 1928 nahmen an

Zwanziger und dreißiger Jahre

Die Mitteldruck-Schnellzuglokomotive 04 001 wartet im Bahnhof Grunewald auf den nächsten Einsatz vor dem Messzug.

Hermann Maey, Slg. A. Knipping

den Versuchsfahrten mit neuen Lokomotiven 137 Ausländer teil, eine Aufgabe die nicht zuletzt durch das Grunewalder Amt und *Nordmann* getragen wurden.[71]

An den Aufgaben und der organisatorischen Einbindung änderte auch die Neugliederung des RZA Ende des Jahres 1930 nichts. Innerhalb des RZM blieb das Dezernat 22 für Versuche bestehen. Ihm oblagen weiterhin alle allgemeinen Versuchsangelegenheiten und die Versuche mit Dampflokomotiven.[72]

Eine neuerliche Organisationsänderung erfolgte zum 1. August 1936, in deren Zuge man die einzelnen Zentralämter wieder in einem Reichsbahn-Zentralamt (RZA) Berlin vereinigte. Damit war der Zustand aus dem Jahre 1930 formal wieder eingerichtet wurde. Die Aufgaben im Bereich des Lokomotivversuchswesens blieben auch durch die neuerliche Organisationsänderung vom August 1936 unverändert.[74]

Seinen starken Einfluss auf den Lokomotivbau verlor das RZA erst infolge des Zweiten Weltkrieges und der Aus-

wirkungen, welche die Entwicklung des Ostfeldzuges mit sich brachte. Mit der Vereinbarung vom 7. März 1942 zwischen Reichsverkehrsministerium und dem neuen Ministerium für Bewaffnung und Munition unter Führung von *Albert Speer* gliederte man den Fahrzeugbau in die Wehrmachtsfertigung ein und verlieh ihm die entsprechende Dringlichkeit. Für den Bau und die Entwicklung von Schienenfahrzeugen wurde entsprechend der Gepflogenheiten unter dem Druck des Ministeriums Speer ein Hauptausschuss (HA)[75] eingerichtet, in dem das RZA mit Mitgliedern vertreten war und entsprechenden Einfluss ausüben konnte. Trotzdem war der HA, wie *Friedrich Witte*, ab 1942 Nachfolger *Richard Paul Wagners* als Lokomotivbau-Dezernent 23 des RZA, dies beschrieb, in seinen Entscheidungen weitgehend von den bisherigen Instanzenwegen bei der Reichsbahn frei. Und so konnte manche bereits vom RZA als untauglich abgelehnte Konstruktion erneut aufgenommen werden und durchlief nochmals den gesamten Versuchsapparat der

69 Die Deutsche Reichsbahn im Jahre 1928. DR. 5 (1928). S. 57
70 Mitt. 132: Geschäftsanweisung für die Reichsbahn-Zentralämter ...Anlage zu §2, Abs. B) 2. Die Reichsbahn. 6 (1930), S. 1229
71 Besuch der Reichsbahn durch Ausländer im Jahre 1928. DR. 5 (1929), S. 117
72 siehe Reichsbahn-Handbuch 1933 mit Stand vom 31. Juli 1932. Berlin, 1933, S.10, 11
73 Reichsbahn-Zentralämter. DR. (1936), S. 612
74 Geschäftsanweisung für das Reichsbahn-Zentralamt Berlin ... DR (1936), S. 633
75 Der HA Schienenfahrzeuge gehörte zu einer Anzahl von HA, deren Aufgabe die Auftragslenkung und die Konzentration der Aufträge auf die einzelnen Betriebe beinhaltete. Am 10. April 1942 bestanden 13 Hauptausschüsse, die vom Ministerium Speer beeinflußt wurden. s.hierzu: Boelcke, Willi A. (Hrsg.): Deutschlands Rüstung im Zweiten Weltkrieg. Frankfurt: Akademische Verlagsgesellschaft ATHENAION, 1969, S. 11

Das Versuchswesen 1920 bis 1945

Der Versuchszug mit 56 2906 bei einem Zwischenhalt in Belzig. Der Herr rechts ist Friedrich Fuchs vom RVM, neben ihm Karl Günther, der Leiter der Versuchsabteilung.

Slg. A Gottwaldt

Reichsbahn, wie noch zu zeigen sein wird. „*Das RZA wurde formal aus den Gebieten der Konstruktion, Lieferbedingungen, Abnahme, dem Einfluss auf die Industrie, ausgeschlossen*". [76] Das dies nicht ohne Spannungen vonstatten gehen konnte war klar. Und so kam dem kritischen Blick auf die Konstruktionen des HA ein immer schwereres Gewicht zu.

Die Mitarbeiter der VL

Mehr als acht Jahre lang lag die Leitung der Lokomotiv-Versuchsabteilung des EAW Grunewald in den Händen *Karl Günthers*. In diese Zeit fielen zahlreiche Neuerungen im Versuchswesen, wie auch die Entwicklung und versuchstechnische Betreuung der Einheitslokomotiven und Sonderbauarten.
Seit Ende der zwanziger / Anfang der dreißiger Jahre arbeitete ein fester Stamm neuer Ingenieure unter Günthers Leitung. Da waren, neben *Walter Solveen*, seit 1928 *Werner Boy*, *Ernst Nocon*, der Ende 1929 vom Maschinenamt Cottbus kam und im Frühjahr 1934 zum Maschinenamt Weißenfels ging, [77] und *Friedrich Koesters* (1901-1988), der seit dem Frühjahr 1929 nach Grunewald versetzt war.[78] Für kurze Zeit kam im Frühjahr 1932 der vorher im RAW Göttingen tätige *Robert du Bois-Reymond* (1900-1965) nach Grunewald. [79] Sie alle blieben bis zum Jahre 1933. [80]
Karl Koch (1893-1983) sollte der langjährigste Messgruppenleiter für die Untersuchung von Lokomotiven werden, der bis nach Kriegsende bei der VL tätig war und für etliche der Versuchsberichte, aber auch Veröffentlichungen verantwortlich zeichnete. *Koch*, als Nicht-Laufbahnbeamter noch im Privatdienstverhältnis stehend („*Hilfsarbeiter auf Privatdienstvertrag*", wie es damals hieß) und seit den zwanziger Jah-

ren in Grunewald tätig, war der eigentliche Schöpfer der Versuchsmethode für Beharrungsfahrten unter ständiger Belastung durch eine oder mehrere Bremslokomotiven. [81] Der Weg dahin war für *Koch* beschwerlich gewesen, und so mancher Disput selbst mit den Kollegen der Versuchsabteilung war zu führen, bis man seine Methode nutzte. Der Erfolg dieser Erfindung, die ihm als Assessorenprüfung anerkannte wurde, bescherte dem fast vierzigjährigen zum 1. Februar 1933 seine Ernennung zum Reichsbahnrat. Er gehörte zu den fleißigen technischen Sachbearbeitern im Hintergrund, dessen Laufbahn über die Jahre keine steile Karriere darstellte, auch wenn *Koch* als Vertreter der Versuchsamtsleiter fungierte. Mit 50 Jahren wurde er am 1. Januar 1944 zum Oberreichsbahnrat ernannt. [82] Allerdings stand *Koch* insbesondere wegen einiger seiner Versuchsberichte und der darin gezogenen Schlussfolgerungen nach dem Krieg im Blickpunkt der Kritik. So sollen manche seiner Aussagen bei genauerer Nachprüfung nicht haltbar gewesen sein, und *Carl Theodor Müller*, der zuständige Versuchsdezernent beim BZA Minden, ließ etliche Messreihen für die Einheits- und Länderbauarten überarbeiten. [83]

Nach seiner Beförderung zum Reichsbahnoberrat im April 1931 wurde *Karl Günther* im Herbst des gleichen Jahres als Vorstand zum Maschinenamt Hamburg versetzt. [84] Doch für *Günther* war dies noch nicht das Ende seiner Betätigungen für das Lokomotivversuchswesen, wie an späterer Stelle noch zu zeigen sein wird.

Keine zwei Jahre sollte *Karl Günther* in Hamburg bleiben, dann entsann man sich wieder des Fachmanns und holte ihn im Sommer 1933 ins Reichsbahn-Zentralamt für Einkauf. Zurück in Berlin bezog er sein Büro am Schöneberger Ufer und bekleidete hier den Posten des Dezernenten 63 für den Einkauf von Dampflokomotiven. [85] Mit dem Ausscheiden von *Friedrich Fuchs* als Referenten 31 aus dem Reichsverkehrsministerium am Wilhelmplatz im Juli 1936 sollte *Günther* dessen Platz als Referent für die Konstruktion und Beschaffung von Lokomotiven einnehmen. *Werner Bergmann* (1877-1956) als Leiter der Maschinentechnischen und Einkaufsabteilung (E III) der Hauptverwaltung hatte ihn hierher geholt. Zum 1. Oktober 1936 zum Direktor bei der Reichsbahn und zwei Jahre später zum Ministerialrat ernannt, vollzog *Günther* eine steile Karriere, die nicht unbedingt förderlich für das Arbeitsklima mit dem Bauartdezernenten im RZA *Wagner* sein sollte, hatte doch dieser auf den Posten von Fuchs spekuliert.

Günthers Aufgaben in der VL übernahm im Frühjahr 1931 der am 24. Februar 1899 geborene *Walter Helberg*, der zuvor als Abteilungsleiter im Ausbesserungswerk Brandenburg-West tätig war. [87] Er führte die Versuchsabteilung bis ihm im Jahre 1935 das Dezernates 25 im Reichsbahn-Zentralamt für Maschinenbau (Bau der Triebwagen) anvertraut wurde.

Helberg sollte auch in den anschließenden Jahren noch eng mit dem Versuchswesen verbunden bleiben, jedoch auf einem ganz anderen Sektor. Bedingt durch die Zentralisierung bestimmter Aufgabenbereiche leitete er das Dezernat 25 nur bis zu dessen Auflösung beim RZA Berlin im Jahre 1936. Zwischenzeitlich hatte man nämlich höheren Ortes beschlossen, die Aufgaben im Triebwagenbau ausschließlich dem RZA München zu übertragen, was insofern keine klare Lösung darstellte, als die Versuche weiterhin durch das Dezernat 22 in Berlin von *Nordmann* betreut wurden. Im RZA Berlin schuf man für *Helberg* ein neues Dezernat 25 innerhalb der Wagenbau- und Einkaufsabteilung, wo er, ähnlich wie *Nordmann* in der Lokomotivbau- und Einkaufsabtei-

76 Witte, Friedrich: Zehn Jahre Reichsbahn-Zentralamt Berlin und die Kriegslokomotiven 1935-1945. LM. .. (1970), H. 40, S. 4
77 Personalnachrichten. DR 6 (1930), S. 118
Personalnachrichten. DR 10 (1934), S. 347
78 Personalnachrichten. DR 5 (1929), S. 417
79 Personalnachrichten. DR 8 (1932), S. 422
80 Verzeichnis der oberen Reichsbahnbeamten. 1928-1934
81 Nordmann: Die Entwicklung des Lokomotiv-Versuchswesens. GA (1937), S. 6
82 Personalnachrichten. Die Reichsbahn. (1944), S. 133
83 Düring: Schnellzug-Dampflokomotiven der Einheitsbauart. S. 137, 255
84 Personal-Nachrichten. in: Mitteilungen der DMG. GA. (1931), S. XIX, XX
85 Personalnachrichten. Die Reichsbahn. (1933), S.662
86 s. Gottwaldt: Gesch. d. Einheitslok. S. 115
87 Personal-Nachrichten. in: Mitteilungen der DMG. GA. (1931), S. XX

Anfang der dreißiger Jahre entstand diese Aufnahme, die im Vordergrund v.l.nr.l. die Herren Koch, Helberg, Witte und Weber zeigt.

Slg. A. Gottwaldt

88 Ministerialdirektor a.D. Dr. Helberg 70 Jahre. Die Bundesbahn. 43 (1969), S. 200
89 Verzeichnis der oberen Reichsbahnbeamten. 1931-1943/44
90 Rimsting, Rudolf: Entstehung und Entwicklung des Bundesbahn-Zentralamts München. Die Bundesbahn. 1958, S. 144
91 Präsident a.D. Dr. Helberg gestorben. DB. 67 (1991), S. 947
92 Personalnachrichten. DR. 10 (1934), S. 436

lung, das gesamte Versuchswesen auf dem Waggonbausektor bearbeitete. Auf diesem Posten blieb er bis zum Kriegsende.

Eine Verbindung zum Lokomotivversuchswesen bestand insbesondere in den letzten Kriegsjahren. In den Jahren von 1941 bis 1944 vertrat *Helberg* des öfteren *Nordmann* in dessen Dezernatsgeschäften und erteilte u.a. Versuchsaufträge.

Nach Kriegsende trat auch *Helberg* seinen Dienst in den westlichen Besatzungszonen wieder an. Im Jahre 1947 übertrug man ihm die Leitung des Eisenbahn-Zentralamtes in Göttingen, 1949 wurde er zum ständigen Stellvertreter des Generaldirektors der DB, *Busch*, berufen. Nach dessen Ausscheiden leitete er kommissarisch die HV der DB. Mit Einsetzung eines vierköpfigen Vorstandes der Bundesbahn im Jahre 1952 wurde er, nun im Range eines Ministerialdirektors, Präsident der BD Hamburg, die er noch bis 1964 leitete. *Helberg* starb am 4. August 1991. [88 89 90 91]

Helbergs Nachfolger auf dem Grunewalder Dienstposten als Leiter der Versuchsabteilung wurde im Frühjahr 1934 *Werner Weber*. [92] Mit den Ingenieuren *Karl Koch, Paul Roth, Joachim Brüggemann* und *Willi Harm* stand ihm ein Stamm erfahrener Männer für die zahlreichen Mess- und Versuchsaufgaben zur Verfügung.

Joachim Brüggemann kam im Oktober 1933 aus dem RAW Mühlheim-Speldorf nach Grunewald um als Messgruppenleiter tätig zu werden. Er blieb bis 1938, ging dann für ein knappes Jahr zu Professor *Nordmann* ins Dezernat 22 um anschließend andere Aufgaben zu übernehmen. [93]

Anfang 1934 hatte *Paul Roth* (1901-1991) *Friedrich Koesters* als Messgruppenleiter des Messwagen 3 abgelöst. *Koesters* wurde als Abteilungsleiter zum RAW Leinhausen versetzt. [94] In den vierziger Jahren war er in der GBL Ost in Berlin tätig und tat nach dem Krieg bei der DB bis zu seiner Pensionierung 1966 weiter seinen Dienst. [95]

Weitaus verschlungener war der berufliche Weg von *Paul Roth*. Bereits nach dem Bauführerexamen war er 1926 für die praktischen Ausbildung zur DRG gekommen und hatte 1929 sein Baumeisterexamen abgelegt. Durch die Weltwirtschaftskrise bedingt stellte die DRG keine jungen Ingenieure mehr ein, so dass er eine Beschäftigung in der Wirtschaft suchen musste. Erst im Dezember 1933 erhielt er eine Anstellung bei der DRG. Von 1934 bis 1936 war *Roth* als Messgruppenleiter in Grunewald tätig und hier vor allem mit den Schnellfahrversuchen betraut. *Wagner* holte sich dann *Paul Roth* in sein Dezernat, dem er bis Februar 1938 angehörte. Eine kurze und nicht ganz konfliktlose Zeit beim MA Köln schloss sich an, bevor der parteilose *Roth* im Mai 1939 zu Henschel und Ende 1943 zu Krauss-Maffei wechselte. Im Februar 1946 sollte er zur Reichsbahn zurückkehren und nahm bei der DB später höhere Stellungen ein. [96 97 98]

Im Frühjahr 1939 wurde *Willi Harm* als Abteilungsleiter zum RAW Göttingen versetzt. Seinen Stelle nahm der dort bisher tätige *Ludolf Klie* ein. [99] Wie

Zwanziger und dreißiger Jahre

Paul Roth, Messgruppenleiter der LVA, 1937 während einer Ruhepause im Messwagen.

Slg. A. Gottwaldt

Düring in seinem Buch über die Einheits-Schnellzuglok ausführte, sollte *Klie* Anfang des Krieges Veränderungen bei der Auswertung der Versuchsergebnisse einführen und versuchte das Augenmerk der Auswertung mehr auf den Gesamtwirkungsgrad der Maschine zu legen. [100] Er blieb über den gesamten Zeitraum des Zweiten Weltkriegs im Grunewalder Versuchsamt. Mitte der fünfziger Jahre war er bei der DB Dezernent in der Zentralstelle für Betriebswirtschaft im Werkstättendienst in Offenbach und erhielt 1954 eine Berufung von der Kaiserlich Iranischen Staatsbahn als Berater. [101] Als Vizepräsident der BD Mainz schied *Klie* 1972 aus dem aktiven Dienst bei der Eisenbahn aus. [102] Auch *Ehrenfried Rudolph* durchlief die VL innerhalb seiner Laufbahn bei der DRB. Am 14. Juli 1908 in Krefeld geboren, wurde er nach der Staatsprüfung im Mai 1937 als Reichsbahnassessor zum MA Bremen berufen. Von hier aus führte ihn sein Weg zum Versuchsamt, in dem er von 1938 bis 1940 seinen Dienst als Messgruppenleiter für Triebwagen mit eigener Kraftquelle versah. Hier löste er *Ewald Hüttebräucker* ab. Nach seiner Tätigkeit in Grunewald wurde *Rudolph* ins RZA Berlin versetzt und arbeitete dort als Hilfsarbeiter in der Abteilung zur „Sicherung der Fahrzeugbeschaffung" bis zum Frühjahr 1941. Nach dem Krieg sollte *Rudolph* u.a. beim BZA Göttingen und Minden im Beschaffungswesen tätig sein. [103]

Nicht vergessen seien an dieser Stelle auch die Lokführer und Heizer, die mit großem Sachverstand und Fingerspitzengefühl die zu untersuchenden Maschinen bedienten. Zu nenne wären an dieser Stelle die Versuchslokführer des Bw Grunewald *Langhans, Ramin* und *Schröder* sowie der Versuchsamts-Heizer *Fugger*. Zumeist blieben sie unbekannt, ähnlich den fleißigen Schlossern des Versuchsamtes, die unter Anleitung der Herren Ingenieure die Maschinen herrichteten oder, wie es leider nur all zu oft vorkam, reparieren und umbauen mussten. Eine annähernde Vorstellung von der Größe des Personalbestandes der Versuchsabteilung für Lokomotiven und Triebwagen beim RAW Grunewald gibt uns eine Aufstellung für den 31. Januar 1936, derzufolge 152 Beschäftigte in der VL tätig waren. [104]

Mit der Zeit wuchs die Zahl der Versuchs- oder Messgruppen des Grunewalder Lokomotiv-Versuchsamtes stetig. Im Allgemeinen setzte sich eine Versuchsgruppe, die einem der Messwagen zugeteilt war, aus dem Versuchsleiter,

93 Personalnachrichten. Die Reichsbahn. (1933), S. 824 Verzeichnis der oberen Reichsbahnbeamten. 1939
94 Personalnachrichten. Die Reichsbahn. (1933), S. 915
95 Friedrich Koesters †. ZEV-Glas. Ann. 112 (1988), S. 424; Mitteilungen von A. Gottwaldt. 2000
96 Personal-Nachrichten. GA. 63 (1939), S. 105
97 Ministerialdirigent Paul Roth 60 Jahre. Eisenbahn Ingenieur (EI). 12 (1961), S. 56; Ministerialdirigent Roth im Ruhestand. EI. 17 (1966), S.
98 Gottwaldt, Alfred: Erinnerung an Paul Roth (1901-1991). Lok-Magazin. (1992), H. 174, S. 178
99 Personal-Nachrichten. GA. 63 (1939), S. 104/105
100 Düring: Schnellzug-Dampflokomotiven der Einheitsbauart. S. 137
101 Ehrenvolle Berufung. DB. 28 (1954), S. 1088
102 Persönliches. ZEV-Glas. Ann. 101 (1977), S. 470
103 Dipl.-Ing. Ehrenfried Rudolph zum Ministerialrat ernannt. EI. 18 (1967), S. 193
104 Müller, Carl Theodor: Aus der Arbeit der Versuchsämter des BZA Minden (Westf.). GA. (1960), S. 299

Das Versuchswesen 1920 bis 1945

Eines der wenigen Bilder, auf denen Karl Koch (zweiter v.l.), der langjährige Messgruppenleiter der LVA, wiederzufinden ist. Rechts daneben Karl Günther, der als Versuchsamtsleiter selbst die Messfahrten begleitete.

Slg. A. Gottwaldt

einem der oben erwähnten maschinentechnisch vorgebildeten Ingenieur des höheren Dienstes, einem Inspektor, einem Werkmeister und drei Schlossern sowie jeweils zwei Lokführern und -heizern zusammen. Die Arbeit auf beengtestem Raum im Messwagen sowie das Zusammenspiel von Messwagenbesatzung und Lokpersonalen verlangte ein hohes Maß an Aufmerksamkeit und Einsatzbereitschaft. Eine eingespielte „Mannschaft" bildete die unerlässliche Voraussetzung für das Gelingen der Arbeit. Vieles musste Hand in Hand gehen, und nicht selten waren nach den Messfahrten für die Schlosser noch stundenlange Arbeiten an den Maschinen notwendig, um am nächsten Tag die Versuche fortsetzen zu können. So manches Mal zog sich eine Dienstschicht über zwölf bis sechzehn Stunden und konnte erst am übernächsten Tag fortgesetzt werden, damit alle Beteiligten ihre Ruhezeiten erhielten.

Es bestanden die Versuchsgruppen VL 1 bis 3, die sich mit den Versuchen am kompletten Fahrzeug zu beschäftigen hatten, sowie die VL 4 und 5, die Untersuchungen und Versuche an einzelnen Bauteilen und -gruppen durchführten oder beaufsichtigten. Dabei bedienten sie sich teilweise der einzelnen Messwagen, nutzten aber auch die stationären Prüfstände in Grunewald.

Im Verlaufe der Jahre hatte sich eine immer größere Spezialisierung der Messaufgaben abgezeichnet. Zwar stand die leistungsbezogene Untersuchung der Lokomotiven immer im Vordergrund, doch nahm auch die Untersuchung einzelner Baugruppen und -teile sowie die Beurteilung der Laufgüte einen immer weiteren Raum ein. Auf Verfügung der Reichsbahn-Hauptverwaltung wurde anschließend an die Versuche der „Arbeitsgemeinschaft zur Erforschung von Entgleisungsursachen" (s.u.) im Jahre 1933 eine neue Versuchsgruppe innerhalb der VL geschaffen. Sie sollte die vorhandenen Messfahrzeuge weiter nutzen und verbessern, sowie Versuche zur Laufsicherheit der Eisenbahnfahrzeuge durchführen. Die Leitung der Messgruppe übergab man Reichsbahnbaumeister *Willi Harm*. *Harm* leistete hier über die Jahre eine wertvolle Grundlagenarbeit, bei der manche altbekannten Probleme unter die Lupe genommen wurden. Er gelangte in den letzten Kriegsjahren auf den Posten des Werkdirektors des RAW Göttingen.[105][106] Seit dem Sommer 1934 verstärkte Dr.-Ing. *Carl Theodor Müller* (1903-1970) als Versuchsingenieur die junge Messgruppe für die Untersuchung des lauftechnischen Verhaltens der Lokomotiven und Triebwagen. *Müller*, der nach einer kurzen Beschäftigung bei der BMAG seit 1931 einer Assistententätigkeit an der TH Aachen nachgegangen war und hier promovierte, begann damit seine Laufbahn bei der Reichsbahn. Während seiner Tätigkeit war er maßgeblich an der Umgestaltung des ersten Schwingungsmesswagens sowie der Modernisierung und Vervollkommnung der messtechnischen Ausrüstung beteiligt. Nur 1940, nachdem er die Leitung einer Messgruppe für die Laufsicherheitsprüfung der Lokomotiven übernahm (Messgruppe 7), erscheint sein Name im Beamtenverzeichnis.[107]

Als bei der Reichsbahn Mitte der dreißiger Jahre die Zahl der Fahrzeuge, die mit Verbrennungskraftmaschinen angetrieben wurden, zunahm, richtete man bei der VL auch eine eigene Messgruppe für die Untersuchung von Triebwagen ein.[108] Messgruppenleiter war seit 1935/36 *Ewald Hüttebräucker*. Er betreute die Ausrüstung des Triebwagenmesswagens und begleitete die zahlreichen Versuche mit den Verbrennungstriebwagen.

2.3 Die Situation des Versuchsamts während des Zweiten Weltkriegs und nach Kriegsende

Zum 1. Januar 1938 strukturierte das RVM das gesamte Versuchswesen bei der Deutschen Reichsbahn um. Die Leitung der Lokomotivversuche verblieb zwar weiterhin im Dezernat 22 beim RZA Berlin doch die Versuchsabteilungen wurden erneut in Versuchsämter (VersA) umgewandelt, aus der Zuständigkeit der Reichsbahndirektionen herausgelöst und direkt dem RZA unterstellt, so auch die Versuchsabteilungen des RAW Grunewald und Brandenburg, die bisher der RBD Berlin unterstanden. Auf dem Gelände des RAW Grunewald gab es demnach nun:
– das Reichsbahn-Versuchsamt für Lokomotiven und Triebwagen
– das Reichsbahn-Versuchsamt für Wagen
– das Reichsbahn-Versuchsamt für Bremsen

Eine ähnliche Umwandlung erfuhr die Versuchsabteilung für Lager in Göttingen. Die in Berlin ebenfalls ansässige Forschungsanstalt für Wärme- und Energiewirtschaft, die bisher schon zum RZA gehörte, erhielt die Bezeichnung einer Versuchsanstalt.

Einzig die Elektrotechnische Versuchsanstalt der Reichsbahn in München-Freimann führte man, nunmehr ebenfalls als Versuchsamt, beim RZA München weiter.[109] Hieraus sollten Vorteile in personeller, finanzieller und sachlicher Hinsicht erwachsen, da scheinbar eine bessere Transparenz durch Zugehörigkeit zum RZA erwartet wurde. In diese Zeit fällt auch der Gebrauch der Abkürzung LVA für das Versuchsamt, da die amtliche Abkürzung scheinbar

---

[105] Harm: Die Schwingungsmeßeinrichtung der Lokomotivversuchsabteilung Grunewald. GA. (1935), S. 181
[106] Personalnachrichten. Die Reichsbahn. (1944), S. 177
[107] Prof. Dr.-Ing. C. Th. Müller im Ruhestand. ETR. 17 (1968), S. 393
[108] Röhrs, Friedrich: Von den Aufgaben und der Arbeit der Abteilung für Brennkrafttechnik in der Bundesbahn-Versuchsanstalt München. DB. 32 (1958), S. 272
[109] Amtsblatt der RBD Berlin. 1938, Mitteilung 23 ((Pr) 5 A5 Ogde/8 vom 5. Januar 1938)

Das Versuchswesen 1920 bis 1945

allgemein als zu umständlich angesehen wurde.

Nahezu zeitgleich begannen Planungen der Reichsbahn, die in Zusammenhang mit der Umgestaltung Berlins und der damit notwendig gewesenen Umbauten der Eisenbahnanlagen in Berlin und Umgebung zu sehen sind. Im Zuge der Konzepte für die Veränderung der Bahnanlagen und das Freimachen von Eisenbahnflächen im Stadtgebiet für die Großbauvorhaben bestand die Notwendigkeit, die RAW Tempelhof und Grunewald aufzugeben und Ersatz durch neue Werke am Stadtrand zu schaffen.

Zugleich plante die Reichbahnbaudirektion Berlin auch einen Neubau für die Versuchsämter in Lichterfelde Süd.[110] Hier sollten alle damals noch über das Reichsgebiet verstreuten Ämter zusammengefasst werden und somit eine sinnvolle Konzentration an einem Ort erfahren.

Die Planungen vom Herbst 1938 sahen vor, dass der Bau für die neuen Versuchsämter bis Juli 1942 fertiggestellt würde. Schon im Oktober 1940 sollten das Lokwerk in Lichterfelde Süd sowie das neue Güterwagenwerk in Mariendorfe in Betrieb gehen. Anschluss „...nach allen Versuchs- und Probestrecken..." sollte vom Übergabebahnhof Seehof bestehen.[111] Bis zum Herbst 1939 waren bereits etliche Vorarbeiten in Lichterfelde geleistet worden.[112] Doch mit der Zuspitzung der wirtschaftlichen Lage des Deutschen Reiches im Verlauf des Zweiten Weltkrieges wandelte sich die Sicht auf die Bauvorhaben schnell. Zwar wurde der Versuch unternommen, den Bau des Lokomotiv-Ausbesserungswerkes Lichterfelde Süd als „kriegswichtig" einstufen zu lassen, doch wurde dies im September 1941 abgelehnt.[113] Damit war auch das Vorhaben, für die Versuchsämter neue Räumlichkeiten zu schaffen, erledigt.

Kriegsjahre

Die Leitung des Versuchsamt für Lokomotiven und Triebwagen hatte man zum 1. Dezember 1939 *Friedrich Röhrs* (1901-1981) übertragen, der in den fünfziger Jahren der Abteilung für Brennkrafttechnik in der Münchener Bundesbahn-Versuchsanstalt vorstehen sollte.[114] *Röhrs* hatte sich, nach einer längeren Tätigkeit als Hilfsarbeiter bei *Günther* im Reichsverkehrsministerium, seinen persönlichen Neigungen entsprechend für Grunewald entschieden.[115] Als Nachfolger *Webers* kamen auf ihn die interessantesten und auch schwierigsten Jahre des Versuchsbetriebes zu. Waren es anfangs noch die repräsentativen Schnellzugmaschinen der Baureihen 05, 06 und 61, so sollten bald die Kriegslokomotiven und die unzähligen Messfahrten zur Untersuchung neuer Baugruppen und der zahlreichen Bauartänderungen folgen. *Röhrs* trat insofern ein schweres Erbe an, da mit Kriegsbeginn die Zahl der ihm zur Seite stehenden Ingenieure von sechs auf drei reduziert worden war. Einzig die Reichsbahnräte *Koch*, *Ziem* und *Klie* waren für die Betreuung der hingegen nicht weniger gewordenen Arbeit im Versuchsamt verblieben.

Erst 1943, mit dem Anlaufen der verstärkten Produktion von Güterzuglokomotiven für die Reichsbahn in den Kriegsjahren und der sprunghaft gewachsenen Versuchsaufgaben an immer neuen Baugruppen und umgesetzten Konstruktionsprinzipien an den vereinfachten Maschinen, stockte man die personelle Decke im Versuchsamt kurzzeitig wieder auf.

Röhrs hatte nun wieder sechs maschinentechnische Beamte in seinem Versuchsamt, darunter mit *Ewald Hüttebräucker* einen erfahrenen Ingenieur, der bereits seit 1936 unter seinem Vorgänger *Weber* im Versuchsamt tätig war und die Messfahrten mit den Verbren-

---

110 Niederschrift über die 10. Besprechung, betreffend Entwürfe für die zukünftigen Berliner Bahnhöfe am 9. Juli 1937 in Berlin. Anlage zu 83 Is Berlin (Bahnhöfe) v. 15.7.1937

111 Betriebsprogramm für die Umgestaltung der Berliner Bahnanlagen. Anlage zum Bericht der RBauD Berlin 31 B 1 Baü (Netz) vom 10.1938

112 Schreiben Reichsbahnbaudirektion Berlin 61 W 20/Hgw Lw 1 vom 20.10.1939

113 Der Generalbaudirektor für die Reichshauptstadt, Hauptamt Verwaltung und Wirtschaft V/1-0-41/Gu/Eg vom 13.9.41

114 Röhrs, Friedrich: Von den Aufgaben und der Arbeit der Abteilung für Brennkrafttechnik in der Bundesbahn-Versuchsanstalt München. DB. 32 (1958), S. 1272

115 Erinnerungen von Friedrich Röhrs in: Gottwaldt: Geschichte der deutschen Einheits-Lokomotiven

116 Personal-Nachrichten. GA. 63 (1939), S. 118

Zwischen Zweitem Weltkrieg und Kriegsende

nungstriebwagen betreut hatte. Zwischenzeitlich war er beim RZA München sowie seit dem Frühjahr 1939 beim RVM tätig. *Hüttebräucker* sowie *Leuthner* blieben nur ein Jahr. Bis zum Kriegsende sollten *Schneider* und *Franz Dill* hingegen die Arbeit des Versuchsamtes betreuen. *Dill* war übrigens zuletzt als Leiter der Abteilung für Brennkrafttechnik im Bundesbahn-Versuchsamt München tätig. [117]

An der organisatorischen Struktur der Versuchsämter der Deutschen Reichsbahn sollte auch der Beginn des Zweiten Weltkrieges nichts ändern. Das Arbeitspensum der Mitarbeiter des Versuchsamts für Lokomotiven und Triebwagen blieb hoch, doch lagen, insbesondere in den letzten Kriegsjahren, die Schwerpunkte immer öfter auf der Beobachtung und Auswertung von Versuchen im Betriebsdienst.

Und so bleibt das Resümee des AA Konstruktion[118] bezeichnend, in dem es, mit Blick auf die Fülle an Versuchen, die Bauartänderungen an den Güterzugmaschinen der Baureihen 52 und 42 betrafen, hieß: [119]

„Abgesehen von den Mischvorwärmerversuchen fallen immer wieder Versuche an, welche im Interesse der Verringerung des Aufwandes (vornehmlich Werkstoffumstellungen, Oeleinsparungen usw.) kriegsnotwendig sind und deren schnelle Durchführung erforderlich ist. Es ist deshalb notwendig, den Versuchsapparat der Reichsbahn soweit aufrecht zu erhalten, daß er diesen Anforderungen Genüge leisten kann."

Bedingt durch die neue Arbeitsteilung unter Führung des HA kam dem Versuchsamt für Lokomotiven in Grunewald eine wichtige Rolle innerhalb der Mitwirkung des RZA beim Bau der Kriegslok zu.

Das Versuchsamt war im AA Konstruktion vornehmlich durch die einzelnen leitenden Mitarbeiter, so durch *Koch*, *Rudolph* oder *Klie* vertreten, die über die Ergebnisse der einzelnen Versuche berichteten.

Nordmann selbst nahm an den Sitzungen des AA Konstruktion in den letzten Kriegsjahren nicht mehr teil. Auch er musste sich in seiner Arbeit im Reichsbahn-Zentralamt umstellen. Standen ihm 1939 drei Hilfsarbeiter zur Verfügung, konnte ihn ein Jahr später nur noch *Erich Fell* weiter unterstützen. Ab 1941 war es dann *Hans-Joachim Ziem* (1908-1995), auch ein erfahrener Mann im Lokomotivversuchswesen, der die nicht weniger gewordene Arbeit zusammen mit *Nordmann* zu bewältigen versuchte.

Ziem, bereits von 1937 bis 1940 im Grunewalder Versuchsamt für Lokomotiven und Triebwagen tätig, blieb nach Kriegsende bei der Reichsbahn in der DDR und war langjährig als Professor, Dekan und Prorektor an der Hochschule für Verkehrswesen in Dresden tätig. *Ziem* amtierte Anfang der siebziger Jahre als Leiter der Arbeitsgruppe „Schienenfahrzeugtechnik" der Sektion Fahrzeugtechnik und hatte zugleich den Vorsitz der Gruppe „Grundprobleme des Verkehrswesens" im Forschungsrat der DDR inne. [120]

Ein Jahr später, 1942, als jeder verfügbare Mann an die Front geworfen wurde, war *Nordmann* wieder auf sich allein gestellt. Im Jahre 1943 konnte er

Richard Roosen von der Firma Henschel sowie Friedrich Röhrs, Leiter der LVA, 1942 im Messwagen während der Erprobung der mit Einzelachsantrieb ausgerüsteten 19 1001.

Slg. A. Gottwaldt

117 Personalmitteilung. Die Bundesbahn. (1970)
118 Arbeitsausschuß (AA) Konstruktion im Hauptausschuß Schienenfahrzeuge beim Reichsminister für Rüstung und Kriegsproduktion, Sonderausschuß Lokomotiven
119 Niederschrift über die 32. Sitzung vom Arbeitsausschuß Konstruktion. 2.11.1944
120 Persönliches. ZEV-Glas. Ann. 97 (1973), S. 248; Ehrendoktorwürde für Professor Ziem. ZEV-Glas. Ann. 102 (1978), S. 280; Persönliches. ZEV-Glas. Ann. 102 (1978), S. 158

auf die Unterstützung durch *Hans Schmundt* rechnen, der allerdings nach nur wenigen Monaten für die letzten beiden Kriegsjahre als Vorstand zum Ostbahn-Maschinenamt (OMA) Tarnopol versetzt wurde.
Einen Ersatz für *Schmundt* sollte er im Dezernat 22 dann nicht mehr bekommen. [121]
Lag das Hauptaugenmerk in den zwanziger und dreißiger Jahren auf den deutschen Bauarten, rückten mit der Okkupation der CSR sowie dem Kriegsbeginn im Herbst 1939 nun auch ausländische Lokomotivbauarten in den Blickpunkt des Interesses der maßgeblichen Reichsbahnbeamten. So wohnten *Nordmann* und *Wagner*, als es die Frage der Beschaffung von Lok der Baureihe 52 bei der BMB zu klären galt, den dortigen Versuchen bei, die schließlich nachwiesen, dass die Reihe 534.0 wesentlich besser für die tschechischen Verhältnisse geeignet war. [122]
Und so manche polnische Lok oder die als Kriegshilfe nach 1918 in Europa stehen gebliebenen amerikanischen Bauarten wurden einer Betrachtung durch die Versuchsanstalt für Lokomotiven sowie dem Nordmann'schen Dezernat 22 unterzogen.
Wie schwierig sich die Versuchsdurchführung, wie auch die Bearbeitung ihrer Ergebnisse in den Kriegsjahren darstellte, ist heute kaum noch vorstellbar. Bedingt durch die zunehmenden Luftangriffe auf Berlin verlagerte man ganze Messgruppen in weniger luftgefährdete Gebiete des Reiches, die sich ebenfalls für die Versuchsfahrten als geeignet erwiesen. Und so konnten aus den einstigen Tagen ganze Wochen der Abwesenheit von der Reichshauptstadt werden. Bevorzugtes Ziel vieler auswärtigen Versuchsfahrten waren die Strecken in den RBD'en Nürnberg und Regensburg.

Umzug und Flucht

Die Kriegsjahre gingen nicht spurlos an den Berliner Ämtern vorbei. Der Dienstsitz des Reichsbahn-Zentralamts im Berliner Stadtteil Schöneberg am Halleschen Ufer, direkt in der Innenstadt und auf Tuchfühlung mit den wichtigsten Ministerien des Dritten Reiches gelegen, war zunehmend luftgefährdet. Aus diesem Grund verlagerte man abteilungs- und dezernatsweise Teile des RZA in Orte, die weniger Luftgefährdet erschienen. Zum Kriegsende befand sich das Reichsbahn-Zentralamt in Berlin sowie in 19 weiteren Orten in Mittel- und Süddeutschland.
Innerhalb Berlins bezog das RZA u.a. Gebäude in der Kaiserallee 216/217 in Berlin-Wilmersdorf, einem jener weniger gefährdeten südwestlichen Villenbezirke. Die ständigen Bombenangriffe auf die Stadt führten dann auch zu schweren Schäden am einstigen Dienstsitz *Nordmanns*, an ein ungestörtes Arbeiten dort war nicht mehr zu denken.
Als die Berlinoffensive der sowjetischen Truppen im April 1945 in die entscheidende Phase trat, räumten zahlreiche Ämter und Regierungsstellen ihre Büros in der Reichshauptstadt. Viele Dienststellen packten in aller Eile zusammen, was gerade greifbar war, und flüchteten mit Auto oder Bahn in Richtung der britischen oder amerikanischen Front.
Auf Anordnung des Reichsverkehrsministers verließ der Präsident des RZA mit einem Arbeitsstab am 8. April 1945 Berlin mit einem „Befehlszug". In Ermsleben im Harz wurden sie von den Amerikanern überrollt. Mit dem Rückzug der alliierten Truppen aus den zur sowjetischen Besatzungszone gehörenden Teilen Thüringens und Sachsens verlegte man den Zug nach Einbeck.

---

121 Verzeichnis der oberen Reichsbahnbeamten. Berlin, 1939-1944/45
122 Mares, V.: Der Bau von Dampflokomotiven bei den Tschechoslowakischen Staatsbahnen. LM (1964), H. 6, S. 22
123 Koch, Walter: Das Bundesbahn-Zentralamt Minden (Westf.). DB. 31 (1957), S. 337
124 60 Jahre Eisenbahn-Zentralamt. ETR. 16 (1967), S. 189

Zwischen Zweitem Weltkrieg und Kriegsende

Seit dem Sommer 1945 versuchte das aus Berlin geflüchtete Personal des RZA, in Göttingen sowie mit zwei Abteilungen von Einbeck und einer in Kahl am Main aus seine Arbeit wieder aufzunehmen. [123] [124]

Viele andere Beamte des RZA waren indes in Berlin geblieben und gingen dort unter schwersten Bedingungen ihren Aufgaben nach oder warteten das Kriegsende ab.

An eine weitere Arbeit des Versuchswesens war jedoch mit der Hinterlassenschaft des Krieges nicht mehr zu denken.

Hilfe beim Wiederaufbau des RZA in der Sowjetischen Besatzungszone

Nach der Befreiung Berlins durch die Rote Armee bemühten sich die in der Stadt verbliebenen Mitarbeiter der Dienststellen der Reichsbahn sowie des Reichsverkehrsministeriums die Arbeit wieder aufzunehmen. Zum 1. August 1945 wurde die „Deutsche Zentralverwaltung für Verkehr" (ZVV) geschaffen. Ihr gehörten die „Hauptverwaltung der Deutschen Reichsbahn" (HV)

Vor der für Bulgarien gebauten 46.16 stehen mit Vertretern der BMAG ganz links Ludolf Kliee, Messgruppenleiter bei der LVA, Friedrich Röhrs (5. v. l.), Leiter des Versuchsamtes für Lokomotiven und TRiebwagen, dahinter, fast verdeckt, Karl Koch. Slg. A. Gottwaldt

Das Versuchswesen 1920 bis 1945

sowie die beiden Generaldirektionen für „Schifffahrt" und „Kraftverkehr und Straßenwesen" an. In der HV, die bereits im Juni 1945 ihre Arbeit aufgenommen hatte, gingen die einstigen Betriebsverwaltungen aus der Eisenbahnabteilung des RVM auf. Die fahrzeugtechnischen Belange wurden in der Maschinentechnischen Abteilung (E III) bearbeitet. [125]

Die neuen, nunmehr unter sowjetischer Oberhoheit stehenden Behörden konnten vorerst nicht auf die altgedienten Mitarbeiter und ihre Erfahrungen verzichten und griffen so auf den verbliebenen Apparat zurück. Unterstützung fanden sie in etlichen bereits pensionierten Beamten, die sich der neuen Verwaltung vorübergehend zur Verfügung stellten.

Zu ihnen gehörte auch der am 3. März 1871 geborene und am 1. Juli 1936 in Pension gegangene Dr.-Ing. E.h. *Friedrich Fuchs*, der anfänglich wieder als Referent 31 in der Hauptverwaltung tätig wurde. *Fuchs* war 1920 als Referent für die Konstruktion und Beschaffung von Lokomotiven, Triebwagen, Schiffen und maschinellen Anlagen ins RVM berufen worden, und nahm diese Position bis zu seiner Pensionierung wahr. Sein großer Erfahrungsschatz sowie die scheinbar geringen politischen Verstrickungen während der Nazizeit machten ihn zu einem vorerst unentbehrlichen Mitarbeiter für die Reichsbahn in der Sowjetischen Besatzungszone. Er nahm wieder den Stuhl seines damaligen Nachfolgers *Karl Günther* ein. Im Oktober 1946 löste ihn *Erwin Kramer* (1902-1979) als Referent 31 ab. *Fuchs* bekam die Leitung der Maschinentechnischen Abteilung in der Hauptverwaltung übertragen, wo er noch bis 1948 tätig blieb. Im hohen Alter von 77 Jahren ging er erneut in den Ruhestand, den er noch knapp zehn Jahre bis zu seinem Tod am 13. Januar 1958 genießen konnte. [126]

Neben der HV bestand innerhalb der ZVV noch ein Technisches Amt, das übrigens in der Kaiserallee 216/217 von März 1947 bis Mai 1948 seine Arbeitsräume besitzen sollte. Ihm oblagen Aufgaben in der Konstruktion und der technischen Weiterentwicklung für alle drei Verkehrsträger, die später wieder auf die Generaldirektionen übergehen sollten.

Zum 1. April 1948 wurde die ZVV zur „Hauptverwaltung Verkehr" (HVV) umorganisiert, die Hauptverwaltung in die „Generaldirektion Reichsbahn" (GDR) überführt. [128]

Das RZA hatte man in den zurückliegenden Jahren aufgelöst, gründete jedoch im August 1951 ein Technisches Amt als Abteilung der damaligen Generaldirektion Reichsbahn. Mit der Bildung des Ministeriums für Eisenbahnwesen aus der Generaldirektion Reichsbahn im Jahre 1953 gliederte man das Technische Amt aus und schuf ein eigenständiges Technisches Zentralamt (TZA), das im Gebäude des früheren Reichsverkehrsministeriums (RVM) in der Voßstraße untergebracht war. [129]

Hans Nordmann, 1946 noch als Dezernent 22 im TZA geführt, und zeitweilig scheinbar auch mit Belangen der Lokomotivbeschaffung betraut, sowie *Karl Koch* versuchten ihre Tätigkeit im damals möglichen Umfang weiter zu verfolgen. Doch wurde ihr gesamtdeutscher Anspruch durch die vollzogene Teilung und politischen Divergenzen zwischen den westlichen Alliierten und den Sowjets seitens der sich in Göttingen niedergelassenen Beamten des ehemaligen Berliner Zentralamtes nicht mehr akzeptiert.

Nordmann war bis zum 30. April 1949 für die Deutsche Reichsbahn tätig. Im Alter von 70 Jahren ging er in den Ruhestand. Als Pensionär blieb *Nordmann* in Berlin, wo er mehrere Vorträge zur Eisenbahntechnik und -geschichte in der Akademie der Wissenschaften und

---

125 Die Organisation der Verkehrsverwaltung insbesondere der Deutschen Reichsbahn in der „Deutschen Demokratischen Republik" (Ostzone). DB. 24. (1950), S. 618

126 Nachruf in: Die Bundesbahn. 32 (1958), S. 837

127 Amtsblatt der RBD Berlin. Nr. 8, 1947, Mitteilung 126; Amtsblatt der RBD Berlin. Nr. 19, 1948, Mitteilung 205

128 Die Organisation der Verkehrsverwaltung insbesondere der Deutschen Reichsbahn in der „Deutschen Demokratischen Republik" (Ostzone). DB. 24. (1950), S. 618

129 Lichtenfeld, R.: Fünf Jahre Technisches Zentralamt der Deutschen Reichsbahn. Deutsche Eisenbahntechnik. 4 (1956), S. 329

130 Nachruf in: GA. 81 (1957), S. 408

131 Mitteilung von A.B. Gottwaldt (2000)

der Deutschen Maschinentechnischen Gesellschaft hielt, sowie zwischen 1948 und 1950 einige verkehrshistorische Schriften im Ost-Berliner Akademie Verlag publizierte. Schon 1946 hatte er aktiv am Wiedererscheinen von *Glasers Annalen* mitgewirkt.

Mit Beginn der fünfziger Jahre wurde es ruhig um den einst so wortgewichtigen Mann der Reichsbahn. Keiner außer ihm mag so zahlreich publiziert, so umfangreich über die Entwicklungen und Geschehnisse bei der Deutschen Reichsbahn berichtet haben. Die nachdrängende Generation bei der Bundesbahn im Westen Deutschlands vergaß ihn und sein Wirken bald, bedingt durch den Traktionswechsel und die Weiterentwicklung der wissenschaftlichen Erkenntnisse. Am 17. November 1957 verstarb *Hans Nordmann* in Berlin-Wilmersdorf an den Folgen einer Darmoperation. [130]

Karl Koch schied vermutlich Mitte/Ende 1946 aus dem Dienst der Deutschen Reichsbahn aus und verließ Berlin in Richtung der westlichen Besatzungszonen. In den folgenden Jahren war er als freier Ingenieur beratend im Bereich des Kfz-Motorenbaus tätig. Für ihn führte kein Weg mehr zur neuen Bundesdeutschen Bahnverwaltung. Trotzdem blieb er dem Eisenbahnwesen noch verbunden. Am 3. Januar 1983 verstarb er in Baden-Baden. [131]

Ende und Fortbestehen

Das Kriegsende bedeutete auch gleichzeitig das Ende für das Lokomotiv-Versuchsamt in Grunewald. Seiner personellen, wie technischen Möglichkeiten beraubt, kam es zu keiner Reorganisation in Berlin mehr nach 1945.

Fast fünf Jahre sollte es dauern, bis das Lokomotivversuchswesen bei der Deutschen Reichsbahn in der SBZ wieder aufgebaut wurde. *Max Baumberg* (1906-1978), der selber noch unter *Nordmann*

Max Baumberg, stehend, im Kreise seiner Kollegen Frieser, Naumann und Hohensee (von links) im ehemaligen Grunewalder Messwagen.

Slg. R. Frieser

im Zentralamt, wie auch *Günther* im RVM gelernt hatte und 1945 von der SMAD als Werkdirektor in Stendal eingesetzt worden war, wurde bald mit der Wiederbelebung des Fahrzeugversuchswesens betraut. Ausschlaggebend waren die seit dem Ende der vierziger Jahre laufenden Bemühungen der Reichsbahn, die Kohlenstaubfeuerung von Lokomotiven als Alternative zu der Braunkohlenfeuerung aufzugreifen.

Baumberg erhielt, nachdem ihm im März 1949 in Stendal gekündigt worden war und er im dortigen Bw als Lokführer erst im Juni wieder unterkam, durch *Erwin Kramer*, zu dem Zeitpunkt noch Leiter der Abteilung Maschinentechnik in der HV, die Aufgabe, von Halle aus die notwendigen Versuche zu betreuen. Er nutzte alle sich ihm damals bietenden Möglichkeiten, um auf dem Gebiet der Lokomotivversuche arbeitsfähig zu werden. Neben der schwierigen Schaffung entsprechender Arbeitsbedingungen, suchte er auch nach entsprechenden Mitstreitern.

Einen ersten fand er in *Rudolf Frieser*, der bereits in dem kleinen Büro, in das Baumberg mit einziehen sollte, seinen Schreibtisch hatte und ihm nun gegenüber saß. *Frieser*, damals noch im Dezernat 21 der RBD Halle in der Lokomotivausbesserung als Verbindungsmann zur SMAD tätig, und *Baumberg „stellten schnell fest, daß die Interessen an den Dampflokomotiven ... beide zusammenführten."*

Baumberg holte Mitte 1950 seinen hochgeschätzten Lehrer *Karl Günther* als freien Mitarbeiter zur Anfang 1950 in Halle gebildeten Versuchsgruppe.

Günther war als Ministerialrat und maßgeblicher Mitarbeiter im RVM sowie NSDAP-Mitglied im Mai 1945 aus dem Staatsdienst entlassen worden, hatte sich aber nicht in die westlichen Besatzungszonen abgesetzt, sondern blieb in Berlin, wo ihn *Baumberg* wieder aufspürte.

Ein in der RBD Halle vorhandener preußischer Direktions-Salonwagen wurde als Behelfsmesswagen zur Verfügung gestellt. *„...Günther hatte vermutlich über Umwege aus der ehemaligen LVA einen Temperaturmeßkoffer, Thermometer, eine Rauchgaspumpe mit Handbetrieb, Orsatapparat und 2 sogenannte Rauchgaswanzen (Gummibehälter) für die Versuchsdurchführung besorgt. Damit war der Behelfsmeßwagen arbeitsfähig und gleichzeitig Büro und Unterkunft für die Mitarbeiter."*

Ihre erste Aufgabe war, an der 58 1208 die Betriebsreife der Kohlenstaubfeuerung voranzutreiben. Günthers Erfahrungen aus der Grunewalder Zeit sowie seine tatkräftige Mitarbeit bei der Bewältigung der Probleme führten zum schnellen und erfolgreichen Abschluss der Arbeiten bis 1951.

Bald sollten sich die Aufgaben der Hallenser Versuchsgruppe ausweiten. So förderte man die Wiederherstellung des ehemaligen Messwagen 2 der LVA, der zum Kriegsende in Berlin verblieben war. Nach längerer Abstellung und anschließender Aufarbeitung im RAW Potsdam, wo Meister *Max Hohensee* die Ausrüstung *„....mit dem Rest an Meßgeräten der ehemaligen LVA"* betreute, kam das nun als Messwagen 1 bezeichnete Fahrzeug 1952 nach Halle.

Im gleichen Jahr soll *Erwin Kramer*, der seit 1950 Generaldirektor der Reichsbahn war, *Karl Günther* wieder mit allen Rechten und Pflichten als Eisenbahner fest eingestellt haben. Nach mehrjähriger Tätigkeit im Lokomotivversuchswesen, wobei er mit Vorliebe die Rauchgasanalysen durchführte, wurde *Günther* Ende 1955 dann endgültig in den Ruhestand geschickt. Er verstarb am 14. November 1967 in Potsdam. [132]

Zu *Kramer* bliebe anzumerken, dass er im Anschluss an sein Praktikum (1920-1922) im RAW Schneidemühl in den Jahren 1923 bis 1929 in Berlin sein Ingenieurstudium absolvierte. Dort soll er u.a. *Baumberg* kennengelernt haben. Er legte 1930 die Diplomprüfung ab und war anschließend bis 1932 als Bauführer in der RBD Berlin. Hier konnte auch *Kramer* erste Ingenieurpraxis im RAW Grunewald sammeln, wo ihn *Günther* 1932 aufgrund seiner politischen Ausrichtung entlassen haben soll. Nach kurzer Haft im Moabiter Gefängnis entzog er sich 1932 einem drohenden Hochverratsprozess durch Emigration in die UdSSR. *Kramer* sollte 1954 Verkehrsminister der DDR werden und seine schützende Hand über *Baumberg* halten, den er als Ingenieur sehr schätzte.

Auch *Ernst Hönisch*, vor dem Krieg einer der Versuchslokführer in Grunewald, war wieder mit von der Partie. Mit dieser „Keimzelle" einer neuen Versuchsabteilung, die zur Fahrzeugversuchsanstalt (FVA) umbenannt wurde und ab 1956 im Zusammenschluss mit der Versuchsanstalt für Motorfahrzeuge des RAW Dessau sowie der für elektrische Zugförderung in Halle in der Versuchs- und Entwicklungsstelle der Maschinenwirtschaft der DR (VES-M) aufging, setzte die Reichsbahn in der DDR dort an, wo die LVA Grunewald aufgehört hatte. [136] [137] [138]

Und auch bei der westzonalen Reichsbahn setzten die Beamten des neu ent-

---

132 Mitteilung v. R. Frieser an den Autor
133 Minister Dr. Erwin Kramer 65 Jahre. Eisenbahnpraxis. 11 (1967), S. 290
134 zu E. Kramer: Müller-Ensbergs-Helmut u.a. (Hg.): Wer war wer in der DDR?. Berlin, 2000 – Wer ist wer in der SBZ?. Berlin: Verlag f. Internationalen Kulturaustausch. (1958)
135 Erinnerungen von Rudolf Frieser, mitgeteilt durch Manfred Weisbrod an Alfred Gottwaldt (2000)
136 Maedel, Karl -Ernst: Max Baumberg †. Lok Magazin. 1979, S. 153
137 Weisbrod, Manfred: Max Baumberg. Ein Leben für die Lokomotive. LM (1996), S. 72
138 Erinnerungen von Heinz Schnabel (ehem. Lf. beim Bw Hl-P und für die FVA) tel. mitget. 10.2000; s.a.: Reichsbahn ohne Reich. Teil 1. Berlin: Lok-Report, 1996, S. 116/117; Teil 2. 1999, S. 116/117
139 Prof. Dr.-Ing. C. Th. Müller im Ruhestand. ETR. 17 (1968), S. 393
140 Theodor Düring 40 Jahre im Eisenbahndienst. Mindener Tageblatt. Ausg. v. 18. Mai 1976

Ende und Fortbestehen

standenen RZA Göttingen alle Hebel in Bewegung, um mit den ihnen zur Verfügung stehenden Grunewalder Messwagen und Besatzungen, die dank der letzten Messfahrten in Süddeutschland in ihren Besitz gelangt waren, eine neue Lokomotivversuchsanstalt aufzubauen. Anfangs als Prüfanstalt für Lokomotiven, dann als Eisenbahn-Versuchsamt für Lokomotiven und Triebwagen in Göttingen, später nach dem Umzug des Zentralamts nach Minden als Bundesbahn-Versuchsamt für Lok, treffen wir hier wieder auf Männer wie *Müller* und *Düring*. *C. Th. Müller*, der seit 1946 als Vorstand das Maschinenamt Fulda leitete, wurde 1948 auf den Posten des Versuchsdezernenten beim RZA Göttingen /BZA Minden berufen. Damit übernahm er im weiteren Sinne *Nordmanns* Position und trat dessen Erbe bei den westzonalen Eisenbahnen an. [139] Den Gegenpart als Vorstand des spätere Versuchsamts für Lokomotiven und Triebwagen beim EZA Göttingen und Minden bekleidete ebenfalls seit 1948 *Theodor Düring*. [140]

Doch dies ist ein neues Kapitel und soll anderen Publikationen vorbehalten bleiben.

3 Die technischen Voraussetzungen der Arbeit der LVA Grunewald

Die Mitarbeiter der VL bzw. LVA rüsteten teils im Freien die Lokomotiven mit den notwendigen Messinstrumenten aus. In diesem Falle war es 1934 die 71 002, die vorzubereiten ist

W. Hubert, Slg. D. Winkler

3.1 Bauliche und technische Ausstattung

Die Voraussetzungen zu systematischen Versuchen an Lokomotiven und deren Baugruppen und Einzelteilen blieben zu Zeiten der Königlich Preußischen Staatseisenbahnverwaltungen recht bescheiden. Zur Vorbereitung der Lokomotiven für die Versuchsfahrten nutzte das Königlich-Preußische Eisenbahn-Zentralamt die nahegelegenen Örtlichkeiten der Lokomotivabteilung in der Hauptwerkstatt Grunewald. Im Laufe der Jahre hatte sich ein fachlich geschulter Mitarbeiterstamm herausgebildet, der um die Besonderheiten der Lokomotivversuche wusste. Auch waren nach und nach erste Messvorrichtungen entwickelt und beschafft worden, die auf die Untersuchung der Lokomotiven abgestimmt waren. Die Beschaffung eines ersten modernen Lokomotivmesswagens im Jahre 1905 setzte einen Meilenstein in der Entwicklung des Lokomotivversuchswesens in Preußen.

Damit verbesserten sich nicht nur die Untersuchungsmöglichkeiten, sondern auch die Arbeitsbedingungen für das Personal. Hingegen blieb der Prüfstand vorerst eine Idee auf dem Papier. Zwar waren, wie bereits gezeigt, die Gelder bewilligt worden, doch zu einer Ausführung sollte es vorerst noch nicht kommen.

Bauliche und technische Ausstattung

Die nach dem Ende des Ersten Weltkrieges und mit der Bildung der Reichsbahn vorgenommene Umstrukturierung des Ausbesserungswesens hatte die Möglichkeit geschaffen, der Idee eines eigenständigen und mit allen technischen Möglichkeiten ausgestatteten Lokomotivversuchswesens mit einer neuen Lokomotiv-Versuchsabteilung im EAW Grunewald ausreichenden Platz zu geben. Im Zuge der Umstrukturierung im Ausbesserungswesen hatte man zum Abbau von Überkapazitäten im Ausbesserungssektor die Lokomotivausbesserung im EAW Grunewald eingestellt und die Ausbesserungstätigkeit nur noch auf Güterwagen beschränkt. Somit standen die Werkstätten der Lokomotiv-Ausbesserungsabteilung der einstigen Hauptwerkstatt an der Cordesstraße zur Unterbringung von Versuchsämtern zur Verfügung.

Die 1922 geschaffene Lokomotiv-Versuchsabteilung erhielt nach und nach einen Teil der östlich gelegenen Hallen und konnte sich in diesen Räumlichkeiten mit den notwendigen Prüfmaschinen und Geräten einrichten. Die Gebäude wurden durch Um- und Neubauten in den folgenden Jahren den Erfordernissen angepasst und Platz für ortsfeste Prüfstände und Laboratorien geschaffen.

Für die Ausrüstung der Versuchsabteilung für Lokomotiven hatte man die damals modernsten Prüfmaschinen, Messinstrumente und Versuchseinrichtungen angeschafft. Unter anderem standen eine Schencksche Waage zum Wiegen des Achsdrucks der einzelnen Lokomotivachsen, ein elektrisch betriebener Stopfbuchsenprüfstand, ein Lichtmaschinenprüfstand zur gleichzeitigen Untersuchung von vier dampfbetriebenen Turbodynamos, ein Speisepumpen- und Injektoren-Prüfstand, mit dem die Verhältnisse auf der Lokomotive nachgebildet werden konnten, Prüfstände für Ölpumpen und -sperren, ein Wanddruckmesser für Kolbenringe sowie eine Prüfvorrichtung zur Verschleißmessung zur Verfügung. Für die Versorgung einzelner Einrichtungen war eine eigene stationäre Dampferzeugungsanlage errichtet worden. Weiterhin bestand die Möglichkeit, je nach Bedarf zeitlich begrenzte Prüfstände an einer Lokomotive zu schaffen, z.B. für Abdampfinjektoren. Durch die räumlich großzügigen Möglichkeiten war man weiterhin in der Lage, auf einem Hallengleis eine Lok als Versuchsträger aufzustellen und an ihr im Standversuch Wasserstandsanzeiger, Wasserstandsgläser, Abschlamm- und Kesselspeiseventile, Lokomotivpfeifen und Läutewerke zu erproben.[1]

64 225 auf dem Rollenprüfstand der Versuchsabteilung für Lokomotiven. Die Tenderlok stand der VL 1930 über ein halbes Jahr zur Verfügung. Am Schornstein ist die Krempe der Absaugvorrichtung angeschlossen.

Slg. Dirk Winkler

[1] Lokomotivprüfstände verschiedener Länder. ZVDI. 75 (1931), S. 1398

Die technischen Voraussetzungen

Blick auf das Schiebebühnenfeld mit der neu beschafften Drehscheibenschiebebühne für die Lokomotiv-Versuchsabteilung des EAW Grunewald.

Slg. D. Winkler

2 Nordmann: Die Entwicklung des Lokomotiv-Versuchswesens. GA 61 (1937) II, S. 2

3 Günther, Karl; Solveen: Neue Einrichtungen und Methoden zur wissenschaftlichen Untersuchung von Lokomotiven und ihren Einzelheiten. GA. 55 (1931) I, S. 46-71

4 Lokomotivprüfstände verschiedener Länder. ZVDI. 75 (1931), S. 1398

Eine Möglichkeit zum Zuführen der damals längsten vorhandenen und geplanten Lokomotiven in die alten Werkstätten schuf man mit dem Bau einer neuen 23-Meter Drehscheibenschiebebühne im Schiebebühnenfeld vor den Werkstatthallen im Herbst 1925. Damit wurde die VL in die Lage versetzt, die zu den Versuchen anstehenden Lokomotiven unabhängig vom nahen Bahnbetriebswerk drehen konnte.

Mehrere Stände der alten Lokomotivhalle konnten zum Ausrüsten und Abstellen der Versuchslokomotiven sowie deren Wartung und für die notwendigen Reparaturen genutzt werden, die von der VL in eigener Regie durchgeführt wurden. Weiterhin bestand die Möglichkeit zum Einstellen der Messwagen. Dabei gestattete die Länge der Halle das Zusammenstellen eines Versuchszuges aus zu untersuchender Lok, Messwagen und Bremslok und die Vorbereitung der Versuche unabhängig von der Witterung.

Die lange Zeit gewünschte Untersuchung von Lokomotiven im Beharrungszustand, der bisher bei Streckenversuchen nur sehr unzureichend erzielbar war, führte seitens der Hauptverwaltung der DRG zur Genehmigung von zwei Prüfständen für die VL: *„...einem größeren für Lokomotiven mit fünf Tragrollenachsen für 25 t Achsdruck und je 900 PS größter Einzelbremsleistung und einem kleineren für Triebwagen, ... mit zwei Tragachsen geringeren Achsdrucks und je 250 bis 300 PS Bremsleistung."* Die Entwurfsarbeit wurde vom RZA unter Beteiligung der VL durchgeführt. Die während des Baus ständig steigenden Kosten und die allgemeine wirtschaftliche Lage jener Jahre sowie die Einführung der Untersuchungsmethode mit Bremslokomotiven führte letztendlich dazu, dass nur der kleine Prüfstand gebaut wurde. Dabei änderte man den kleinen Prüfstand so, dass er mit einer zusätzlichen dritten Tragachse auch für die Untersuchung von kleineren, leichten Lokomotiven geeignet war. [2]

Am 17. Juni 1930 konnte der Rollenprüfstand in Betrieb genommen werden. Er war auf dem Gelände des EAW Grunewald in einer eigenen, neu erbauten Halle errichtet worden und gestattete es nun Lokomotiven mit bis zu fünf angetriebene Achsen von je 20 t Achsdruck bei einer Höchstgeschwindigkeit von 100 km/h zu untersuchen. [3] Mit der vorhandenen Wasserwirbelbremse konnten Leistungen von 40 bis 1400 PS bei 100 km/h sowie bis 300 PS bei 22 km/h abgebremst werden. [4]

Die unterschiedliche Bauart der Lokomotiven in Deutschland verlangte von der Konstruktion des Prüfstandes eine größtmögliche Freizügigkeit in Bezug auf die einzustellenden Achsstände. So wurde auf der in einer 24 Meter langen Grube gelegenen Fundamentplatte eine stählerne Brückenkonstruktion montiert, auf der, entsprechend den Erfordernissen, eine aus zwölf Einzelbrücken von insgesamt 29 Metern Länge bestehende Auffahrvorrichtung sowie die drei vorhandenen Bremsaggregate aufgesetzt und mittels Klemmschrauben befestigt werden konnten. Die einzelnen Teilstücke der Auffahrvorrichtung erlaubten es zusammen mit den drei separat einsetzbaren Bremsaggregaten, den Prüfstand an den jeweiligen Achs-

Bauliche und technische Ausstattung

stand der Lok anzupassen. Ein Teil der Auffahrvorrichtungen sowie die Bremsaggregate besaßen hydraulisch hebbare Innenschienen, auf die die Spurkränze der Lok beim Heraufziehen auf den Prüfstand aufliefen und so die Maschine in ihre Position über der jeweiligen Wasserwirbelbremse gebracht werden konnte. Nach Ablassen der Innenschienen saß dann die Lauffläche des Treibrades auf dem Rad des Bremsaggregates auf. Um eine gleichmäßig gute Reibung der Treibräder der Lok auf den Rädern des Bremsaggregates zu gewährleisten, besaßen diese eine Besandungsanlage mit Absaugvorrichtung, die ein kontinuierliches Sanden der Laufflächen gestatteten. Zum Ausrichten der Bremsaggregate sowie der Lok auf dem Prüfstand besaß man eine optische Messvorrichtung. Weiterhin war die Halle mit einer Rauchgasabsauganlage ausgestattet und besaß einen Flugascheabscheider, mit dessen Hilfe sich die ausgeworfenen unverbrannten Bestandteile messen ließen. Für die Bekohlung der Lokomotiven wurde ein kleiner, separater Kohlenbunker an eine Hallenseitenwand gebaut, aus dem die zu verfeuernde Kohle über Trichter in Kohlenhunte geschüttet werden konnte. Die Kohlenhunte konnten auf einer schmalspurigen Gleisanlage innerhalb der Halle verfahren werden. Nach dem Verwiegen war es möglich, die Hunte mittels des in der Halle vorhandenen Kranes auf Höhe des Tenders zu heben und dort auszuschütten. Da eine Prüfung von Schlepptenderlok nur ohne den Tender durchführbar war, hatte man für diese Prüfzwecke an der Hallenrückwand einen „Ersatztender" konstruiert, der in der Höhe an die jeweilige Fußbodenhöhe des Führerhauses angepasst werden konnte und nur aus dem Kohlenbunker sowie einem Stück Führerhausfußboden bestand. Das Speisewasser erhielten die Lok über eine Rohrleitung aus einem Speisewassermessbehälter. Abschließend seien noch die unter den Aschkasten verschiebbaren Schlackenwagen erwähnt, die das Reinigen des Aschkastens nach jedem Versuch erlaubten. Unterhalb des Kohlebunkers befand sich ein Zughakenbock, an dem die zu untersuchende Lok unter einhängen der Zugkraftmessdose angekoppelt wurde.

Die Messungen wurden einerseits direkt auf dem Führerstand vorgenommen, andererseits konnte man die Messwerte mittels mechanischer, hydraulischer oder elektrischer Übertragung in einen gesonderten Messraum erfassen und auswerten. Im Messraum befanden sich die diversen Messinstrumente und ein Messstreifenschreiber, über den u.a. Fahrweg, Geschwindigkeit, Zugkraft, Zeit und Speisewasserverbrauch erfasst werden konnten. Ebenso waren für die Temperaturmessung Anzeige- und Schreibinstrumente vorhanden sowie Instrumente zur Rauchgasanalyse. Eine kleinere Anzeigetafel in der Prüfhalle, zur Überwachung der wichtigsten Messwerte ergänzte die sehr umfangreiche Ausstattung.

Auch für die Erprobung von Bauteilen und -gruppen waren in der LVA Messstände vorhanden. Das Bild zeigt den Speisepumpen- und Injektoren-Prüfstand.

Slg. D. Winkler

Die technischen Voraussetzungen

Pressefoto von 17 1177 auf dem Rollenprüfstand in der neuen Prüfstandhalle von 1929/30. Zwar nahmen die Mitarbeiter der Versuchsabteilung mehrere Prüfstandversuche an Lokomotiven und Triebwagen vor, doch hatte sich die Untersuchung auf der Strecke vor dem Messwagen aufgrund der Praxisnähe längst durchgesetzt.

Slg. D. Winkler

Allerdings muss erwähnt werden, dass trotz der hervorragenden Möglichkeiten die der Prüfstand bot, man sich durchaus auch über die Nachteile der dort möglichen Messungen im Klaren war.

Die Schwärmerei eines *Garbe* für den Lokomotivprüfstand schwand somit den messtechnischen Tatsachen und so blieb *Günthers* Wertung des Prüfstandes auch eher kühl, wenn er 1931 ausführte: *„So wertvoll die gründliche und vielseitige Erforschung der Leistungen der Lokomotiven und Triebwagen auf dem ortsfesten Prüfstand ist, so kann sie bei ihrer Eigenart und dem Umstand, daß gewisse Versuche eben nur an der auf der Strecke fahrenden Lokomotive möglich sind, doch dem praktischen Betrieb näher kommenden Streckenversuchen nicht voll ersetzen. Die Untersuchungsergebnisse auf dem Prüfstand werden daher auch künftig durch Versuche mit dem Messwagen zu ergänzen sein"* Und weiter: *„So gibt z.B. die Lokomotive auf dem Prüfstand eine höhere effektive Leistung am Zughaken ab als auf der Strecke vor dem Versuchszug, weil sie, auf der Stelle laufend, nur ihr Triebwerk bewegt, während die Zuglokomotive auch den Reibungswiderstand der mitbewegten Laufachsen und gegebenenfalls Schleppenderachsen sowie den nicht unbeträchtlichen Luftwiderstand zu überwinden hat."* [5]

Nüchtern betrachtet blieben die Prüfstandversuche, die man an Lokomotiven und Triebwagen durchführte, in

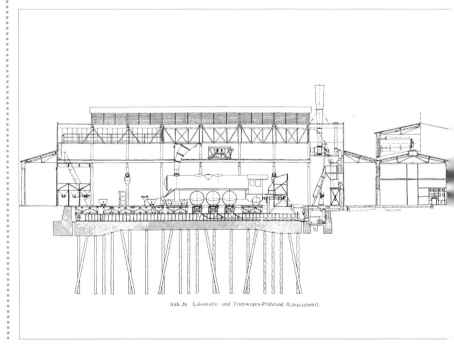

Abb. 28. Lokomotiv- und Triebwagen-Prüfstand (Längsschnitt).

Schnittzeichnung durch den Prüfstand.

Slg. D. Winkler

Bauliche und technische Ausstattung

Nochmals ein Blick auf den Rollenprüfstand. Gut sind die Wasserwirbelbremsen, sowie hinten der Zughakenbock, der Ersatztender für die Bekohlung von Schlepptendermaschinen und die Entschlackungsvorrichtung zu erkennen.

Slg. D. Winkler

den dreißiger und vierziger Jahren eher bedeutungslos und erscheinen weder in den großen Publikationen noch sind sie sonst herausgestellt worden. Ja selbst *Nordmann* musste die anekdotische Äußerung eines amerikanischen Kollegen in seinem Aufsatz über die Entwicklung des Lokomotiv-Versuchswesens von 1937 wiedergeben, der nach einem Besuch des Grunewalder Prüfstands und der anschließenden Teilnahme bei einer Versuchsfahrt mit Bremslok und Messwagen sich die Frage erlaubte: *„Wozu haben Sie eigentlich den Prüfstand gebaut?"* 6

Weitere kleinere Prüfstände kamen mit den Jahren hinzu. Insbesondere in den Jahren seit 1940, als mit der beginnenden Kriegsproduktion immer häufiger nach Ersatzstoffen und neuen Baugruppen als Ersatz für aufwändige und materialintensive Konstruktionen gesucht wurde, stieg die Zahl der kleinen Prüfungen auf ein Vielfaches an und erforderte im LVA die notwendigen Prüfvorrichtungen. In dem aufgezeigten Gebäudekomplex und mit den vorhandenen Einrichtungen konnte die LVA bis zum Ende des Zweiten Weltkrieges weitgehend ihren Aufgaben nachkommen. Die Luftangriffe auf Berlin führten auch an den Hallen und Räumen der Versuchsämter zu Zerstörungen. Schwere Beschießungen durch die Rote Armee am 27./28. April 1945 taten ein Übriges.

Nach der Besetzung des RAW Grunewald durch die sowjetischen Truppen am 28. April ließen diese vom 17. Mai bis 1. Juli 1945 die Anlagen des RAW und der Versuchsämter, einschließlich des Rollenprüfstandes demontieren. Ob und wo sie jemals in den Weiten der Sowjetunion ankamen, ist nicht bekannt. Eine Fortsetzung der Arbeit war somit undenkbar, das Ende der Versuchsämter in Grunewald damit besiegelt. Das Fazit der RBD Berlin: *„Da ein Aufbau der Versuchsämter im RAW Gd voraussichtlich nicht mehr in Frage kommt, werden die noch vorhandenen Räume für den Fall einer weiteren Verwendung der Wagenhallen für RAW-Zwecke ausreichen."* 7

5 Günther; Solveen: Neue Einrichtungen ..., S. 59-71
6 Nordmann: Die Entwicklung ..., S. 8
7 Schreiben Reichsbahndirektion Berlin, Abt. VII im RAW Grunewald vom 19. Juni 1945; sowie Deutsche Reichsbahn, Der Werkdirektor Reichsbahn-Ausbesserungswerk Grunewald vom 14.12.1945. SaK

Die technischen Voraussetzungen

3.2 Fahrzeuge

3.2.1 Mess- und Dienstwagen

Bedingt durch die historische Entwicklung des Eisenbahnversuchswesens besaß zur Jahrhundertwende u.a. die K.E.D. Hannover einen allerdings zweiachsigen Messwagen für Lokomotivversuche. Insbesondere die Tätigkeit des von *Garbe* geleiteten Lokomotivausschusses bei den preußischen Staatsbahnen förderten den Gedanken weiterer eingehender Lokomotivuntersuchungen, so dass der Minister für öffentliche Arbeiten mit einem Erlass vom Februar 1901 die K.E.D. Berlin damit beauftragte, zusammen mit den K.E.D. Erfurt und Hannover einen Messwagen zu entwerfen.

Nach einer längeren Entwicklungsphase bauten die Linke-Hofmann-Werke in Breslau 1905 einen fünfachsigen Wagen (Messwagen 1), der neben den Lokomotivuntersuchungen auch für die Untersuchung des Oberbaus sowie für Bremsversuche herangezogen werden konnte. Der Messwagen glich in seinem Aufbau den in Stahl ausgeführten D-Zugwagen mit Oberlicht der preußischen Staatseisenbahnen. Er war mit

einem dreiachsigen und einem zweiachsigen Drehgestell ausgestattet, wobei die mittlere Achse des dreiachsigen Drehgestells spurkranzlos war. Oberhalb des dreiachsigen Drehgestells befand sich der Messraum mit dem Hauptmesstisch und einer Bremsprüfanlage. Der Hauptmesstisch bot mit drei Schreibern die Möglichkeit die Zug- und Stoßkräfte aufzuzeichnen sowie Gleislage und das Verhalten des Wagens im Gleis aufzunehmen. Ein elektrischer Geschwindigkeitsmesser befand sich an der Wand. Es schloss sich ein größerer Arbeitsraum an. Durch einen Seitengang war ein Personenabteil sowie eine kleine Werkstatt erreichbar. Unter dem Wagenfußboden befand sich in der durchgehenden Zugvorrichtung ein Zugkraftmesser. [8]

Weitere Messwagen für die Reichsbahndienststellen, die mit Versuchstätigkeiten betraut waren, sollten im Laufe der zwanziger Jahre aus den ehemaligen und nunmehr ungenutzten preußischen Hofzugwagen des ge-

Blick auf den Messtisch des Messwagens des E.Z.A. im Jahre 1911

Slg. D. Winkler

8 Hammer: Die Entwicklung des Lokomotiv-Parkes bei den Preußisch-Hessischen Staats-Eisenbahnen.. Allgemeines über Versuche mit Lokomotiven. GA. 35 (1911) I, S. 252

Fahrzeuge

Der durch Umbau entstandene Messwagen 2, 700 554 Berlin in den zwanziger Jahren in Magdeburg. Er gehörte zu der großen Zahl der aus dem ehemaligen preußischen Hofzug hervorgegangenen Sonderfahrzeugen

Krebs,
Slg. J. Deppmeyer

flüchteten Kaisers gewonnen werden. Für die Lokomotivversuche auf freier Strecke hatte die VL bereits 1923 aus einem sechsachsigen ehemaligen Hofgefolgewagen, den Messwagen 2 umgebaut, da die steigende Zahl der Versuchsfahrten mit einem Wagen nicht mehr zu bewältigen war.
Der Wagen erhielt einen Messraum, einen Aufenthalts- und Beratungsraum sowie drei Abteile mit Schlafmöglichkeiten. Der Messraum besaß eine Messtisch, auf dem die wichtigsten Anzeige- und Schreibinstrumente angeordnet waren. Eine Zugkraftmesseinrichtung war in der durchgehenden Zugeinrichtung integriert, ein Planimeter zeichnete die Messwerte auf. Geschwindigkeits-, Zeit- und Weganzeigen, wie auch Temperaturschreiber

Der Messwagen 1, 700 558 Berlin

Krebs,
Slg. J. Deppmeyer

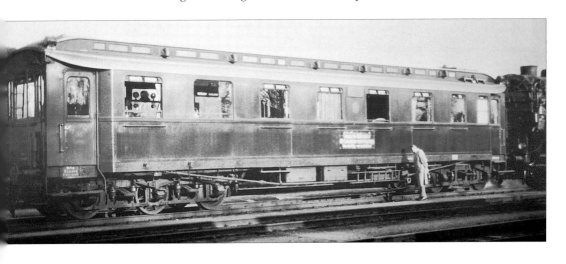

Die technischen Voraussetzungen

standen am Messtisch u.a. zur Verfügung. Für die Rauchgasuntersuchung besaß der Wagen einen „Orsatapparat" sowie einen „Siemens-Rauchgasprüfer". Ende der zwanziger Jahre erhielt während einer fälligen Untersuchung im RAW Potsdam auch der Messwagen 1, u.a. nach Ausbau der Messinstrumente für Oberbauuntersuchungen, die in einem neuen, eigenen Messwagen untergebracht wurden, zum Teil neue Messinstrumente und konnte nunmehr ausschließlich für die Lokomotivuntersuchungen verwendet werden. Ebenfalls 1923 wurde der Messwagen zur Untersuchung elektrischer Lokomotiven fertiggestellt. Die umfangreichen Um- und Einbauarbeiten an dem sechsachsigen ehemaligen Salonwagen aus dem Hofzug wurden in der Grunewalder Lokomotiv-Versuchsabteilung vorgenommen, wobei die elektrischen Messinstrumente und Schalttafeln von Siemens & Halske ge-

9 [Gottwaldt, Alfred]: Die Versuchs- und Unterrichtswagen der Deutschen Reichsbahn im Jahre 1932. Kupplung. (1994), Heft 39, S. 8
10 Kleinow: Der Messwagen zur Untersuchung elektrischer Lokomotiven. GA. 48 (1924) I, S. 53

Übersicht der Messwagen nach dem Stand 1. Oktober 1932 [9]

Lfd. Nr.	Benennung und Verwendungszwecke	Aufsichtsführende Dienststelle, Nummer und RBD des Wagens	Ausstattung des Wagens (Hauptapparate)
1	Messwagen Nr. 1 für Dampflokomotiven: Leistungs- und Verbrauchsversuche an Dampfloks und Triebwagen	RZA M Berlin 700 558	Geschwindigkeitsmesse, Zugkraftmessdose, Planimeter zur selbsttätigen Arbeitsintegrierung, Temperaturmessanlage, Rauchgasprüfanlage, Windmesseinrichtung und andere Messapparate
2	Messwagen Nr. 2 Leistungsversuche Dampflokomotiven und Triebwagen	RZA M Berlin 700 554	Geschwindigkeitsmesse, Zugkraftmessdose, Planimeter zur selbsttätigen Arbeitsintegrierung, Temperaturmessanlage, Rauchgasprüfanlage, Windmesseinrichtung und andere Apparate
3	Messwagen Nr. 3 für Dampflokomotiven	RZA M Berlin 700 577	Desgl.
4	Messwagen für Lauf- und Schwingungsuntersuchungen	RZA M Berlin 700 574	2 Sechsschleifen-Oszillographen, 2 elektr. Schnellschreiber mit je 30 Schreibstellen, Geräuschmessapparatur (Schalldruck-messung)
5	Messwagen für Schwingungsforschung: Erforschung der Entgleisungsursachen an Lokomotiven (Raddruckänderung)	RZA M Osten 90 203	2 Oszillographen mit Aufnahmeapparaten
6	Beiwagen zum Messwagen für Schwingungsforschung	RZA M Berlin 700 553	

Fahrzeuge

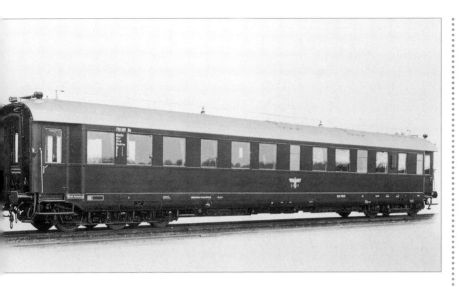

Werkaufnahme des neuen „Stahlmesswagens", 700 591 Berlin, von 1937. Gut zu erkennen ist die über das gesamte Dach verlaufende Antenne für den Zugfunk. Mit diesem Wagen verfügte die LVA über ein modernes Fahrzeug für ihre Belange.

Slg. J. Deppmeyer

liefert wurden. Im Oktober 1923 führte man erste Versuchsfahrten auf der niederschlesischen Strecke Lauban – Görlitz durch. [10] Die VL in Grunewald gab den Messwagen mit der Schaffung der Versuchsabteilung für elektrische Lokomotiven im RAW Dessau im Jahre 1933 dorthin ab.

Die weitere Zunahme der Lokomotivversuche bei der Reichsbahn machten es erforderlich, dass 1930 ein weiterer Messwagen (Nr. 3) genehmigt wurde. Grundlage bildete der sechsachsige Schlafwagen des Kaisers, der im RAW Potsdam entsprechend den Bedürfnissen der VL hergerichtet wurde. Die Messinstrumente baute die LVA selbst ein, der Messtisch wurde diesmal quer zur Fahrzeuglängsachse eingebaut. Diesen neuen Messwagen setzte die VL u.a. 1932/33 für die zahlreichen Schnellfahrversuche mit den Lokomotiven der Baureihen 03 und 05 bei Geschwindigkeiten bis 200 km/h ein.

Da der jedoch recht betagte Messwagen 3 den zahlreichen Schnellfahrten auf die Dauer nicht gewachsen schien, genehmigte die Hauptverwaltung der Reichsbahn 1935 der VL, wie auch den Versuchsabteilungen für Bremsen und Wagen, einen neuen Messwagen in moderner Ganzstahlausführung. In dem Antrag vom Dezember 1934 wurde Wert auf eine Vergrößerung des Messraumes zu Gunsten des Aufenthaltsraumes gelegt sowie die ausreichende Ausstattung mit 6 Betten und 2 Pritschen vorgesehen, die eine bevorzugte Verwendung außerhalb des Heimatbezirkes möglich machen sollte. Der neue Messwagen sollte aufgrund der Kostensituation nicht als Ersatz für den Messwagen 3, sondern als zusätzliches

Blick in den Messraum des Stahlmesswagens

Slg. J. Deppmeyer

Die technischen Voraussetzungen

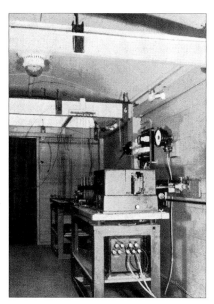

Links: Der Messtisch des Messwagens 2 um 1930

Rechts: Blick auf den Oszillographen, Baujahr 1928, im ersten Schwingungsmesswagen.

Slg. D. Winkler

Messfahrzeug für die Belange der Lokomotiv-Versuchabteilung beschafft werden. [11]

Den wagenbaulichen Teil führten die Vereinigten Westdeutschen Waggonfabriken Köln aus, die den Wagen 1937 ablieferte, die messtechnische Ausrüstung des Stahlmesswagen nahm wiederum die VL vor. Der Wagen war wiederum mit einem drei- und einem zweiachsigen Drehgestell ausgerüstet. Auch hier nutzte man das dreiachsige Drehgestell, um auf der mittleren, ungebremsten und spurkranzlosen Achse Messgeber zu installieren.

Die sehr umfangreichen Versuchstätigkeiten brachten Mitte der dreißiger Jahre eine gewisse Zuordnung der Messwagen zu den Aufgaben mit sich:

– Messwagen 1 hatte man im Laufe der Jahre mit den entsprechenden Mess- und Analysegeräten für die umfangreichen Versuche mit Klein- und Diesellokomotiven ausgerüstet. Weiterhin nahm man mit ihm Versuche an kleineren und mittleren Dampflokomotiven bis zu hohen Geschwindigkeiten vor.

– Messwagen 2 stand für die Untersuchung großer Dampflokomotiven mit hoher Zugkraft zur Verfügung und diente aufgrund seiner Einrichtung auch zu langfristigen Betriebsmessfahrten.

– Messwagen 3 diente der Untersuchung von Dampflokomotioven bei hohen Geschwindigkeiten.

Für Untersuchungen der Laufeigenschaften der Lokomotiven richtete man für die „Arbeitsgemeinschaft zur Erforschung von Entgleisungsursachen" Mitte der zwanziger Jahre einen Messzug her. Federführend bei der Ausrüstung war die Lokomotivversuchsabteilung.

Der Messzug bestand aus einem ehemaligen vierachsigen Packwagen, der als Schwingungsmesswagen hergerichtet wurde, sowie einem ehem. dreiachsigen Packwagen als Beiwagen. Der Messwagen enthielt einen Beratungsraum und einen Messraum mit zwei Sechsschleifenoszillographen, Geschwindigkeitsmesser, einen Messtisch mit diversen Messbrücken für die Beschleunigungs-, Verschiebungs- und Druckmesseinrichtungen. Der Beiwagen enthielt die für den Betrieb des Oszilographen erforderlichen 110-Volt-Batterien, eine Dunkelkammer, einen großen Ablegetisch für die Messstrei-

11 Schreiben Reichsbahn-Zentralamt für Maschinenbau 2201/31 Fklv am 3734 vom 12. Dezember 1934. BA Rep. R5 / 22443.

Fahrzeuge

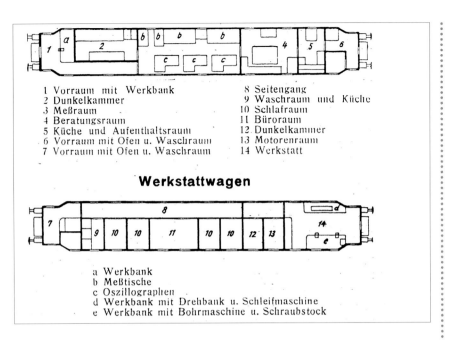

Die Raumeinteilung des Schwingungsmesszuges.

Slg. D. Winkler

fen, sowie eine Werkstatt- und einen Geräteraum. Nach Abschluss der Arbeiten wurde der Messzug in Grunewald abgestellt.

Die Neugründung einer Versuchsgruppe Ende 1935 und die in Aussicht genommenen Versuchsaufträge führten zu einem Umbau des Messwagens. *„Da ein großer Teil der zur Messung benutzten Apparate vom Heinrich-Hertz-Institut nur leihweise zur Verfügung gestellt worden waren und nach Beendigung der Versuche wieder zurückgegeben werden mußten, war die vorhandene Apparatur in dem seinerzeitigen Zustand für weitere Messungen nicht brauchbar."* Auch war der bisherige Beiwagen für andere Versuche abgegeben worden. Der umgebaute Schwingungsmesswagen erhielt nunmehr drei Oszillographen sowie und eine neue Messbrücke. Die Schiebetüren hatte man entfernt und an ihre Stelle weitere Fenster eingesetzt. Da dies mehr Raum beanspruchte, war ein neuer Beiwagen erforderlich. Der neue Werkstattwagen wurde aus einem ehemaligen sechsachsigen Schlafwagen gewonnen. Ein dreiachsiger Wagen kam nicht mehr in Frage, da bereits eine maximale Fahrgeschwindigkeit von 180 km/h ausgewählt worden war. Der neue Wagen war u.a. mit Werkstatt und Maschinenraum und einem Laderaum für Akkumulatoren ausgestattet und enthielt einige Schlafräume sowie einen *„Hilfsführerstand mit den nötigen Einrichtungen zum Rückwärtsfahren des Messzuges".*

Die Messinstrumente des Messtisches.

Slg. D. Winkler

Die technischen Voraussetzungen

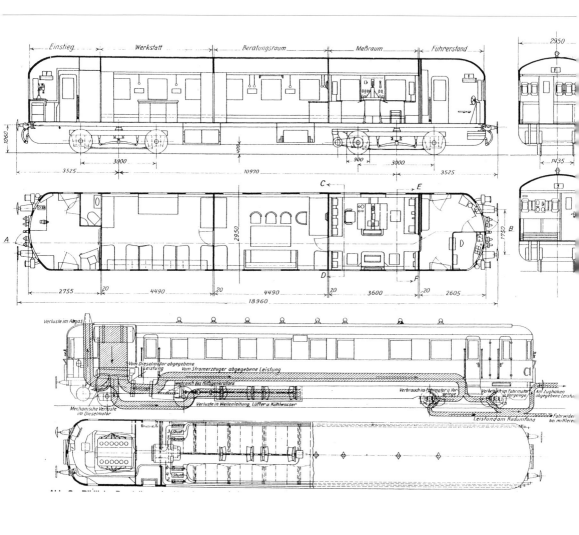

Schemazeichnung des Triebwagenmesswagens.

12 Nordmann, H.: Die Lokomotiv-Messwagen der Deut. Reichsbahn-Gesellschaft. Organ. 81 (1926), S. 397
13 Harm: Die Schwingungsmesseinrichtung der Lokomotivversuchsabteilung Grunewald. GA. 59 (1935) II, S. 179 u. 191

Damit konnte das aufwändige Umsetzen der Lokomotiven bei den zahlreichen Versuchsfahrten entfallen. [12][13]

Die Versuche an Triebwagen mussten anfänglich noch ohne Messwagen durchgeführt werden. Später stand dann zumindest für die einteiligen zwei- und vierachsigen Triebwagen ein vorerst nur behelfsmäßig eingerichteten Messwagen in einem vierachsigen Steuerwagen zur Verfügung, der dann bald eine „bleibende, und zwar recht reichhaltige Ausstattung" erhielt. Der Umbau des Steuerwagens erfolgte wiederum bei der LVA, die in Anlehnung an ihre normalen Messwagen den Steuerwagen für die Belange der Triebwagenuntersuchungen herrichtete. An einem Wagenende behielt man das Steuerabteil bei, an das sich der Messraum anschloss. In der Mitte des Wagens lag ein Beratungsraum mit Besprechungstisch, Schreibplatz und Regalen. Ein Aufenthalts- und Werkstattraum schlossen sich an. Der Triebwagen-Messwagen, der ab Anfang 1937 zur Verfügung

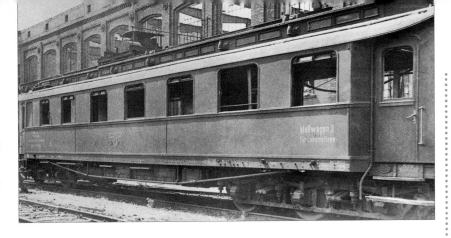

Der „Messwagen 2 für Lokomotiven" in äußerlich gutem Zustand vor der Ruine des RAW Grunewald Ende der vierziger Jahre.

Slg. R. Frieser

stand, besaß Strom- und Spannungsmesseinrichtungen Temperatur- und Fahrstufenschreibern sowie weitere Messinstrumente. Der Messwagen (Berlin 702 207, ex. VS 145 071) wurde zusätzlich mit einer Klotzbremse ausgestattet, um die Aufgabe der Bremslok übernehmen zu können. [14][15]

Das Versuchsamt nutzte seine Messwagen bis zum Kriegsende. Ein Foto des nach dem Kriege in Berlin befindlichen Messwagens deutet darauf hin, dass zumindes die beiden Messwagen 1 und 2 Ende der dreißiger, Anfang der vierziger Jahre einem Nummerntausch unterzogen wurden. Den alten Messwagen 3 musterte das RZA nach der Neubeschaffung des Stahlmesswagens aus. Nach dem Überfall auf die Sowjetunion waren sogar Bestrebungen im Gange, einen sowjetischen Messwagen nach Berlin zu holen. Der Wagen wurde zwar in Bewegung gesetzt, erreichte Berlin allerdings nicht. [16]

Nicht nur die baulichen Anlagen in Berlin, sondern auch die zahlreichen Fahrzeuge der LVA wurden durch den Zweiten Weltkrieg schwer in Mitleidenschaft gezogen. Kurz vor Ende des Krieges zerstörte ein Bombenangriff den als Messwagen 3 geführten neuen Stahlmesswagen auf dem Bahnhof Plattling.[17] Die Luftangriffe auf Berlin überstand der in Grunewald befindliche Messwagen 2, wie das Foto vor dem zerstörten RAW zeigt. Der Schwingungsmesswagen verblieb auf dem Gebiet der späteren Bundesbahn.[18] Über den Verbleib der anderen Messwagen kann leider keine Auskunft gegeben werden.

Dass die LVA nicht nur bestrebt war, einen ausreichenden Park an modernen Messwagen für die umfangreichen Messaufgaben zu besitzen, sondern auch für weitere Messaufgaben unabhängig vom normalen Betrieb der Reichsbahn zu sein, zeigt folgende Episode: Als 1937/38 Versuche mit der kohlenstaubgefeuerten 05 003 durchgeführt wurden, nutzte die LVA einen Kohlenstaubwagen des Rheinisch-Westfälischen Kohlensyndikats zur Versorgung mit Steinkohlenstaub. Die Zurückziehung des Wagens Anfang Januar 1938 versetzte die LVA in eine prekäre Lage, da die Kohlenstaubbevorratung nicht mehr möglich war. So wurde schnellstens die Beschaffung von drei zweiachsigen Behälterwagen bei Talbot in Aachen angestoßen und vom Referenten 31 im RVM, *Karl Günther*, unterstützt. Hintergrund für eine solch langfristige Maßnahme war die beabsichtigte Verwendung von 05 003 nach Abschluss der Versuche bei der LVA durch das Wagen-Versuchsamt für Schnellfahrversuche. Der Lieferplan für die drei Wagen vom Juli 1938 sah die Lieferung im März 1939 vor.[19] Ob die Wagen nach dem Abbruch der Versuche im Januar 1938 noch abgeliefert und von der LVA genutzt wurden, ist nicht klar und scheint angesichts der Umstände eher unwahrscheinlich.

14 Nordmann, H.: Messwagen zur Untersuchung der Dampflokomotiven. GA. 61 (1937), S. 165
15 Hüttebräucker, Ewald: Der Triebwagenmesswagen der Deutschen Reichsbahn. Organ. 92 (1937), S. 448
16 Auskunft von V. Kubitzki
17 Düring, Th.: Die Reichsbahn-Einheitslokomotiven für veränderlichen Achsdruck der BR 06, 45 und 41. LM. 3 (1965), H. 12, S. 20
18 Düring: Schnellzug-Dampflok der Einheitsbauart..., S. 271
19 Schreiben 31 Fkl 752 vom 24. Januar 1938 und Lieferplan für Vertrag 03.966 v. 5.7.38. SaDe

Die technischen Voraussetzungen

3.2.2 Brems- und Versuchslokomotiven

Nach den, wie noch zu zeigen sein wird, zufriedenstellenden Versuchsfahrten mit Lokomotiven, die mit einer Riggenbach-Gegendruckbremse ausgerüstet waren und dem daraus von *Günther* und *Koch* Mitte der zwanziger Jahre abgeleiteten Verfahren, zur Belastung bei den Versuchsfahrten Bremslokomotiven mit Riggenbach-Gegendruckbremse einzusetzen, veranlasste das RZA den Umbau einer Reihe von Lokomotiven. Das Prinzip der Riggenbach-Gegendruckbremse bestand darin, bei geschlossenem Regler und abgedecktem Blasrohr eine unmittelbare Verbindung zwischen Dampfausströmrohr und Außenluft herzustellen.

Fahrzeuge

Dabei saugte der Kolben Frischluft von außen in den Zylinder, die auf der anderen Kolbenseite verdichtet wird. Die Steuerung ist dabei entgegengesetzt der Fahrtrichtung voll ausgelegt. Die durch die Verdichtung der Frischluft erzeugte Bremswirkung konnte durch entsprechendes Drosseln der ausströmenden, verdichteten Luft geregelt werden. Als besonders augenfälliges Merkmal besaßen die Lok hinter dem Schornstein Schalldämpfer, die das von der ausströmenden Luft erzeugte Geräusch abminderten.

Die erste mit Riggenbach-Gegendruckbremse ausgerüstete „Bremslok", welche seitens der RBD Berlin der VL zur Verfügung gestellt werden konnte, soll eine G8³ gewesen sein, mit der man umgehend Fahrten mit Güterzug-

Der Triebwagenmesswagen wurde 1937 für die immer zahlreicher werdenden Versuche mit neuen Triebwagen beschafft. Zu den vorerst letzten Einsätzen wurde er bei der Erprobung des DT 59 im Sommer 1939 herangezogen

Th. Düring,
Slg. A. Gottwaldt

Die technischen Voraussetzungen

Zwei der mit Gegendruckbremse ausgestatteten Bremslokomotiven in Grunewald: 17 107 und 17 120

Slg. D. Winkler

lokomotiven unternahm, wie sich *Nordmann* erinnerte. Folgt man den erhalten gebliebenen Schriftwechseln, so scheint dies nicht ganz den Tatsachen zu entsprechen.

So wandte sich *Nordmann* im März 1927 an die RBD Erfurt und bat um Nennung einer von der BMAG gebauten S 10, die für den Einbau einer Gegendruckbremse geeignet sei. Von den elf beim Bw Erfurt vorhandenen S 10 wählte man dann mit 17 120 eine Maschine aus, die nach erfolgtem Umbau der RBD Berlin, Bw Grunewald, zugeteilt wurde und der VL ab 1928 als Bremslok für die Versuche zur Verfügung stand.[20]

Folgt man den Berliner Lokomotivstatistiken, so scheint die Zuweisung hiervon geringfügig abgewichen zu sein. Die nachfolgende Tabelle gibt die bekannten Grunewalder Bremslok wieder.

Bremslokomotiven der VL Grunewald 1927-1930

Aufstellung am	Gattung	Nr.
01.07.1927	S 10	17 127
01.09.1928	S 10	17 120, 17 127
	G 8^3	56 113
01.04.1930	S 10	17 067, 17 120, 17 127
	P 8	38 1541

Wie man dem handschriftlichen Nachtrag der Liste von 1927 entnehmen kann, ging 17 120 ebenfalls bald dem Maschinenamt Berlin 1 zu, dem das Bw Grunewald als beheimatende Dienststelle unterstand. Hingegen ist in der Liste von 1928 die G 8^3 im Laufe der Ergänzungen und Pflege gestrichen und dem MA 2 zugeordnet worden, in dem sie auch, zusammen mit 56 114 im Jahre 1930 geführt wird. Der Nachtrag von 1930 weist bei den S 10 zusätzlich noch 17 107 aus.[21] Soweit zur Lokomotivstatistik. Sicherlich geben diese Aufstellungen auch nur ein begrenztes Bild der Zuteilung von Bremslok für die Versuchsabteilung wieder.

Mitte 1938 konnte die LVA, wie *Nordmann* ausführte, auf zwei Schnellzug-, eine Personenzug- und drei Güterzugmaschinen mit Gegendruckbremse als Bremslok zurückgreifen.[22] Folgt man *Düring*, so waren Ende der dreißiger Jahre der LVA 17 101, 17 107, 38 1541, 56 113, 56 114 und eine 94[5-18] als Bremslok zugeteilt.[23] Bei der T 16[1] handelte es sich um 94 1301.

Daneben griff man vielfach auf die der VL längere Zeit zur Verfügung stehenden Vierzylinder-Verbundlok 44 012 zurück, die in zahlreichen Versuchszügen die Aufgaben der Bremslok übernahm.

Den spürbaren Mangel an ausreichend leistungsfähigen Bremslokomotiven für die Untersuchung der neuen Güterzuglok der Baureihen 50 sowie 52 und 42 glich das Versuchamt ab Sommer 1943 durch langfristige Anmietung von Lok der Baureihe 45 vom Bw Würzburg aus. Die Maschinen boten sich förmlich an, besaßen sie einerseits ein hohes Reibungsgewicht und andererseits die notwendige Gegendruckbremse. Ein weiterer Grund für die Bereitwilligkeit, diese an sich leistungsfähigen Güterzugmaschinen an die LVA für längere Zeiträume abzugeben – bei 45 024 insgesamt zwei Jahre – und so dem kriegswichtigen schweren Güterzugdienst zu entziehen, dürfte auch die Schadanfälligkeit dieser Baureihe gewesen sein. Insgesamt dienten drei Maschinen dieser Baureihe der LVA als Bremslok, davon gehörte 45 024 dauerhaft zum Bestand der LVA. Sie stand vom 1. Juli 1943 bis zur Auflösung im Mai 1945 zur Verfügung stand. Während notwendiger Untersuchungen und Reparaturen leisteten 45 002 und 003 Ersatz, was auf den großen Bedarf und die damals scheinbar recht umfangreichen Versuchsfahrten hinweist:[24]

– 45 003 vom 26. April bis 17. Mai 1944
– 45 002 vom 3. September bis 13. Oktober 1944 und vom 1. bis 24. November 1944

Ende Januar/Anfang Februar 1944 ersuchte das RZA Berlin, und hier stellvertretend für das Dezernat 22 *Helberg* vom Dezernat 25, um die Stellung einer zweiten Lok der BR 45 als Bremslok für die LVA. Als *Helberg* den Antrag stellte, waren 17 107 und 120, 38 1541, 45 024 sowie auch 56 113 und 114 als Bremslok vorhanden. *Helberg* verwies auf das hohe Alter der preußischen Maschinen und die sich daraus ergebenden Schwierigkeiten. Er schrieb:

„Diese Lokomotiven sind infolge ihres Alters sehr anfällig und für den schweren Bremszugdienst weniger geeignet. Dagegen wäre sie für leichteren Zugdienst u E noch brauchbar. Bisher war es bei Fahrten mit hoher Zugkraft notwendig, in den Geschwindigkeitsbereichen bis V = 60 km/h meist mit 2 Bremslok (G 8³) und bei V = 80 km/h ständig mit 2 Bremslok (S 10⁰ oder P 8) zu fahren. Nur bei der Lok der Reihe 45 ist es möglich, mit einer einzigen Bremslok bei dem überwiegenden Teil der Versuchspunkte auch bei hohen Zugkräften in allen Geschwindigkeitsbereichen (V = 25 - 80 km/h) auszukommen.

Da der Bestand an Lokpersonal im Versuchsamt für Lokomotiven und Triebwagen sehr knapp ist und vom Betrieb kein Personal mehr zu erhalten ist, so ist bei der gleichzeitigen Untersuchung von 2 Lok durch die beiden Dampfmessgruppen, wie es zur Zeit und wohl auch in absehbarer Zeit noch der Fall sein wird, oft nicht möglich, daß beide Gruppen an dem gleichen Tage Versuchsfahrten durchführen können. Dies führt

20 Schreiben Eisenbahn-Zentralamt, Lokomotivabteilung, 2201.103 vom 9. März 1927; Schreiben RBD Erfurt, 21.M 6.IIb 885 vom 22. März 1927. SaK
21 RBD Berlin VI 21. Tm 13 155. Aufteilung der Lokomotiven auf die Maschinenämter. Berlin, den 1. Juli 1927 RBD Berlin VI 21. Tm 13/237. Aufteilung der Lokomotiven auf die Maschinenämter. Berlin, den 1. September 1928 RBD Berlin VI 21. Tm 13 Bla. Aufteilung der Lokomotiven auf die Maschinenämter. Berlin, den 1. April 1930
22 Nordmann, H.: Messwagen..., S. 165
23 Düring, Theodor: Die Verwendung von Bremslokomotiven bei der Leistungsuntersuchung von Dampflokomotiven. LM. .. (1969), S. 282
24 Seiler, Bernd; Ebel, Jürgen: Die Baureihe 45. Freiburg: EK-Verlag. 1996, S. 162

Die technischen Voraussetzungen

zwangsläufig zu Verzögerungen in der Versuchsdurchführung."
Der Antrag wurde mit Blick auf die *„augenblickliche Betriebslage"* vom Referenten 34 im RVM abgelehnt. [25] Im Gegenteil: War die Bremslok 38 1541 im Dezember 1942 erneut dem LVA zur Verfügung gestellt worden, wurde sie zum 8. Februar 1944 nach Kattowitz abgegeben. [26] Ob es nun ein Interesse an den Lokomotiven ausländischer Bahnverwaltungen, die nun in den Hoheitsbereich der Reichsbahn gelangt waren, oder auch die Möglichkeit eine für die Belange des Lok-Versuchsamts geeignete Maschine zu erhalten war, wird sich wohl nicht mehr gänzlich aufklären lassen.

Wie dem auch sei, fiel das Interesse von RZA und LVA auf eine polnische Schnellzugmaschine moderner Bauart, die nur in zwei Exemplaren von der PKP beschafft worden war: Die Pm 36. Die erste der beiden Maschinen, Pm 36-1, wurde 1937 von der Lokfabrik Pierwsza in Chrzanow als 2'C1'-h2-Lokomotive (S 36.17) mit Stromlinienverkleidung gebaut. Auf der Internationalen Ausstellung in Paris 1937 zeigte sie sich in ihrem stahlblauen, mit silbergrauen

Linien verzierten Äußeren dem Fachpublikum.[27]

Ob das Interesse von *Nordmann* und *Röhrs* der Möglichkeit galt, endlich eine Stromlinienlokomotive ausschließlich für die Belange der Versuchsfahrten zu erhalten, oder der generelle Lokmangel zur Auswahl dieser Splittergattung im Bestand der DRB für die LVA führte, lässt sich leider nicht nachvollziehen. Wann genau die Maschine dem LVA zugewiesen wurde und ob *Helbergs* Schreiben den Ausschlag für die Umbeheimatung gegeben hat, ist nicht klar. Pm 36-1 wurde von der DRB als 18 601 bezeichnet und stand der LVA vermutlich ab 1944 zur Verfügung.[28]

Vergleicht man sie mit ihrer nach 1945 bei der PKP verbliebenen Schwesterlok Pm 36-2 (nach 1945 als Pm 36-1[II] geführt) erfuhr die Lok noch einige Umbauten.

So entfernte man die Stromlinienverkleidung und versah die Lok mit einem den Einheitslok der Reichsbahn ähnlichen Führerhaus. Auf dem Kessel wurden zwei Sandkästen angeordnet, die Rauchkammerschräge vor dem Schornstein entfernt. Ferner erhielt die Maschine eine Gegendruckbremse und seitli-

25 Schreiben Reichsbahn-Zentralamt Berlin 2530 Wbval vom 1.2.1944 mit Antwort DRB 34 Bla vom 4. Februar 1944. SaKu
26 Betriebsbuchauszug. SaKu
27 Jessen, Heinz; Raab: Die Eisenbahnfahrzeuge auf der Internationalen Ausstellung in Paris 1937. Organ. 93 (1938), S. 19
28 Griebl; Schadow: Verzeichnis

Eine klassische Messzuggarnitur zeigt diese Aufnahme von 1933, die bei Brandenburg entstand. Den Zug führt die zu untersuchende 44 012, es folgen Messwagen 2 und die Bremslokomotiven 94 1301 und 56 113

C. Bellingrodt, Slg. H. Griebl

Die technischen Voraussetzungen

Eine Rarität besonderer Art stellt die Aufnahme von 18 601 vor dem Schuppen des Bw Grunewald aus dem Jahre 1944 dar. Reichsbahn-Einheitsführerhaus, Sandkästen und Umlaufschürze sind nur einige der Kennzeichen ihres Umbaus

J. B. Kronawitter, Slg. H. Griebl

che Schürzen unterhalb der Umläufe sowie große Windleitbleche.
Wie 45 024 befand sich 18 601 im September 1945 in Berlin und stand somit der LVA zumindest bis Kriegsende noch für Messfahrten als Bremslokomotive zur Verfügung.[29]
Ihr weiterer Verbleib ist unbekannt. In der Novemberstatistik der RBD Berlin wurde sie nicht mehr geführt, erschien aber auch nicht mehr in den Listen der PKP.

Versuchslokomotiven

Eigene Versuchslokomotiven hatten die Grunewalder Versuchsabteilungen/-ämter nie besessen, obwohl Bestrebungen zum Erwerb vorhanden waren. Für die Untersuchungen der Versuchsabteilung für Wagen und der Versuchsabteilung für Bremsen stellte vornehmlich das Bw Grunewald Lokomotiven zur Verfügung, die damit jedoch dem Betriebsdienst entzogen waren. Eine Situation, die auf die Dauer, besonders in Perioden starker Versuchstätigkeiten, nicht befriedigen konnte. So hat 39 106 im Jahre 1929 eine Reihe von Leistungen für die Luftwiderstandsmessung der Reisezüge erbracht.[30] Ähnliche Aufgaben hatte 56 105 zu erfüllen, der man einen speziellen Messvorbau vor den Schornstein gesetzt hatte.[31]
Mit Beginn der dreißiger Jahre strebte man bei der Reichsbahn die Untersuchung unterschiedlicher Reisezugwagen und Bremsen in hohen Geschwindigkeitsbereichen an. Geplant war, neben der Bewertung der Laufruhe auch die Messung des Einflusses unterschiedlicher Kopfformen auf den Luftwiderstand der Züge vorzunehmen. Da für diese Fahrten die vorhandenen Lokomotiven nicht ausgereicht hätten, schrieb die Reichsbahn einen Wettbewerb unter den Lokbaufirmen aus, der eine Versuchslok für hohe Geschwindigkeiten forderte. Nach Vorlage der Entwürfe im Jahre 1932 empfahl der Lokausschuss jedoch den Bau einer solchen Lok für den Betriebsdienst (s. Abschnitt 4). Damit scheiterte der Versuch des RZA, für die Grunewalder Versuchsämter eine eigenen Versuchslok zu erhalten.[32]
Man musste weiter auf die Lokomotiven des Bw Grunewald oder gesondert angeforderte Maschinen anderer Bw zurückgreifen. So stellte das Bw Grunewald für die zahlreichen Schnellfahrversuche mit Reisezugwagen im Jahre

1931 u.a. für längere Zeit 17 1163 zur Verfügung. Ebenfalls hauptsächlich vom Wagenversuchsamt, aber auch teilweise von der VL mit beansprucht, wurden von Januar bis Mai 1937 mit 03 098, 120, 125 und 154 gleich vier Maschinen dieser Baureihe des Bw Grunewald genutzt. Einmal mehr zeigte sich bei diesen, oft an der Leistungsgrenze der Lokomotiven gefahrenen Versuchen, (die S10¹ wurde dabei bis 152 km/h gefahren)³³ die hohe Beanspruchung des normalen Fahrzeugparks des Bw Grunewald und die weiterhin unbefriedigende Situation für die Versuchsämter, denen nicht immer die benötigten Loks bereitgestellt werden konnten. Dies veranlasste Mitte 1937 *Nordmann* (Dez. 22) zusammen mit *Wagner* vom Dez. 23 und *Friedrich Wolf* vom Dezernat 26A, Bau und Einkauf der Personenwagen, als verantwortliche Beamte des RZA erneut um die Beschaffung einer nur für Versuchszwecke der Wagen- und Bremsversuchsabteilung bereitstehenden Lok der Baureihe 05 beim Reichsverkehrsminister zu ersuchen, was ihnen allerdings wiederum nicht bewilligt wurde. ³⁴

Erst im November 1941 sollte das Versuchsamt in Grunewald mit der vom Bw Landsberg (Warthe) geliehenen 50 1890 eine „Versuchslok" erhalten, an der man über einen längeren Zeitraum diverse Baugruppen und Materialien im Zuge der allgemeinen Entwicklungstätigkeit sowie der Kriegslokentwicklung erproben konnte. Zu diesem Zwecke war sie bis mindestens Ende 1943 ständiger Gast (s.u.). Während dieser Zeit soll sie auch anstelle der beiden 56¹ als Bremslok genutzt worden sein.

Überhaupt schien sich der Wunsch der Fahrzeugdezernenten nach einer eigenen Versuchslok, die langfristiger zur Verfügung stand, gerade in den Kriegsjahren zu verwirklichen. Ungewollt berührten sich hier die Interessen von Versuchsdezernat und Fahrzeugindustrie bedingt durch die Zwänge der Kriegswirtschaft. Galt es doch Werkstoffe und neue Fertigungsverfahren auf ihre Praxistauglichkeit hin zu untersuchen und die gewonnenen Erfahrungen in die Entwicklung der Kriegslokbaureihen aber auch die Neukonstruktion einfließen zu lassen. Und so stand neben der 50 1890 auch 52 180 über einen großen Zeitraum der LVA zur Komponentenerprobung zur Verfügung. Einer Weisung des RVM vom 18.12.1942 zufolge, hatte die RBD Berlin 52 180 dem VA Grunewald zu überführen. Der Vollzug wurde am 7. Januar 1943 gemeldet.³⁵

3.3 Versuchsdurchführung

3.3.1 Versuchsmethoden und Versuchsstrecken

Geht man von der publizistischen Seite aus, so drängt sich der Eindruck auf, dass von den vorhandenen Versuchsämtern das Lokomotivversuchsamt das umfangreichste Arbeitspensum hatte.

Jedoch sollte gerade die in den anderen Ämter geleistete Grundlagenarbeit nicht unterschätzt werden. Die Fortschritte im Waggonbau, wie in der Bremstechnik wären ohne ihr Zutun nicht möglich gewesen. Auftraggeber für die LVA war vornehmlich die Deutsche Reichsbahn, aber auch die deutsche Lokomotivbauindustrie, die hier gelegentlich neue Lokomotivbauarten untersuchen ließ.

Zu Zeiten der Preußischen Staatseisenbahnverwaltungen hatte man unter maßgeblichen Beteiligung der HW Grunewald umfangreiche Untersuchungen und Versuche an Lokomotiven und später auch Triebwagen durchgeführt und so Erfahrungen sammeln können, die in die Entwicklung eines

29 Lokzählliste vom November 1945. Nachlaß Schadow. SaWi

30 Nordmann: Die Mechanik der Zugförderung in ihrer Entwicklung und ihren neuestens Ergebnissen. GA. 56 (1932) II, S. 87, S. 113

31 Nocon: Neue Versuche über den Fahrwiderstand von Personen- und D-Zugwagen. GA. 55 (1931) I, S. 99

32 Nordmann, H.: Versuchsergebnisse mit Stromlinien-Dampflokomotiven. ZVDI. 79 (1935), S. 1226; Vogelpohl, G.: Windkanalversuche über den Luftwiderstand von Eisenbahn-Fahrzeugen. ZVDI. 78 (1934), S. 163

33 Düring: Länderbahnschnellzuglok, S. 120

34 Schreiben RZA 2231 Fklvag vom 4. Mai 1937. SaWi

35 mitgeteilt von Hansjürgen Wenzel

Die technischen Voraussetzungen

systematischen Versuchswesens eingehen konnten. Hierzu hieß es 1913[36]:
„Zu den Versuchen des Eisenbahn-Zentralamtes wird ein Messwagen benutzt, der mit den erforderlichen Messgeräten ausgestattet ist.
Die während der Versuche vorzunehmenden Messungen können eingeteilt werden in:
A. Kesselmessungen
B. Maschinenmessungen
C. Widerstandsmessungen
...Die so erhaltenen Schaulinien werden nach Beendigung des Versuches auf Millimeterpapier aufgetragen und ergeben Schaulinien über den Verlauf des Versuches. ...
Die Versuchsfahrten des Eisenbahn-Zentralamtes werden für gewöhnlich auf zwei hierfür besonders geeigneten Strecken ausgeführt und zwar für Flachlandfahrten auf der Strecke Wustermark – Lehrte (Entfernung rund 200 km) und für Bergfahrten auf der Strecke Grunewald – Mansfeld (Entfernung rund 175 km). Durch die Vornahme der Versuchsfahrten auf diesen festliegenden Versuchsstrecken ist man in der Lage, einen einwandfreien Vergleich der einzelnen Versuche vorzunehmen; nur wenn Lokomotiven zur Prüfung gelangen, die für besondere Streckenverhältnisse gebaut sind, erfolgt die Prüfung unter Verwendung des Messwagens auf diesen Sonderstrecken."
Zum allgemeinen Vorgehen bei den Versuchen hatte *Gustav Hammer* (1875-1961) schon 1911 in Glasers Annalen ausgeführt:[37]
„Bei der Ausführung der wissenschaftlichen Versuche wird nun im Kgl. Eisenbahn-Zentralamt, wie folgt, verfahren:
Die zu untersuchende Lokomotive wird zunächst in allen ihre Wirtschaftlichkeit und ihre Leistung beeinflussenden Teilen (Kolben, Steuerung, Schieber, Blasrohr usw.) genau untersucht; etwa vorgefundene Mängel werden behoben und Unregelmäßigkeiten in der Dampfverteilung beseitigt.

Zur Feststellung der Vorgänge im Zylinder werden seit 1907 Maihak'sche Fernschreibindikatoren verwendet. ... Die Indikatoren können in beliebiger Anzahl hintereinander geschaltet werden; die Diagramme werden auf den beiden Maschinenseiten also stets gleichzeitig aufgezeichnet.
Um einen guten Vergleichsmaßstab für die zu untersuchenden Lokomotiven zu erhalten, werden bei den Versuchen ... die Diagramme stets an denselben und zwar besonders markanten Punkten der Versuchsstrecke genommen und dabei auch die übrigen Verhältnisse - Geschwindigkeit, Füllungsverhältnis, Kesseldruck, Schieberkastendruck, Dampftemperatur, Unterdruck in der Rauchkammer usw. - aufgezeichnet. ...
.. Die ... Leistungszähler nach Böttcher müssen als eine besonders wertvolle Bereicherung der Messeinrichtungen für Versuche mit Lokomotiven angesehen werden. Mit ihrer Hilfe ist es erst gelungen, die wirkliche indizierte Zylinderleistung einer Lokomotive zu ermitteln, deren Unterschied gegenüber der mit dem Zugkraftmesser ermittelten effektiven Leistung das Maß für die Leistung ergibt, deren die Lokomotive nebst Tender für ihre eigene Fortbewegung bedarf. Die genaue Feststellung der indizierten Leistung bot bis vor kurzem noch außerordentliche Schwierigkeiten, weil mit Hilfe der Indikatoren nur Augenblickswerte gewonnen werden konnten. Bei einem aus solchen Werten abgeleiteten Mittelwert bleibt die größere oder geringere Genauigkeit immer nur dem Zufall überlassen. In früherer Zeit ist es deshalb nur in seltenen Fällen gelungen, für den Lokomotivwiderstand Werte zu finden, die einigen Anspruch auf Richtigkeit zu besitzen schienen. ...
Bisher wurden nur die Durchschnittsleistungen der Lokomotiven von einem Aufenthalt bis zum anderen ermittelt, weil die Beobachtung der Leistungszähler während der Fahrt Schwierigkeiten bereitet. Um die Widerstandsverhältnisse auf Steigungen und in Krümmungen, beim Anfahren und der Verzögerung beim Bremsen im einzel-

36 Versuche mit Dampflokomotiven ausgeführt vom Königlichen Eisenbahn-Zentralamt im Jahre 1913. Berlin, Glaser, 1916, S. 9, 10
37 Hammer: Die Entwicklung des Lokomotiv-Parkes bei den Preußisch-Hessischen Staats-Eisenbahnen.. Allgemeines über Versuche mit Lokomotiven. GA. 35 (1911) I, S. 25
38 Nordmann, H.: Neue Versuchsmethoden und Versuchsergebnisse auf dem Gebiet der Dampflokomotive. GA. 52 (1928) II, S. 141

Versuchsdurchführung

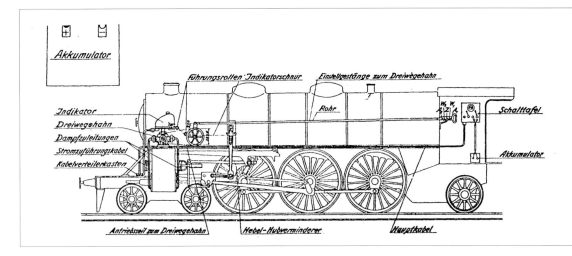

Die Zeichnung zeigt beispielhaft die Plazierung der Messinstrumente an einer Lokomotive.

Slg. D. Winkler

nen zu ermitteln, sind noch Aufzeichnungen erforderlich, welche die indizierten Leistungen der Lokomotiven auf jedem beliebigen Streckenabschnitt erkennen lassen. Es wird daher beabsichtigt, noch eine elektrische Uebertragung der mit dem Leistungszähler gemessenen Werte nach dem Messwagen auszubilden, sodaß die Ablesung der indizierten und der effektiven Leistung zusammen zu jeder beliebigen Zeit und an jeder beliebigen Stelle erfolgen kann. Letzteres dürfte für die Weiterausbildung der Fahrpläne von besonderer Wichtigkeit sein. Zur Ermittlung der verschiedenen Drucke (Kessel, Ueberhitzer, Schieberkasten) und Unterdrücke, (Rauchkammer, Rost, Aschkasten) sowie der Rauchgase sind Apparate in Ausbildung, mit denen die Messergebnisse - nicht nach der Zeit - sondern nach der zurückgelegten Wegstrecke verzeichnet werden. ...
Die Leistung am Tenderzughaken wird mittels eines in einem besonderen Wagen untergebrachten Zugkraftmessers bestimmt."
Damit war bereits die Vorgehensweise für die folgenden Jahrzehnte aufgezeigt. Neben dem EZA und den Direktionen war es vor allem die Industrie, die mit Unterstützung durch das Preußische Ministerium für öffentliche Arbeiten von den Grunewaldern Versuchsfahrten durchführen ließ. Nicht zuletzt bildeten die Grunewalder Versuche die Grundlage für die Herleitung entsprechender Berechnungsalgorhytmen für die Dampflokomotive, die von *Strahl* und später von *Nordmann* publiziert wurden.
Insbesondere die Ermittlung der Lokomotivcharakteristik stellte für das Versuchswesen lange Zeit ein Problem dar. Mitte der zwanziger Jahre konnte man erstmals bei einer langsam fahrender Güterzuglokomotiven unter Nutzung des, bis auf einen Zwischenbahnhof, in gleicher Steigung von 1:100 verlaufenden Streckenabschnitt Sandersleben – Mansfeld eine Bestimmung von Zugkraft und Fahrgeschwindigkeit durch eine halbstündige Fahrt bei gleichbleibender Höchstleistung der Lok mit einem Belastungszug vornehmen. Damit hatte *Nordmann* ein Teilziel erreicht und Fehlermöglichkeiten gegenüber der rechnerischen Methode verringert.[38] *Nordmann* dazu:
„Dabei ist zweifellos der Begriff der Beharrungsgeschwindigkeit früher nicht in der Schärfe herausgearbeitet worden, wie heute; da das Argument der Beharrung die Zeit ist vermochten früher bei den geringeren Geschwindigkeiten außerdem Streckenabschnitte noch eine notdürftige Annäherung an die Beharrung zu gewährleisten, die

Die technischen Voraussetzungen

heute bei schnellerem Durchfahren keinesfalls mehr dazu ausreichen. Bei diesen geringeren Ansprüchen spielte bei unserem preußischen und Reichsbahnversuchen bis etwa 1927 die Hauptrolle für die systematischen Lokomotivversuche die Strecke Berlin-Belzig-Güsten-Mansfeld, die den Vorteil mäßiger Verkehrsdichte, also einer gewissen „Ellenbogenfreiheit" bei den Versuchen hatte, und schon in einer Reichweite von 90 km von Berlin längere Steigungen von 6,7 und 8‰ nach ihrem Ende zu sogar längere Abschnitte von 10 ‰ aufwies. Sie gestattete damit kurzzeitig auch große Leistungen, vermochte aber mit ihrem ungleichmäßigen Verlauf der Forderung nach Beharrung, außer allenfalls annähernd bei langsamem Befahren der längeren Steigungsabschnitte, im großen keinesfalls zu genügen. Ziemlich richtige Relativurteile zwischen verschiedenen Lokomotiven ließen sich in gleichen Fahrplänen allerdings erzielen. Wesentlich günstigere Strecken, fast durchweg waagerecht oder anderseits wesentlich steilere, gab es natürlich, und sie wurden auch öfter benutzt; aber gerade die ersteren waren stark belegte Hauptbahnen, und auf diese bereits systematisch überzusiedeln, fehlte zunächst der echte Mut, denn der Betrieb sah in den Versuchszügen damals nicht selten noch Störenfriede, statt wie heute Bundesgenossen. Im übrigen wäre es auf waagerechten Strecken bei sehr großen Lokomotiven öfter nicht möglich gewesen, die praktische Leistungsgrenze zu erreichen; teils hätten die Züge zu schwer, teils die Geschwindigkeiten nach damaliger Ansicht zu groß werden müssen. Genügend lange, gleichmäßige Steigungsstrecken, um wenigstens eine leidliche Beharrung bei größeren Geschwindigkeiten zu erreichen, vermochten wir aber nicht zu finden. Aus solchen etwas elegischen Erwägungen für die Streckenfahrten ging ... Streben nach einem ortsfesten Prüfstand hervor. Übrigens haben ... die Messwagenfahrten vor planmäßigen Zügen, trotz oder gerade mit allen etwaigen Ungleichmäßigkeiten der Strecke, als nähere Analyse des betriebsmäßigen Verhaltens der Lokomotive vor dem Zuge und unterbaut durch die inzwischen bekannten Beharrungswerte unter der Bezeichnung „Betriebsmessfahrten" erhebliche Bedeutung gewonnen." [39]

Seit Anfang 1927 setzte man bei der VL zur Belastung der zu untersuchenden Maschinen Lokomotiven mit Riggenbach-Gegendruckbremse ein. Nachdem man mit einer G 8^3 zur Untersuchung der Güterzuglokomotiven begonnen hatte, stand 1928 auch eine umgebaute S 10 zur Verfügung, mit der die Versuche an schnellfahrenden Lokomotiven vorgenommen werden konnten. Damit bestanden die Versuchszüge im allgemeinen nur noch aus der zu untersuchenden Lok, dem Messwagen sowie der Bremslok, bei besonders leistungsfähigen Versuchsmaschinen mussten allerdings auch weiterhin noch einige zusätzliche Wagen oder weitere Bremslokomotiven zur Belastung mitgeführt werden. Ein weiterer Vorteil dieser neuen Untersuchungsmethode war, dass die Bremslok den Versuchszug in der Anfahrtphase mit beschleunigen konnte und somit die Beharrungsgeschwindigkeit schneller zu erreichen war. [40] Auch hierzu nochmals *Nordmann*:

„Die Wirkung dieser bei uns auch auf steilen Hauptbahnen angewandten Bremsung wurde größenmäßig mit dem Messwagen untersucht; zunächst auf den Steilrampen selbst, dann, um für mehrere Gattungen schneller zum Ziel zu kommen, unter Ersatz der Schwerkraftkomponente durch die Zugkraft einer vorgespannten Lokomotive. Günther und Koch (Berlin-Grunewald) hatten nun den glücklichen Gedanken, den Ton von der Bremslokomotive auf die ziehende zu legen, d.h. nunmehr in dieser die Versuchslok zu erblicken, in der Bremslokomotive aber nur das Organ zur Erzielung eines regelbaren Zugwiderstandes ohne eigentlichen Zug." [41] Gleichzeitig begann man vornehmlich die Strecke Berlin –

Versuchsdurchführung

Im Frühjahr 1935 stand die Nassdampf-Rangierlokomotive 89 001 vor der Anheizhalle und wurde für Messfahrten ausgerüstet. Trotz der langjährigen Bewährung des Heißdampfprinzips hatte sich die DRG nochmals für eine versuchsweise Beschaffung von Nassdampflokomotiven entschieden

C. Bellingrodt, Slg. A. Knipping

Magdeburg als Versuchsstrecke zu nutzen, da der Abschnitt Potsdam – Burg mit seiner fast neigungsfreien und ohne starken Krümmungen verlaufenden Trasse ideale Gegebenheiten für eine gleichmäßige Zugkraft bei unterschiedlicher Belastung durch die Bremslok bot.

Andererseits waren die Anfahrstrecken von Grunewald bzw. Magdeburg relativ kurz, jedoch ausreichend, den Beharrungszustand der Maschinen schnell zu erreichen. [42]

„Diese bevorzugten Strecken konnte man nun aber auch mit gesteigertem Selbstgefühl beanspruchen, denn man konnte jetzt dem Betrieb als Entgelt zuverlässige, unmittelbar gemessene Leistungswerte der Lokomotiven zur Verfügung stellen. Dazu kam noch der Vorteil, große Zugkräfte jetzt auch in der Ebene verwirklichen zu können, weil sie wesentlich durch den Zugkraftbedarf der ... Bremslokomotive, nicht durch unhandliche schwere Züge gegeben waren. Mit dem, streng genommen, zunächst für die indizierte Leistung und Zugkraft erzielten Beharrungszustand gewann man praktisch natürlich auch die entsprechenden Beharrungswerte am Zughaken, die sich ja mit dem spezifischen Zugwiderstand in die Zuglast umsetzten". [43]

Insgesamt hatte man 1928 die Versuchsmethoden weiter vervollkommnet und die Bestimmung der Lokomotiven damit eingehender präzisiert. Dazu gehörte die Messung von Zugkraft sowie Wasser- und Kohlenverbrauch während der Leerfahrt, wodurch die in Bezug zu den üblichen Verbrauchszahlen und Wirkungsgrade auf die effektive Leistung bzw. Zugkraft in der Waagerechten eine sehr genaue Verbrauchs- und Wirkungsgradkurve bestimmt werden konnte. [44]

Als man ab 1933 mit der Untersuchung strömungsgünstig verkleideter Schnellzuglokomotiven begann, fiel die Wahl der Versuchsstrecke auch auf die Relation Berlin – Hamburg, die sich durch ihre langen geraden Streckenabschnitte und den geringen Neigungen ideal für Schnellfahrversuche anbot. Allerdings musste man hier wieder auf die klassische Belastung der Versuchslokomotiven mit Reisezugwagen zurückkommen.

39 Nordmann: Die Entwicklung des Lokomotiv-Versuchswesens. GA. 61 (1937) II, S. 2
40 Nordmann, H.: Neue Versuchsmethoden..., S. 137, 138
41 Nordmann: Die Entwicklung..., S. 2
42 Nordmann, H.: Neue Versuchsmethoden..., S. 137, 138
43 Nordmann: Die Entwicklung..., S. 2
44 Nordmann, H.: Neue Versuchsmethoden..., S. 139

Die technischen Voraussetzungen

„Da als Bremsmaschine in der Regel ältere Lokomotiven benutzt werden, ist es ... nicht immer möglich, die größten Fahrgeschwindigkeiten noch in dieser Art zu bewältigen, z.B. bei der Reichsbahn >120 km/h. Dann muß man zwar wieder zum Zuge übergehen, aber der dann zu berücksichtigende Anfahrdampf der Beschleunigung auf z.B. 140 oder 160 km/h wird von der Lokomotivversuchsanstalt Grunewald derart gemessen, daß man eine große Strecke nur in einer Anzahl solcher Anläufe mit jedesmaliger Bremsung aus der beabsichtigten Beharrungsgeschwindigkeit erledigt, und damit Durchschnitts-, ja gut unterscheidbare Einzelwerte des Dampfbedarfes der Anfahrperiode ermittelt." [45]

Zum Ende der dreißiger Jahre hatte man sich auf drei Versuchsstrecken festgelegt, die entsprechend ihrer geografischen Gegebenheiten für die Messfahrten des Versuchsamts genutzt wurden. Dies waren die Strecken Potsdam – Burg für Versuche bei Geschwindigkeiten bis 100 km/h, Nauen – Friedrichsruh sowie Spandau – Lehrte für Versuche bei Geschwindigkeiten zwischen 100 und 200 km/h. Zur Untersuchung kleinerer Lokomotiven und Rangiermaschinen nutzte man den Streckenabschnitt Nauen – Börnicke, der sich mit seinem geringen Verkehrsaufkommen und den zahlreichen kleinen Bahnhöfen bestens eignete. Erprobungen im Rangierdienst nahm man entweder in Grunewald selbst oder im Bereich des Anhalter Bahnhofs vor. Aber auch weitab Berlins führte man Versuchsfahrten durch, insbesondere um die Leistungsfähigkeit von Lokomotiven auf Gebirgsstrecken untersuchen zu können. [46]

Mit den zunehmenden Luftangriffen auf Berlin und der stetig steigenden Streckenbelastung um den Berliner Verkehrsknoten Anfang der vierziger Jahre war auch das Versuchsamt gezwungen, seine Versuchstätigkeit und die damit verbundenen Messfahrten auf weit außerhalb Berlins liegenden und zum Teil weniger belasteten Strecken durchzuführen. Zu diesem Zwecke wurden scheinbar auch eine oder mehrere Versuchsgruppen ständig außerhalb Berlins verlegt, wo sie ungestörter arbeiten konnten. Bekannt sind u.a. Einsätze zwischen Hof und Bamberg.

3.3.2 Die Untersuchung der Dampflokomotiven in den dreißiger Jahren

Der Ablauf der Versuche an den Dampflokomotiven war seit dem Beginn des Jahrhunderts nahezu unverändert geblieben. Einzig der Einsatz der Bremslok hatte für einen qualitativen Wandel gesorgt. Für die Darstellung des Versuchsablaufs soll auf eine allgemeinverständliche Darstellung von *Günther* und *Solveen* in Glasers Annalen vom März 1931 [47] zurückgegriffen werden, die in ihrer Beschreibung sehr anschaulich den Ablauf eines Versuchs einschließlich der umfangreichen Vorbereitungen und Auswertungen wiedergibt:

„Zuerst wird ein Versuchsprogramm entworfen. Es wird festgestellt, welche Messungen zu machen sind und welche Instrumente an der Lokomotive angebaut werden müssen. Die Beobachtungen, die während der Versuchsfahrt auszuführen sind, müssen zusammengestellt werden, daß sie bei entsprechender Verteilung auf die Beobachter auch in der zur Verfügung stehenden Zeit notiert werden können. Entsprechende Aufschreibungshefte werden angefertigt, ebenso wie Formblätter und Berechnungsvordrucke für die Auswertung. Auch der Umfang der Versuche, die Anzahl der Fahrten, die verschiedenen Fahrgeschwindigkeiten und Belastungen, unter denen die Lokomotive erprobt werden soll, werden, soweit möglich, festgesetzt.

Zur Vorbereitung der Versuche gehört bei Dampflokomotiven, auf die sich die folgenden Ausführungen beschränken sollen, eine

---

45 Nordmann: Die Entwicklung ..., S. 2
46 Nordmann, H.: Messwagen ..., S. 165
47 Günther; Solveen: Neue Einrichtungen..., S. 52-58

Versuchsdurchführung

Diesem Messzug für die T38 hatte man eine P10 als Schlepplok beigegeben.

Slg. A. Gottwaldt

Untersuchung der Dampfwege. Es werden zunächst Kolben und Schieber nachgesehen, die Ein- und Auslaßüberdeckungen sowie die Kanalbreiten nachgemessen und Ringe, die zu Bruch gegangen sind oder einen zu großen Ringspalt haben, ersetzt. Durch Oelkrusten fest gewordene Ringe werden gelöst. Zylinder, Schieberkasten und Ausströmkanäle werden von Verunreinigungen gesäubert, die schädlichen Räume der Zylinder werden durch Auffüllen mit Wasser ausgemessen. Die Schmierung von Kolben und Schieber wird kontrolliert, Ueberhitzer, Einströmrohre und Einströmseite der Schieberkästen und die Schieberbuchsen werden mit Druckwasser gefüllt, um Undichtigkeiten, die hauptsächlich an Ueberhitzerelementen und Schieberbuchsen auftreten, festzustellen. Druckausgleicher und Luftsaugventile werden auf Dichtigkeit geprüft. Der Abstand der Umkehrenden der Ueberhitzerelemente von der hinteren Rohrwand wird gemessen. Die richtige Lage der Blasrohröffnung zum Schornstein wird mit einer besonderen Vorrichtung kontrolliert. Der Blasrohrdurchmesser wird ebenso wie die Abmessungen des Schornsteines und die Entfernung der Blasrohroberkante von Schornsteinoberkante festgestellt. Der Kessel wird ausgewaschen, ferner wird beim Anheizen nachgesehen, ob Rohre, Stehbolzen, Nähte, Auswaschluken, Domdeckel usw. dicht sind.

Um die Rauchgastemperatur zu messen, werden drei 500 bis 1000 mm lange Widerstandsthermometer in die Rauchkammer eingebaut und zwar eins unmittelbar vor den Heizrohren und eins vor den Rauchrohren, um festzustellen, ob den Rauchgasen annähernd gleiche Wärmemengen in den verschiedenen Rohren entzogen werden, d.h. ob ihre Abmessungen zweckmäßig gewählt sind. Das Thermometer in Rauchkammermitte soll etwa die mittlere Rauchgastemperatur der Rauchgase vor ihrem Austritt aus der Rauchkammer anzeigen.

Die Dampftemperatur wird in den Einströmrohren zuerst dicht hinter dem Ueber-

Die technischen Voraussetzungen

Noch vor den Fahrten durch die VL Grunewald unternahm die AEG Probefahrten mit der Kohlenstaublok 56 2906.

Werkbild AEG, Slg. D. Winkler

hitzerkasten und dann unmittelbar vor dem Schieberkasten und zwar möglichst an allen Zylindern festgestellt, um diese wichtige Temperatur sicher richtig zu messen und bei Ausfall eines Thermometers den Versuch nicht wertlos werden zu lassen. Der Unterschied dieser Temperaturen beträgt, wenn die Messungen an richtiger Stelle geschehen, nur wenige Grad C. Die Temperatur des aus dem Zylinder austretenden Dampfes wird in der Ausströmkammer jedes Zylinders, nötigenfalls sogar auf jeder Zylinderseite, festgestellt, um ein Undichtwerden von Kolben- und Schieberringen und Druckausgleicher sofort zu erkennen. Die Speisewassertemperaturen werden vor und hinter dem Abdampfvorwärmer oder auch Abdampfinjektor durch Widerstandsthermometer gemessen. Die Speisewassertemperatur im Tender, die sich während einer Versuchsfahrt kaum ändert, wird mit Quecksilberthermometern festgestellt. Beim Einbau aller Widerstandthermometer wird besonders darauf geachtet, daß die Eintauchtiefe nicht unter 200 mm

beträgt, um Wärmeableitung und damit Fehlmessungen weitestmöglich zu vermeiden. zu dem gleichen Zweck werden die Thermometer stets mitten in die Strömung, wenn ausführbar in Rohrknieen eingebaut. Um den Unterdruck in Rauchkammer, Feuerbuchse und Aschkasten zu messen, werden Kupferrohre von diesen Stellen zum Führerstand verlegt, wo sie an gläsernen U-Rohren mit Dämpfungsvorrichtung unter Zwischenschaltung von Gummischläuchen angeschlossen werden. Skalen mit Millimeterteilung neben den U-Rohren gestatten eine Ablesung der Unterdrücke in mm Wassersäule. Die engste Stelle und die Mündung des Schornsteines werden gleichfalls mit Unterdruckmessern verbunden, um aus diesen Angaben auf die richtige Bemessung des Schornsteines zu schließen.

Kessel-, Schieberkasten- und Verbindermanometer werden mit Hilfe von Kontrollmanometern geeicht. An die Auspuffrohre wird unterhalb des Blasrohres, unter Zwischenschaltung eines Kondenswasserbehäl-

Versuchsdurchführung

ters und einer konstanten Wassersäule ein Manometer für niedrige Drucke angeschlossen.

Die Rauchgase werden mit einer Ringleitung aus der Rauchkammer abgesaugt. Ein mit gleichmäßigem Gefälle außen an der Lokomotive verlegtes Kupferrohr führt die Rauchgase zu einem Filter, in dem das Kondenswasser in Raschigringen und die Flugasche in einem „Delbag"-Filter, dem Glaswolle und Watte folgen, weitestmöglich zurückgehalten werden. Zwischen Lokomotive und Tender und Tender und Messwagen treten Gummischläuche anstelle der starren Gasleitung.

An die Lokomotivzylinder werden Indikatoren angebaut. Weitere Dampfleitungen, die so kurz als irgend möglich gehalten werden und nach außen gut isoliert sind, verbinden die Indikatorstutzen mit dem Indikatorhahn, der Ausblasen der Indikatorleitung sowie Indizieren einer Zylinderseite nach der anderen gestattet. Der Antrieb der Indikatorhähne erfolgt durch ein besonderes Gestänge und eine Zwischenwelle vom Führerstand aus. Als Hubverminderer zum Antrieb der Indikatortrommel durch den Kreuzkopf hat sich ein Holzhebel bewährt. Um den Fehler, den diese Uebertragung hat, möglichst gering zu halten, ist die günstigste Stellung des Hubverminderers ausgeprobt worden. Sein Anbau erfolgt stets mit Hilfe einer Lehre. Zur Betätigung der Maihakindikatoren vom Führerstand aus wird elektrischer Strom vom Messwagen durch Kabel zu den Indikatoren geführt.

Um das Speisewasser der Lokomotive genau zu messen, wird in die Speisewasserleitung vor dem Vorwärmer, aber hinter der Leitung zum Kohlennäßhahn ein Siemens&Halske-Taumelscheiben-Heißwassermesser eingefügt, dessen Anzeige nach dem Messwagen auf elektrischem Wege übertragen wird. Außerdem wird, falls erforderlich, der Kessel ausgelitert und am Wasserstand eine Skala angebracht, die die im Kessel vorhandene Wassermenge abzulesen gestattet. Um bei Abdampfinjektoren den Frischdampfzusatz, bei Kohlenstaub-, Turbinen- usw. Lokomotiven den Dampf für die Hilfsmaschinen messen zu können, werden Dampfmesser mit Stauscheiben in die Damfzuleitungen eingebaut. Auf die Luftpumpe wird ein Hubzähler, der von einer durch den oberen Zylinderdeckel geführten Stange angetrieben wird, gesetzt. Der Dampf der Luftpumpe pro Hub ist bekannt. Wird die Hubzahl gemessen, so ist auch der Dampfverbrauch der Luftpumpe leicht zu bestimmen.

Ein besonderer Kontakt, der durch den Regulator beim Anfahren geschlossen wird und Dampfweg- und Dampfzeitmesser im Messwagen betätigt, wird an der Lokomotive angebaut.

Alle Leitungen, die von den Thermometern, vom Wassermesser, vom Regelkontakt usw. kommen, werden in einem Kabelkasten gesammelt. Dieser Kabelkasten enthält auch Telefon und Signalhupe. Er wird mit ein oder zwei 37adrigen Kabeln mit dem Messwagen verbunden. Die Stecker dieser Kabel ermöglichen ein schnelles Kuppeln von Lokomotive und Messwagen. Bei Zugtrennungen lösen sich diese Stecker, noch bevor das Kabel sich streckt, um Kabelzerreißungen zu vermeiden.

Der Wasserkasten des Tenders wird ausgelitert und eine Messlatte hergestellt. Es ist dadurch möglich, das Speisewasser der Lokomotive zweimal zu messen, erstens mit Hilfe des erwähnten Wassermessers und zweitens mit Hilfe der Messlatte.

Lokomotive und Tender werden leer und betriebsfähig mit vollen und mit 2/3 Vorräten an Kohle und Wasser gewogen.

Der Kohlenraum des Tenders wird durch Holzverschläge in mehrere Fächer geteilt. Diese Fächer werden für Versuche mit genau abgewogenen Kohlemengen gefüllt.

Um Vergleiche mit anderen Lokomotiven auf einwandfreier Grundlage zu ermöglichen, ist es erforderlich, durch die Messungen absolute Werte festzustellen. Dazu ist es notwendig, die Lokomotive im Beharrungszustande zu untersuchen. Einen absoluten Beharrungszustand der effektiven Leistung auf der Strecke zu erhalten, wird nicht möglich sein, weil auch die idealste Strecke nicht absolut horizontal und gerade ist und Stärke und Richtung des Windes wechseln. Möglich ist es dagegen, stets mit gleicher indizierter Leistung zu fahren. Wird die Steuerungslage nicht geändert und der Schieberkastendruck, den man zweckmäßig 1 at unter Kesseldruck wählt, durch Betätigung des Regulators konstant gehalten, so ist es nur noch notwendig, immer mit der gleichen Geschwindigkeit zu fahren. Die Möglichkeit hierzu bieten Bremslokomotiven, die die von der Versuchslokomotive erzeugte Arbeit durch Erzeugung von Preßluft vernichtet. Der Versuchszug setzt sich daher aus Versuchslokomotive, Messwagen und ein oder mehreren Bremslokomotiven zusammen.

Die Bremslokomotive ist eine normale Maschine, die zusätzlich mit Riggenbachbremse ausgerüstet ist. Die Lokomotive wirkt, indem man ihre Steuerung nah rückwärts verlegt, als Kompressor. Aus der Ausströmung wird Luft angsaugt und in die Einströmrohre gedrückt. Um keine Lösche anzusaugen, wird das Blasrohr durch einen Drehschieber verschlossen und eine Oeffnung ins Freie geschaffen. In die Ausströmkammer wird heißes Kesselwasser eingespritzt, an dem sich die angesaugte Luft mit Wasser anreichert. Dieses Wasser dient bei der nachfolgenden Kompression zur Kühlung. Um den Druck in den Einströmrohren bzw. im Ueberhitzer, in den die komprimierte Luft gedrückt wird, regeln zu können, sind Drosselventile vorhanden, die der Führer nach Bedarf einstellen kann. Die komprimierte Luft entweicht durch einen Schalldämpfer ins Freie. Die Aenderung der Leistungsaufnahme, und damit auch die Regelung der Geschwindigkeit, erfolgt neben Regelung des Kompressionsdruckes hauptsächlich durch Verlegen der Steuerung. Um die Geschwindigkeit leichter erkennen zu können, sind die Bremslokomotiven mit großen „Deuta"-Geschwindigkeitsmessern ausgerüstet. Die größte Zugkraft, die eine Bremslokomotive auf die Dauer hervorbringen kann, beträgt erfah-

rungsgemäß 1/10 ihres Reibungsgewichtes. Bei höherer Beanspruchung gerät die Bremslokomotive leicht ins Rutschen, die Wärmeabfuhr aus den Zylinders wird unzureichend, die Temperatur der komprimierten Luft wird zu hoch und damit die Schmierung mangelhaft. Stangenlager und Kreuzkopfgleitbahnen halten zudem eine höhere Beanspruchung auf die Dauer nicht aus. Die Bremslokomotive bietet neben den Vorteilen, die eine leichte Regelung der Geschwindigkeit und Leistung mit sich bringt, noch eine Reihe weiterer Annehmlichkeiten. Beim Anfahren arbeitet die Bremslokomotive mit und hilft den Zug beschleunigen, dadurch ist es möglich, die gewünschte Beharrungsgeschwindigkeit sehr viel schneller zu erreichen und die zur Verfügung stehende Streckenlänge besser auszunutzen. Bei großen Leistungen würden die erforderlichen Wagenzüge so lang, daß die Gleise der Bahnhöfe zu ihrer Abfertigung nicht ausreichen; außerdem sind bei starkem Verkehr oft die nötigen Wagenmengen nicht verfügbar. Das Rangieren mit dem selbstfahrenden Zug, den die Bremslokomotive darstellt, ist einfacher und kann schneller erfolgen. Ist der Wasservorrat der Versuchsmaschine zu gering, oder die Versuchsdauer lang, so reicht, besonders bei Tenderlokomotiven, das verfügbare Kesselspeisewasser nicht aus. Durch Ueberpumpen von der Bemslokomotive durch eine unter dem Messwagen verlegte Rohrleitung nach der Versuchslokomotive kann daher die Versuchsdauer ohne Rücksicht auf den Wasservorrat der Versuchslokomotive festgestellt werden. Die Kontrolle der Wassermessung bleibt gewährleistet, wenn das von der Bremslokomotive abgegebene Wasser durch eine Wasseruhr gemessen wird. Bei neuen Lokomotiven und besonders bei reinen Versuchsausführungen, wie Hochdruck-, Diesel- und Turbinen-Lokomotiven sind Pannen auf freier Strecke nicht immer zu vermeiden. In diesen Fällen kann die Bremslokomotive in wenigen Sekunden vom Bremsen zum Schieben umgeschaltet werden und so die Strecke für nachfolgende Züge schnell räumen. Besonders angenehm ist es, daß der Messwagen mit Hilfe der Bremslokomotive im Winter geheizt und mit warmen Wasser versehen werden kann.

Auch bei Verwendung einer Bremslokomotive ist man nicht ganz unabhängig von der Strecke. Am günstigsten werden sich mit einer Bremslokomotive die Versuche auf einer geraden, horizontalen Strecke abwickeln lassen. Bei gerader Strecke fehlt der Kurvenwiderstand, ferner bleibt der Einfluß des Windes, der nicht unterschätzt werden darf, meist konstant. Steigungen und Gefälle sind zwar rechnerisch bei den Versuchsergebnissen zu berücksichtigen, doch erschweren sie dem Lokomotivführer der Bremslokomotive das Konstanthalten der Geschwindigkeit sehr. Auf starken Gefällstrecken ist es zudem unmöglich, hohe Leistungen der Versuchslokomotive abzubremsen, weil die Schwerkraftkomponente von Versuchslokomotive, Messwagen und Bremslokomotive mit aufgenommen werden muß. Damit der Messwagen sich außerdem nicht mit den Puffern auf die Zuglokomotive stützt und die Zugkraft der Zuglokomotive an der Messdose vergrößert, also zu Fehlmessungen Anlaß gibt, muß die Handbremse des Messwagens angezogen werden. ein weiterer Gesichtspunkt für die Streckenwahl ist die Streckenlänge, die man, um die Versuchsdauer und damit auch die Genauigkeit der Kohlenmessungen zu erhöhen, möglichst groß wählen wird.

Fehlmessungen erhält man auch, wenn man den Versuch mit kalter Maschine anfängt. Es ist deshalb eine Fahrt von mindestes 20 bis 30 km vor Beginn zur Erwärmung der Lokomotive erforderlich. Allen diesen Erfordernissen entspricht die Strecke Grunewald-Potsdam-Burg-Magdeburg mit dem Messabschnitt Potsdam-Burg von 92 km Länge. Es ist auf dieser Strecke möglich, eine Geschwindigkeit von 40 km/h 2 Stunden lang und von 100 km/h 55 Min. lang aufrecht zu erhalten. Neben der geringen Entfernung von der Versuchswerkstätten Grunewald bietet die Strecke Potsdam-Magdeburg weitere Annehmlichkeiten mit ihren Drehscheiben in Brandenburg, Kirchmöser, Genthin, Burg und Magdeburg. Die Versuche können daher auch, falls erforderlich, auf kürzerer Streckenlänge ausgeführt werden.

Im normalen Eisenbahnbetrieb wird die Leistung entsprechend den Neigungsverhältnissen von dem Lokomotivführer häufig geändert, um die Zugfahrt dem Fahrplan anzupassen. Um bei den Versuchen den Einfluß, den Aenderungen von Geschwindigkeit, Zylinderfüllung, Dampfdruck, Kesselanstrengung usw. ausüben, feststellen zu können, ist es erforderlich, daß immer nur eine Versuchsbedingung geändert wird. Die Versuche werden deshalb als reine Regieversuche mit konstanter Geschwindigkeit durchgeführt. Geändert wird bei einer Versuchsreihe nur die Zylinderfüllung, und, wenn diese aus Gründen, die in der Versuchsmaschine selbst liegen, nicht geändert werden kann, der Schieberkastendruck durch Drosselung mit dem Regler. Da bei geringeren Leistungen der Einfluß des Windes und der Fehler der Messinstrumente sich mehr auswirkt, werden diese Messungen ungenau. Es werden deshalb mit jeder Lokomotive mit jeder zu erprobenden Geschwindigkeit 2 Leerfahrten (effektive Leistung am Zughaken = Null) am gleichen Tage auf der gleichen Strecke in beiden Fahrtrichtungen ausgeführt. Letzteres geschieht, um den Einfluß des Windes weitestmöglich ausschalten zu können. Durch dieses Leerfahrten erhalten die später aufzustellenden Versuchskurven gewissermaßen einen Fluchtpunkt, der die Lage einwandfrei festlegt. ... Da mit verschiedenen Geschwindigkeiten Leerfahrten durchgeführt werden, sind auch ihre Ergebnisse gegenseitig kontrollierbar.

Als höchste Leistung bei den Versuchen wird die Leistung angenommen, die die Maschine hat, wenn sie den Dampf verbraucht, den der Kessel bei einer Heizflächenbelastung von 57 kg/m^{2}h erzeugt. Diese Beanspruchung stellt, zum mindesten bei großen Kesseln, die Anstrengung dar, die mit Rücksicht auf Dichthalten der Rohre noch

Die technischen Voraussetzungen

Das Bild von 44 012 lässt sehr gut die am Zylinder montierten Indikatoren erkennen.

C. Bellingrodt, Slg. M. Weisbrod

stundenlang gefordert werden kann. Bei kleineren Kesseln unter 150 m³ und besonders bei schmaler Feuerkiste wird man bei normaler Rostfeuerung unbedenklich über diesen Wert hinausgehen können. Ein Ueberschreiten der Heizflächenbeanspruchung von 57 kg/m³ kann auch bei großen Kesseln kurzzeitig zugelassen werden, besonders da der große Wasservorrat des Kessels eine nicht unerhebliche Reserve darstellt.

Auf die Versuchsreihe mit konstanter Geschwindigkeit folgt gewöhnlich eine Fahrtserie mit 57 kg/m³ Heizflächenbeanspruchung, d.h. also mit konstanter Dampferzeugung des Kessels bei verschiedenen, jedoch nicht während einer Fahrt geänderten Fahrgeschwindigkeiten. Diese Fahrten wer-

Versuchsdurchführung

den als Kesselgrenzfahrten bezeichnet, welcher Ausdruck unter Berücksichtigung des vorher gesagten zu verstehen ist. Es ergibt sich so die Leistungscharakteristik der Lokomotive.

Um diese Heizflächenbeanspruchung bei den Versuchsfahrten auch sicher zu treffen, werden die Zylinderfüllgrade, die schon vorher bei den Fahrtenserien mit konstanter Geschwindigkeit mehr zufällig die geforderte Heizflächenbelastung ergeben haben, über der Geschwindigkeit als Abszissse aufgetragen und durch eine Kurve verbunden. Die für die Kesselgrenzfahrten für jede Geschwindigkeit erforderliche Steuerungslage ist aus der Kurve zu entnehmen. Da der Unterdruck in der Rauchkammer gleicher Heizflächenbeanspruchung immer die glei-

Die technischen Voraussetzungen

che Höhe hat, bietet er eine Kontrolle für die richtige Beanspruchung der Lokomotive.

Um die größten Anfahrzugkräfte festzustellen, wird die Versuchslokomotive auf einem gesandeten Gleise vor den festgebremsten Messwagen, der durch eine oder zwei festgebremste Lokomotiven am Ort gehalten wird, gespannt. Bei den verschiedensten Kurbelstellungen und voll ausgelegter Steuerung wird Dampf mit vollem Kesseldruck (bei Verbundlokomotiven mit dem zulässigen höchsten Verbinderdruck) in den Schieberkasten gelassen. Die im Messwagen gemessene Zugkraft wird über dem beim Anfahren zurückzulegenden Weg aufgetragen und stellt das um den Bewegungswiderstand der Lokomotive verminderte Tangentialdruckdiagramm, bezogen auf den Radumfang dar.

Sollen besondere Einrichtungen an einer Lokomotive erprobt werden, so richtet sich auch das Versuchsverfahren nach dem Sonderzweck. Zur Erprobung z.B. der Gegendruckbremse einer Lokomotive wird die Versuchslokomotive hinter den Messwagen gespannt, der durch eine besondere Vorrichtung in seiner Zugstange erlaubt, die Zugkräfte unter Ausschaltung des Laufwiderstandes des Messwagens zu messen. Messwagen und Gegendrucklokomotive werden von einer oder mehreren kräftigen Lokomotiven mit konstanter Geschwindigkeit über eine Strecke bekannter Neigung gezogen, dabei wird auf der Lokomotive mit Gegendruckbremse der Schieberkastendruck bei gleichbleibender Steuerungslage durch Regelung mit dem Drosselventil geändert. Gemessen werden die Zugkraft und die Temperaturen der komprimierten Luft. Außerdem werden Diagramme an den Zylindern genommen. Da ein Beharrungszustand in relativ kurzer Zeit eintritt, werden alle 10 bis 20 km die Schieberkastendrücke geändert. Es gelingt so auf einer Fahrt, den ganzen Leistungsbereich der Gegendruckbremse zu erproben.

Aehnlich werden Versuche zur Erprobung von Druckausgleichern und Druckausgleichkolbenschiebern durchgeführt. Die Versuchsmaschine läuft dabei 10 km mit Dampf und die darauf folgenden 10 km im Leerlauf. Durch Temperaturmessungen wird festgestellt, wie stark sich die durch den Druckausgleicher von einer Zylinderseite zur andern gepumpte Luft erwärmt, und ferner ob bei der darauf folgenden Dampffahrt die Druckausgleicher dicht geblieben sind. Indikatordiagramme geben die Kompressionsarbeit, die in den Zylindern während des Leerlaufs geleistet wird, an. Diese Versuche werden mit verschiedenen, besonders mit hohen Fahrgeschwindigkeiten durchgeführt.

Bei der Ausführung der Versuchsfahrten werden auf der Lokomotive Kesseldruck, Schieberkastendruck, Steuerungslage, die Unterdrücke in Rauchkammer, Feuerbuchse, Aschkasten, Schornstein oben und unten, die Nummern der Diagramme und der Ort, an dem die Ablesung gemacht worden ist, notiert und die Vorrichtung zur Aufnahme der Indikatordiagramme betätigt. Während der Feuerbeschickung werden Kohlenproben entnommen, die später in Laboratorien der Reichsbahn auf Zusammensetzung und Heizwert untersucht werden. Im Messwagen werden Stationsorte, Zugkraft, Geschwindigkeit sowie die Temperaturen der Rauchgase in der Rauchkammer, des Heißdampfes, des Auspuffdampfes sowie des Speisewassers vor und hinter den Vorwärmern und gegebenenfalls je nach den Versuchsbedingungen auch weitere Temperaturen aufgeschrieben. Auf dem im Messwagen laufenden Messstreifen werden die Zugkraft- und Geschwindigkeitskurven, Orts- und Wassermarken aufgezeichnet wie auch die jeweilige Stelle, an der Indikatordiagramme aufgenommen werden, markiert. Dadurch ist es später möglich, indizierte und effektive Zugkraft in genau gleichen Zeitpunkten zu vergleichen. Die Aufschreibungen erfolgen immer zu gleicher Zeit auf Lokomotive und Messwagen nach den Signalen der schon erwähnten Vorrichtung.

Der Wasserstand im Kessel wird zu Anfang und Ende des Versuches auf einem waage-

Versuchsdurchführung

rechten Gleisstück bei gleichem Druck auf die gleiche durch Marken gekennzeichnete Höhe gebracht. Der Verbrauch des Speisewassers ergibt sich aus der Differenz des zu Versuchsbeginn und zu Ende abgelesenen Standes des Wassermessers, wie auch aus der Abnahme der Wasservorräte des Tenders, die mit Messlatte festgestellt werden. Die für die Versuchsfahrt erforderlichen Kohlen werden den vorbereiteten Fächern des Tenders entnommen. Bleiben Kohlen übrig, so wird der Rest mit Hilfe einer Waage zurück gewogen. Reichen die Kohlen nicht ganz aus, so werden Briketts zugesetzt, deren Gewicht bekannt ist und deren Menge gezählt wird. Die Brennstoffmengen auf dem Rost werden vor und nach der Fahrt geschätzt. Aus den Angaben der Dampfweg- und Dampfzeitmesser wird die tatsächlich gefahrene Geschwindigkeit errechnet. Die Arbeitsfläche des Zugkraftstreifens ist während der Fahrt selbsttätig planimetriert worden. Um die durchschnittliche Leistung während des Versuchs zu errechnen, wird die Planimeterfläche durch die Fahrzeit in Minuten dividiert und mit einer Apparatekonstanten multipliziert.

Es ist wichtig, daß nach jeder Versuchsfahrt sofort die Hauptergebnisse, wie Leistung, Dampf- und Wasserverbrauch für die Stunde und die PSe-Stunde, sowie die Heizflächenbeanspruchung errechnet werden, um sofort zu erkennen, ob der Versuch gelungen ist oder wiederholt werden muß, oder ob Mängel an der Maschine eine Ausbesserung derselben und damit ein vorläufiges Unterbrechen der Versuche erfordern. Bei den Versuchsfahrten werden auch alle Lokomotiveinzelteile, soweit möglich, mit erprobt und beobachtet, wie Speisepumpen, Injektoren, Oelpumpen, Druckausgleicher, Pyrometer, Geschwindigkeitsmesser usw. Treten Mängel auf, so wird ihre Ursache erforscht und, soweit möglich, abgestellt.

Die Feststellung der Messergebnisse am Ende jeder Versuchsfahrt ist nur eine vorläufige, im Büro erfolgt eine Nachprüfung aller Werte. Die auf der Fahrt genommenen Diagramme werden in mühevoller Arbeit planimetriert. Aus den Aufschreibungen, die auf der Lokomotive wie im Messwagen gemacht worden sind, werden auf Rechenmaschinen die Mittelwerte festgestellt. Eine sehr gute Kontrolle für die Richtigkeit des Wasserverbrauches bietet seine Auftragung über der effektiven wie auch über der indizierten Leistung, letztere ermöglicht besonders, den Einfluß des Windes richtig zu bewerten. Neben dem Dampfverbrauch pro Stunde werden über der effektiven Leistung der spezifische Dampfverbrauch, der Schieberkastendruck, der Blasrohrdruck und die zylinderfüllung für jede Geschwindigkeit gesondert aufgetragen. Eine Kontrolle der Messwerte des Wasserverbrauches pro Stunde erhält man, wenn man diesen in Kurven für jede Leistung gesondert (z.B. für 500, 800, 1000 PSe) über der Geschwindigkeit in km pro Stunde aufträgt.

Da der Indikator leider nicht masselos ist, da die Indikatortrommel von einem unvollkommenen Hubverminderer und mit Hilfe einer sich dehnenden Schnur angetrieben wird, sind die Indikatordiagramme leider mit Fehlern behaftet, die mit wachsender Fahrgeschwindigkeit zunehmen. Der mittlere indizierte Druck wird bei höheren Drehzahlen der Maschine mehr und mehr zu klein gemessen. Infolge dieser Indikatorfehler haben alle Messungen der indizierten Leistung wie auch die Wirkungsgradangaben nur vergleichenden und keinen absoluten Wert.

Da außerdem die indizierten Messwerte infolge geringer Schwankungen des Dampfdruckes, infolge Klemmen des Indikatorkolbens usw. streuen, werden die indizierten Zugkräfte über der effektiven Leistung bzw. Zugkraft als Abszisse aufgetragen. In gleichem Maßstab auf demselben Blatt eingezeichnet ergibt die effektive Zugkraft eine Gerade, die durch den Nullpunkt geht. Die Kurve der indizierten Zugkraft muß mit wachsender Leistung sich mehr und mehr von der effektiven Zugkraft entfernen, wenn nicht Fehlmessungen vorliegen sollen. Das Produkt aus effektiver Zugkraft

Die technischen Voraussetzungen

durch indizierte Zugkraft ergibt den mechanischen Wirkungsgrad.

Alle Meßwerte, die mit dem Kessel zusammenhängen, können nur von der Kesselanstrengung abhängig sein. Abgesehen von den geringen Abkühlverlusten muß es einerlei sein, mit welcher Geschwindigkeit der Kessel durch die Lokomotive fortbewegt wird.

Es werden deshalb alle Meßwerte über Kohlenverbrauch, Dampf- und Rauchgastemperatur ohne Ruecksicht auf die Fahrgeschwindigkeit über der Kesselanstrengung in kg/m^2 bzw. über dem Gesamtwasserverbrauch in kg/h aufgetragen. Die Abbildung zeigt die auf diese Weise festgestellte stündliche Kohleverbrauchkurve einer Lokomotive. Die Verbrauchswerte sind nach dem Wärmeinhalt der verfeuerten Kohlensorte vorher auf gleiche Heizwerte umgerechnet worden. Mit Hilfe des Dampfverbrauches für jede Leistung bei gleicher Geschwindigkeit werden sodann die Kurven des spezifischen Kohlenverbrauches in kg/PSeh und die Frischdampf- und Abdampftemperaturen über der effektiven Leistung aufgetragen. Aus dem spezifischen Dampfverbrauch in kg/PSeh, dem zugehörigen Dampfdruck und der Dampftemperatur wird mit Hilfe von Dampftabellen der Wärmeverbrauch in kcal/PSeh festgestellt. Auch er wird über der effektiven Leistung aufgetragen.

Zur Kontrolle kann man den Wärmeverbrauch für verschiedene Leistungen wiederum über der Fahrgeschwindigkeit als Abszisse aufzeichnen. Bei diesem Verfahren erkennt man leichter etwa gemachte Fehler, sobald die Kurven für gleiche Leistungen keinen gleichmäßigen Verlauf zeigen. Außerdem kann man die günstigste Geschwindigkeit der Lokomotive bei verschiedenen Leistungen erkennen. Eine Festlegung des Wärmeverbrauches im Dampf ist zur Beurteilung der verschiedenen Lokomotiven unbedingt erforderlich, da die Dampfdrücke in den Kesseln von 12 bis 120 atü, die Dampftemperaturen von Sattdampftemperaturen bis 450° Ueberhitzung

schwanken, und damit der Wärmeinhalt des Dampfes sehr verschiedener ist.

Aus dem Wärmeinhalt des erzeugten Gesamtdampfes und dem Wärmeinhalt der verbrauchten Kohle läßt sich der Kesselwirkungsgrad bestimmen, er wird, um alle Lokomotivkessel auf gleicher Basis vergleichen zu können, über der Heizflächenbelastung aufgetragen.

Zur Feststellung der Leistungsfähigkeit der Lokomotiven sind die Kesselgrenzfahrten durchgeführt worden. Durch die Messpunkte des spezifischen Dampfverbrauches in kg/PSeh, der bei diesen Fahrten bei den verschiedenen Geschwindigkeiten erhalten und über der Fahrgeschwindigkeit aufgetragen wird, wird eine Kurve gelegt, weil die Werte infolge Witterungseinflüssen etwas streuen, und es auch nicht immer gelingt, eine Heizflächenbelastung von genau 57 kg/m^2 u. h zu erzielen (Abb. ...) Aus dieser Dampfverbrauchskurve wird ... die Kesselgrenzleistungskurve oder Leistungscharakteristik errechnet. ...

Ueber die mit jedem Fahrzeug durchgeführten Versuche wird ein Versuchsbericht aufgestellt, der als Anlagen tabellarische Zusammenstellungen aller Meßwerte sowie die vorerwähnten Auswertungen in Kurvenblättern enthält und soweit erforderlich erläutert.

Die bei den Versuchen gemachten Beobachtungen und Erfahrungen werden gleichfalls im Bericht niedergelegt, zusammen mit etwaigen Aenderungsvorschlägen. Im Reichsbahn-Zentralamt für Maschinenbau dienen diese Berichte als Unterlagen bei Neukonstruktionen und zur Anregung von Verbesserungen an vorhandenen Fahrzeugen."

Soweit zu den Streckenversuchen. Die Untersuchung der Lokomotive auf dem oben erwähnten Prüfstand in Grunewald wurden in ähnlicher, wenn auch den Gegebenheiten angepaßten Weise durchgeführt:

„Die zu untersuchende Lokomotive ist mit den gleichen Geräten, Instrumenten und Kabelleitungen auszurüsten, wie sie für die Messungen bei Streckenversuchsfahrten er-

Versuchsdurchführung

forderlich sind. Nachdem ihre normale Zugvorrichtung gegen eine verstärkte, zum Anschluß an die Befestigungsvorrichtungen des Prüfstandes geeignete ausgetauscht ist, wird die Lokomotive mittels eines Spills über die Auffahrvorrichtung auf den Prüfstand gezogen, am Zughakenbock angehängt und dann auf die Bremsaggregate abgesetzt.

Auf diesen ist sie so auszurichten, daß ihre angetriebenen Achsen genau über der Mitte der Tragrollen der Bremsaggregate zu stehen kommen. Die den Lokomotivschornstein mit dem Rauchgaskanal verbindende Schornsteinhaube wird angeschlossen und die Speisewasser- und Kabelanschlüsse werden hergestellt.

Nach Abschluß aller Vorbereitungen wird die Lokomotive wie eine auf der Strecke fahrende Maschine betrieben, wobei ihre angetriebenen Räder, anstatt sich auf den Schienen fortzubewegen, auf der Stelle auf den sie tragenden Rollen der Bremsaggregate laufen.

Durch Einschalten der regelbaren Wasserbremsen wird dem Lauf der Tragrollen und somit dem der Lokomotiv-Räder ein Widerstand entgegengesetzt, zu dessen Ueberwindung die Lokomotive die gleiche Arbeit leisten muß, die sie sonst zum Ziehen eines Zuges aufwendet. Die bei den Versuchsfahrten auf der Strecke im Meßwagen aufgenommenen Messungen werden auf dem Prüfstand in gleicher Weise durchgeführt und in einem außerhalb der Prüfstandhalle liegenden Messraum durch Fernübertragung selbsttätig aufgeschrieben." [48]

Neben dem Rechteckschuppen des Bw Grunewald wartet 03 154 auf einen neuen Einsatz.

C. Bellingrodt, Slg. D. Winkler

48 Günther; Solveen: Neue Einrichtungen ..., S.59-61

Portrait der Mitteldrucklok 04 001 auf den Gleisen des Bahnhofs Grunewald. Die in sie gesetzten Erwartungen erfüllten sich leider nicht.

Slg. D. Winkler

3.3.3 Die Untersuchung der Lokomotiven mit Verbrennungsmotor und der Triebwagen

Die allgemeine Versuchsdurchführung an Motor- und Kleinlokomotiven sowie an den Triebwagen unterschied sich kaum von derjenigen, die man an den Dampflokomotiven vornahm. Auch hier gehörte die Bestimmung der Leistungscharakteristik sowie der Verbrauchswerte zu den wesentlichsten Aufgaben. Hinzu kamen Messfahrten, bei denen die Laufeigenschaften der Fahrzeuge genauer in Augenschein genommen wurden.

Zu den Prüfungen an den Triebwagen führte Nordmann 1937 aus: [49]

„Von Anfang der Triebwagenentwicklung an wurden die Untersuchungen durch die Lokomotiv-Versuchsabteilung erledigt. Das mußte wegen der geringen Zugkräfte der Triebwagen und der hohen Gewichte der Lokomotivmesswagen zunächst ohne Messwagen, also behelfsmäßig geschehen. Es wurde das Beschleunigungsvermögen mittels Zeit-Weg-Schreibers geprüft, der Brennstoffverbrauch gemessen neben Brauchbarkeitsfeststellungen aller Art. Als die elektrische Uebertragung größeren Umfang annahm, wurden die wichtigsten Werte von Strom und Spannung zunächst auf den auf den Führerständen eingebauten Instrumenten abgelesen. Bald fand man, daß diese Instrumente für Versuchszwecke unzureichend waren und verwandte Genauigkeits-Anzeigeinstrumente. Dann wurde es zur Verfolgung der Zusammenhänge erforderlich, den Verlauf von Strom und Spannung fortlaufend zu schreiben, dagegen trat die Brennstoffmessung etwas

49 Nordmann, H.: Messwagen..., S. 178

Versuchsdurchführung

mehr zurück; Auslaufversuche zur Feststellung des Eigenwiderstandes der Wagen kamen hinzu. Die Einzelapparate wurden immer zahlreicher, das Zubehör (Kabel, Schalter, Signalanlagen usw.) immer umfangreicher, so daß wieder die Forderung nach einem - allerdings möglichst leichten - Messwagen auftauchte, zumal auch der Wunsch nach Zugkraftmessungen immer lebhafter wurde. Ein vierachsiger Steuerwagen der üblichen leichten Bauart wurde als Messwagen zur Verfügung gestellt zur zunächst behelfsmäßigen Einrichtung. Die Aufgaben wuchsen jedoch bald so an, daß aus der behelfsmäßigen bald eine bleibende, und zwar recht reichhaltige Ausstattung wurde, bei der die Zugkraftmessung mittels Flüssigkeitsmessdose mit Schreib-, Planimetrier- und Anzeigevorrichtung in leichter Ausführung wieder mehr in den Vordergrund trat. An die Stelle der Gegendruckbremsung durch eine Lokomotive trat jedoch bei den kleineren abzubremsenden Leistungen die Abbremsung des Messwagens selbst. Somit war es auch bei der Triebwagenprüfung möglich, wie bei den Lokomotiv-

versuchen von der Streckenneigung unabhängig zu werden und beliebig lange Abschnitte mit höchster Belastung auszufahren ... Da für längeres starkes Bremsen die vorhandene Trommelbremse nicht besonders geeignet war, wurde eine Klotzbremse mit Handregelung eingebaut."

Allerdings konnte dieser Messwagen nur für die Versuche mit den zwei- und vierachsigen Triebwagen verwendet werden, bei den Messfahrten mit den Schnelltriebwagen musste man sich weiterhin mit einer behelfsmäßigen Ausrüstung der Triebwagen selbst begnügen.

Bei der Untersuchung der Kleinlokomotiven und Diesellokomotiven, die in den Jahren vornehmlich die Messgruppe um *Koch* mit dem Messwagen 1 vornahm, waren im Allgemeinen folgende Messaufgaben zu bewältigen: Im Vordergrund stand die leistungstechnische Untersuchung vor dem Messzug, die die übliche Zugkraft- und Geschwindigkeitsmessungen umfassten. Für die energiewirtschaftliche Untersuchung

Vor seiner Ablieferung an das Bw Grunewald und den Messfahrten durch die LVA fanden mit dem SVT „Leipzig" 137 233 mehrere Probefahrten statt. Die Aufnahme entstand 1935/36 in der Saganer Heide zwischen Sagan und Liegnitz.

Slg. D. Winkler

Die technischen Voraussetzungen

Umfangreich war im Jahre 1935 die Erprobung von Kleinlokomotiven. Zu den untersuchten Fahrzeugen gehörte auch die mit einem Schwelholz-Sauggasanlage, Ba. Humboldt-Deutz, ausgestattete Kö 4757.

Slg. D. Winkler

Versuchsdurchführung

Während der erfolgreichen Probefahrt der V 16 101 vor dem Messwagen für elektrische Lokomotiven des RZA München stellten sich die beteiligten Herren von Industrie und Reichsbahn zum Gruppenbild auf.

Slg. D. Winkler

der Triebfahrzeuge war die Kraftstoffmessung notwendig, die sich, anders als bei der Dampflokomotive, wesentlich einfacher gestaltete.

In Verbindung mit den bei der Leistungsmessung ermittelten Werten konnten die Leistungs- und Nutzungswirkungsgrade schließlich errechnet werden.

Weiterhin nahmen die Mitarbeiter während der Versuchsfahrten auch Schwingungs- und Spannungsmessungen am Triebfahrzeug vor, die Aussagen über die mechanischen Beanspruchungen geben sollten. Weitere Untersuchungen der Neben- und Hilfsaggregate, z.B. der Kühler, der Abgasanlage oder der Generatoren konnten durchgeführt werden. Weit umständlicher gestalteten sich die Messung der Kraftübertragungsanlagen, da sie als Standversuche der einzelnen Aggregate vor entsprechenden Belastungseinrichtungen (Generatoren, Wasserwirbelbremsen) ausgeführt werden mussten.

Hier bezog sich das Versuchsamt zumeist auf die Untersuchungen der Herstellerfirmen. Erst nach dem Krieg standen in München und Halle hierfür entsprechende Prüfstände zur Verfügung.[50]

50 Röhrs, Friedrich: Von den Anfängen und der Arbeit der Abteilung für Brennkrafttechnik in der Bundesbahn-Versuchsanstalt München. Die Bundesbahn. 32 (1958), S. 1272

4 Die Versuchstätigkeit in Preußen bis zum Ende des Ersten Weltkrieges

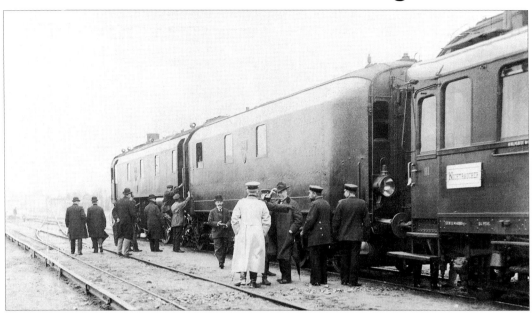

Bei den Schnellfahrversuchen auf der Militärbahn Marienfelde – Zossen 1904 kam auch eine nach Entwürfen von Wittfeld ausgeführte und von Henschel gebaute 2`B2`-h3-Schnellzuglok zum Einsatz. Sie erreichte bei einer der Messfahrten eine Höchstgeschwindigkeit von 137 km/h.

Slg. A. Gottwaldt

4.1 Anfänge in Grunewald nach der Jahrhundertwende

Bereits vor der Schaffung des Eisenbahn-Zentralamtes in Berlin war die Eisenbahn-Hauptwerkstatt Grunewald der Ausgangspunkt zahlreicher Versuchsfahrten mit Lokomotiven. Diese Versuche der Preußisch-Hessischen Staatseisenbahnverwaltungen trugen maßgeblich zur Entwicklung im Lokomotivbau bei und unterstützten die Bemühungen der Konstrukteure zur Verbesserung der Bauarten und Erprobung neuer Einrichtungen und Techniken. Wie bereits oben dargestellt, sah das neu gegründete Königliche Eisenbahn-Zentralamt anfänglich eine seiner Hauptaufgaben in der Schaffung einheitlicher Vorgaben für den wirtschaftlichen Einsatz der Lokomotiven. Auf die in diesem Zusammenhang vom E.Z.A. betreuten Betriebsmessfahrten wurde bereits näher

eingegangen. Soweit es die technischen und personellen Möglichkeiten erlaubten, verfolgte das E.Z.A. gleichzeitig die Erprobung neuer Lokomotivbauarten weiter. Hierzu bediente es sich der bisherigen Erfahrung der Grunewalder Hauptwerkstätte.

Anfänglich waren es eher kleinere Versuche, die durch die Hauptwerkstatt in Grunewald unterstützt wurden. Doch bald sollten die Lokomotivuntersuchungen einen größeren Raum einnehmen und die Zahl der mit den zur Verfügung stehenden Messeinrichtungen untersuchten Maschinen zunehmen. So setzten um die Jahrhundertwende Bemühungen ein, die Leistungsfähigkeit der Lokomotiven durch die Überhitzung des Dampfes zu steigern. Zu diesem Zwecke wurde durch *Robert Garbe* der Bau einiger Maschinen bereits vorhandener Gattung als Heißdampflok betrieben, um an ihnen die unterschiedlichen Überhitzerbauarten erproben zu können. Dazu gehörten u.a. die beiden 2B-h2-Tenderlokomotiven der späteren Gattung T 5², „Berlin 2069" und „Berlin 2070", die mit einem Rauchkammerüberhitzer der Bauart Schmidt ausgestattet worden waren. Neben der Untersuchung dieser Lokomotiven im täglichen Betrieb auf der Stadtbahn fand u.a. am 28. September 1901 eine Versuchsfahrt von Grunewald nach Belzig statt. In gleichem Zusammenhang standen auch Versuche seit Anfang des Jahres 1901 an der 2B-h2 Schnellzuglokomotive „Berlin 74" (ab 1906 als Gattung S 4 geführt), zu denen im Juni 1901 auch Messfahrten ebenfalls auf der Strecke Grunewald – Belzig gehörten. Es schlossen sich vom 16. bis 25. Oktober Vergleichsfahrten zwischen der Heißdampfmaschinen und zwei Nassdampf-Verbundlokomotiven gleicher Gattung in der Schnellzugrelation Grunewald – Sommerfeld an. Diese Versuche, wie auch die vorangegangenen Versuche der K.E.D. Hannover [1], bewiesen die wirtschaftliche Überlegenheit der Heißdampfmaschinen und gaben für *Garbe* den Ausschlag zur Aufstellung eines Typenprogramms von Heißdampfmaschinen für die königl. preußische Eisenbahnverwaltung mit Lokomotiven der Gattungen S 4, P 6, G 8 und T 10 (spätere T 12). [2]

Erinnert sei auch an die im Zusammenhang mit der geplanten Elektrifizierung der Berliner Stadt-, Ring- und Vorortbahnen stehenden Vergleichsfahrten im Spätsommer 1903 über die Stadtbahn von Grunewald nach Grünau. Verglichen wurde eine 1C1-n3-Pt von Schwarzkopff und jeweils eine 1C-h2-Pt und 1C-n2-Pt von Union (spätere Gattungen T 6, T 11 und T 12). Ziel der Versuche war es zu ermitteln, welche der Lok einen 240-t-Zug aus 14 Stadtbahnwagen mit 50 bzw. 60 km/h planmäßig befördern könne. Hierbei zeigte sich nur die Heißdampfmaschine *„betriebstechnisch,* *als auch wirtschaftlich"* den Anforderungen gewachsen. [34]

Herauszuheben bleibt die sich im Anschluss an den Vortrag von *Unger* geführte Diskusion der Ergebnisse im Verein Deutscher Maschinen-Ingenieure, in der insbesondere *von Borries* darauf hinwies, dass die Versuchsergebnisse gezeigt hätten, dass *„der Dampfbetrieb für die Erhöhung der Leistungsfähigkeit und Geschwindigkeit des Berliner Stadtbahnbetriebes nicht geeignet ist."* [5]

Einen nicht unwesentlichen Einfluss auf die Entwicklung des Lokomotivversuchswesens hatten die Schnellfahrversuche auf der Militärbahn Schöneberg – Marienfelde – Zossen, die in den Jahren 1901 bis 1903 mit zwei elektrischen Versuchstriebwagen durchgeführt wurden. Nach dem erfolgreichen Abschluss einer Serie von Schnellfahrten mit den beiden Triebwagen kamen im Frühjahr 1904 auch eine Reihe von Schnellzuglokomotiven zum Einsatz. Zur Belastung diente ein Zug aus sechs D-Zugwagen mit einem Gewicht von 220 Tonnen. Neben den Fahrten mit regulären Schnellzugmaschinen nahmen die Versuche mit der von Henschel gebauten 2B2-h3-Schnellzuglok einen herausragenden Platz ein. Diese, nach Plänen von *Wittfeld* gebaute Maschine, zeichnete sich durch die Verkleidung von Kessel und Tender sowie der Anordnung des Führerstandes vor dem Kessel aus. Dabei erreichte die Lok mehrfach Geschwindigkeiten von 114 bis 128 km/h, bei Führung eines Zuges aus drei Wagen mit 109 Tonnen Gewicht sogar 137 km/h. [6] Bei einer Versuchsfahrt zwischen Hannover und Spandau im Jahre 1905 konnten mit einem 160-t-Zug sogar 144 km/h erreicht werden. [7] Allerdings dienten die Versuche dem Erreichen sowie der Beobachtung des Verhaltens der Fahrzeuge bei hohen Geschwindigkeiten. Sie gaben keine Auskunft über die allgemeine Leistungsfähigkeit der Lokomotiven. [8]

---

1 Borries: Neuere Fortschritte im Lokomotivbau. ZVDI. 46 (1902), S. 1066, S. 1349, S. 1784

2 Garbe: Die Anwendung von hochüberhitztem Dampf (Heißdampf) im Lokomotivbetriebe. ZVDI. 46 (1902), S. 145, S. 189

3 Versuche mit neuen Dampflokomotiven auf der Berliner Stadtbahn. ETZ. (1903), S. 871

4 Neue Berliner Stadtbahn-Lokomotive. Die Lokomotive. 1 (1904), S. 43

5 Unger, M.: Versuchsfahrten mit drei neuen Lokomotivgattungen behufs Ermittelung der für einen beschleunigten Stadtbahnbetrieb geeignetsten Lokomotive. GA 27 (1903) II, S. 200, S. 209

6 Deutsche Schnellfahrer. Die Lokomotive. 1 (1904), S. 3

7 Flemming, F.: Stromlinienverkleidung für Dampflokomotiven. DR. 10 (1934), S. 796

8 D.: Schnellfahrversuche mit Dampflokomotiven. GA. 29 (1905) II, S. 57

4.2 Der Messwagen ist da

Über den Zeitraum bis zum Jahr 1905 liegen nur ungenügende Informationen vor. Es bleibt anzunehmen, dass die Staatseisenbahnverwaltungen neben den Versuchen auf der Militärbahn auch weitere lokomotivtechnische Untersuchen anberaumte.

Einen wesentlichen Fortschritt hatte man jedoch erst 1905 mit der Bereitstellung des ersten Messwagens erzielt. Nun stand den Ingenieuren ein eigenes Versuchsfahrzeug zur Verfügung, das mit allen notwendigen, dem neuesten Stand der Technik entsprechenden Instrumenten ausgerüstet war. Zu aller Erst galt es sich mit der neuen Technik vertraut zu machen und ihre sichere Handhabung zu erlernen. Zum Zweiten wählten die beteiligten Beamten mit Bedacht eine Referenzstrecke für ihre Messfahrten aus, die gering frequentiert und doch vom Streckenprofil her repräsentativ und für die Versuche geeignet erschien.

Ein erstes Untersuchungsobjekt fand sich ausgerechnet mit einer neuen Tenderlokomotive. Nach Ablieferung der ersten Heißdampf-Tenderlok der Gattung T 8 wurden seitens des Preußischen Staatsbahnverwaltung im Januar und Februar 1906 Vergleichsfahrten zwischen der noch als Nassdampflok gebauten T 11 und der neuen T 8 unternommen. Zwischen 5. und 8. Januar fanden die Messfahrten mit der T 11 zwischen Grunewald und Belzig unter Zugrundelegung des Personenzugfahrplanes dieser Strecke bei unterschiedlicher Belastung statt. Unter gleichen Bedingungen nahm man dann am 22. sowie 30./31. Januar und nochmals am 17. Februar die Messfahrten mit der T 8 vor. Hierbei zeigte sich neuerlich die Überlegenheit der Heißdampflokomotive: Der Kohleverbrauch der T 8 lag um die Hälfte unter dem der T 11, ebenso der Wasserverbrauch. Weiterhin war die kleinere T 8 durchaus noch in der Lage, Zuglasten über 600 t zu befördern, bei denen bereits die Leistungsgrenze der T 11 erreicht war. [9]

In den selben Zeitrahmen fallen auch die Versuchsfahrten mit einer 1B-Heißdampflok der Ruppiner Eisenbahn mit 200 und 331 t Belastung auf der Strecke Grunewald – Belzig. Die Lok war mit Stroomann-Kessel ausgerüstet und als Gleichstromlokomotive mit Kolbenschiebersteuerung versehen. Der Treibraddurchmesser war 1350 mm. Dabei zeigte sich ein deutlicher Mehrverbrauch der Maschine im Vergleich zur 1D1-Tenderlok der preußischen Staatsbahn mit Speisewasservorwärmer. [10]

Ein wesentlicher Aspekt der Versuchstätigkeit jener frühen Jahre war die Einführung des Heißdampfes in den Lokomotivbau und die Ermittlung der damit zu erzielenden Vorteile gegenüber der bisher angewandten Nassdampftechnik. So fanden vom 29. bis 31. März 1906 Versuchsfahrten mit einer 2B-Heißdampf-Schnellzuglok mit Schmidt'schem Rauchrohr-Überhitzer zwischen Breslau und Sommerfeld statt, die ebenfalls durch die HW Grunewald betreut wurden. Dabei konnten mit einer Wagenlast von 306,3 t Geschwindigkeiten von 110 bis 120 km/h über längere Strecken gehalten werden.[11] Zu der weiteren Versuchstätigkeit der damaligen Zeit gehörten die Messfahrten zwischen Grunewald und Güterglück mit der T 16 „Breslau 8123". Im Anschluss daran führte man auf Ersuchen der BMAG vom 20. bis 22. Juni 1906 Versuchsfahrten auf den Strecken Arnstadt – Suhl und Probstzella – Taubenbach zur Leistungs- und Verbrauchsmessung sowie Anfahrversuche auf der Steilstrecke durch. [11]

Ein weiterer großer Untersuchungsauftrag erging für die Beurteilung der neuen, dreifach gekuppelten Heißdampf-Personenzuglokomotive für die

---

9 Die Entwicklung der Lokomotiven der Berliner Stadt- und Vorortbahnen. Die Lokomotive. 21 (1924), S. 166

10 Garbe, Robert: Die Dampflokomotiven der Gegenwart. Berlin: Springer, 1920, S. 119

11 Garbe: Dampflokomotiven der Gegenwart,... S. 541

Der Messwagen ist da

Im Zuge der Erprobung von Rauchgasvorwärmern erhielt diese T 12 „7755 Altona" ihre ungewöhnliche Schornsteinausführung, die auf Anordnung des E.Z.A. in Grunewald untersucht wurde. In dem voluminöseren Gebilde hatte man die Versuchseinrichtung untergebracht. Daneben besaß die Maschine auf dem Langkessel zusätzlich noch den Knorr-Oberflächenvorwärmer.

W. Hubert,
Slg. Helmut Griebl

Preußischen Staatsbahnen. Nachdem die BMAG Ende 1905 den Auftrag über die Lieferung von zehn Lokomotiven der neuen Gattung P 8 erhalten hatte, kamen die ersten Maschinen im Sommer 1906 zur Ablieferung. Mit der P 8, „Cöln 2401", unternahm man vom 28. Juli bis 8. August 1906 Versuche auf der Strecke Grunewald – Sangerhausen, wobei u.a. die Erprobung der günstigsten Blasrohr-Durchmesser neben der vorrangigen Ermittlung der Leistung und Höchstgeschwindigkeit Beachtung fand. Die Fahrten am 1., 3., 4., 6. und 8. August wurden mit 10-, 12- und 14-Wagenzügen von rund 450 bis 590 t Zuggewicht vorgenommen. Die Lokomotive zeigte dabei hervorragende Leistungen im Flachland wie auf Steigungen, so dass die vorgegebenen Fahrzeiten um 40 bis 68 Minuten gekürzt werden konnten. Die Maschine hatte einen geringen Kohlen- und Wasserverbrauch und zeigte sich als universell einsetzbare Lokomotive, die für den Personen- wie Eilgüterzugdienst im Flach- und Hügelland, ja sogar als Schnellzuglok einsetzbar war. Nach Abschluss der Versuche hob die K.E.D. Berlin in ihrem Bericht hervor, dass die Maschine „... zur wirtschaftlichen Beförderung schwerer Schnell- und Personenzüge auf steigungsreichen Strecken sehr geeignet.... sei". Es schlossen sich vom 26. November bis 30. November 1906 Versuchsfahrten zwischen Königsberg und Dirschau sowie Königsberg und Schneidemühl mit der „Elberfeld 2406" an, die die Einsatzfähigkeit der Lok auf genannter Strecke zeigen sollten. Am 1. Dezember kehrte sie von Königsberg nach Grunewald zurück. Nach Abschluss der erfolgreichen Fahrten wurde die Lok der K.E.D. Hannover zugeteilt. Sie führte dann zwischen dem 18. Dezember 1906 und dem 4. Januar 1907 die Betriebserprobung auf der Strecke Berlin – Stendal – Hannover – Dortmund durch. Diese sowie weitere Fahrten auf der Strecke Berlin – Halle zeigten allerdings, dass die Maschine Personen- und Schnellzüge bis 80 km/h anstandslos beförderte, bei 100 km/h dann infolge des geringen Treib- und Kuppelraddurchmessers zum Heißlaufen neigte. Die Preußische Staatseisenbahnverwaltung zog daraus die Konsequenzen und beauftragte im Jahre 1909

12 Brückmann, E.: Studien über Heißdampflokomotiven. II. Die 5/5-gekuppelte Heißdampf-Güterzug-Tenderlokomotiven der Preußischen Staatsbahnen. ZVDI. 53 (1909), S. 1869 ff

die BMAG mit dem Bau einer vierzylindrigen Bauart, der S 10. [13] [14] Doch einen weiteren konstruktiven Mangel besaßen *Garbes* Schnellfahrer. *Garbes* Drang zum Gewichtsparen führte oft soweit, dass seine Maschinen zu überaus heftigen Zuckbewegungen neigten. *Metzeltin* erinnerte sich: „Als er endlich zur fünffachsigen Lokomotive, der P 8, gehen mußte, hatte er mich zu den Versuchsfahrten der ersten Lokomotive eingeladen. Wir fuhren einen Versuchsschnellzug auf der Strecke Berlin – Güsten. Hinter mir stand Eisenbahndirektor Schwanebeck von der EBD Frankfurt. Der sagte bald zu mir: „Mir tun von dem Schütteln und Rütteln die ganzen Eingeweide weh!" Dabei lief die P 8 schon wesentlich besser als z.B. die S 6."[15]

Leider sind die Informationen aus dem ersten Jahrzehnt des zwanzigsten Jahrhundert in Bezug auf die Versuchstätigkeit gering, so dass alle hier wiedergegebenen Daten nur Schlaglichter aufzeigen. Es scheint bereits damals jede neue Maschinen einer Leistungserprobung unterzogen worden zu sein, auch dürften Bauteilerprobungen erfolgt sein.

Allerdings wichen die Leistungserprobungen, wie bereits oben gezeigt, in der Systematik und Qualität oft voneinander ab. Aus den wenigen Publikationen jener Jahre sind uns für 1908 z.B. nur die Versuchsfahrten mit der G 9 auf der Strecke Grunewald – Belzig bekannt. [16]

Im Mai und Juni 1909 fanden zwischen Grunewald und Mansfeld sowie Wustermark und Hannover Vergleichsfahrten mit der Zweizylinder-Heißdampf-Lokomotive der Gattung S 6 „Halle 636" und der Vierzylinder-Nassdampf-Verbundlok der Gattung S 9 „Hannover 921" statt. Die S 6 wurde am 12., 14., 15., 17./18. Mai, die S 9 am 22., 24., 25., 26. Mai zwischen Wustermark und Hannover gefahren, anschließend nochmals am 12. Juni die S 6 und 28./29. Juni die S 9. Dabei machten sich an der S 9, wie

Garbe schreibt, „... einige auf bauliche Mängel zurückzuführende Anstände bemerkbar." So bemängelte er das schlechte Anfahren an Steigungen, den überdimensionierten Kessel und das ungünstig gewählte Zylinderverhältnis zw. Nieder- und Hochdruck-Zylinder. Um auch die Verwendbarkeit der S 6 auf steigungsreichen Strecken zu beweisen, nahm man am 10., 11. und 13.9. mit ihr weitere Fahrten zwischen Grunewald und Sangerhausen vor.

In engem fachlichem Zusammenhang mit den Aktivitäten, die seitens der K.E.D. Berlin zur Erprobung und Beurteilung neuer Lokomotivgattungen unternommen wurden standen die Arbeiten *Georg Strahls*. Zu seinen wichtigsten Leistungen gehörten die Untersuchungen am Blasrohr und die Ableitung möglichst exakter Berechnungsalgorithmen für die Blasrohr- und Schornsteinauslegung.

Neben seinen Versuchen, die er im Bereich der K.E.D. Kattowitz durchführen ließ, nahm er auch in den Jahren 1908 und 1909 Versuche in Berlin vor. Hervorhebenswert sind diese Versuche insofern, dass *Strahl* hierbei neue Wege beschritt.

Für einen ersten Versuch in der Betriebswerkstatt Lichtenberg-Friedrichsfelde der K.E.D. Berlin im Oktober 1908 bediente er sich der 1C1-Tenderlok „Berlin 6709". Da die Form des austretenden Dampfstrahls die Grenzlage der Blasrohrmündung und den Eintritt in den Schornstein beeinflusst, galt es, dass Strömungsbild des Dampfes zu ermitteln. *Strahl* bediente sich hierfür der fotografischen Mittel seiner Zeit, ließ die Rauchkammertür der erwähnten Lok abbauen und nahm von einem Gerüst aus den strömenden Dampf in der Rauchkammer bei aufgesetztem und bei abgebauten Schornstein auf. Es wurden unterschiedliche Blasrohrstellungen und -weiten mit und ohne Steg dabei untersucht. Die

---

13 Mitteilungen in ZVDI. 50 (1906), S. 1561 und S. 2087; Brückmann, E.: Studien über Heißdampflokomotiven. IV. Die 3/5-gekuppelte Heißdampf-Personenzuglokomotiven der Preußischen Staatsbahnen. ZVDI. 54 (1910), S. 846 ff

14 Garbe, Robert: Die Dampflokomotiven der Gegenwart. Berlin, Springer, 1920, S. 561

15 Metzeltin, G.H.: Aus den Lebenserinnerungen von Erich Metzeltin. LM. (1967), H. 26, S. 57

16 Hammer, G.: Die D-Güterzuglokomotive mit 200 qm Heizfläche (Gattung G9) der preußisch-hessischen Staatseisenbahnen. ZVDI. 54 (1910), S. 2001

17 Strahl: Untersuchungen und Berechnungen der Blasrohre und Schornsteine von Lokomotiven. Organ. 48 (1911). S. 321, S. 341, S. 359, S. -379, S. 399

Maschine war zu den Versuchen neben einer Kohlenladebühne aufgestellt worden, der dort vorhandene Kran diente zum Auf- und Absetzen des Schornsteines. Zwischen Schornstein und Dom des Kessels hatte man eine hölzerne, mit Dachpappe beschlagene Konstruktion gebaut, damit der Weg des ausströmenden Dampfes genügend gut sichtbar blieb. Weitere Versuche, ebenfalls in Friedrichsfelde, unternahm *Strahl* dort am 20. Oktober 1909 diesmal an der Lok „Berlin 6710". Bei diesen Versuche ging es um die Ermittlung der Strömungswiderstände der Rauchgase und die günstigste Schornsteinform in Bezug auf die Feueranfachung. Hierbei erwies sich der kegelförmige dem zylindrischen Schornstein als überlegen.

Die Berliner Versuche rundeten *Strahls* Forschungen auf diesem Gebiet ab, in deren Ergebnis dann aussagekräftige Formeln für die Berechnung vorlagen.[17]

4.3 Das Pensum wird umfangreicher – Die Versuchstätigkeiten ab 1910

Wie reichhaltig die Beschäftigung der Versuchsspezialisten des EZA und der Grunewalder Hauptwerkstatt war zeigen allein die Ende des Jahres 1910 durchgeführten Arbeiten. Im September und Oktober 1910 stellte man seitens des EZA mehrere Messfahrten mit der noch als S 8 bezeichneten 2C-h4-Schnellzuglok „Erfurt 952", der späteren S 10 „Erfurt 1002" an. Am 14.9. unternahm man bei gutem Wetter auf der Stammstrecke Grunewald – Güsten – Mansfeld Fahrten vor einem 379 t-Zug, denen sich am 28.9. auf gleicher Strecke Messfahrten vor einem 313 t-Zug sowie am 29.9. vor einem 447 t-Zug anschlossen. Am 4./5. Oktober folgten dann Messfahrten von Wustermark nach Hannover über Lehrte bei mittelstarkem Wind und einer Wagenlast mit Zügen von 447 und 514 t Zuggewicht,

Auf den Einfluss von Boriess'scher Baugrundsätze ging die Konstruktion der preußischen S 9 zurück. Auch sie kennzeichnete das Vierzylinder-Verbund-Triebwerk. Das E.Z.A. ließ eine Maschine dieser Bauart untersuchen.

Slg. D. Winkler

Versuchstätigkeit in Preußen

Um 1910 entstand die Aufnahme der T6 „6703 Berlin". Die Herren mit Melone an dem preußischen Schnellzugwagen lassen eine Messfahrt vermuten, doch handelt es sich bei dem Wagen nicht um den damaligen Messwagen des E.Z.A.

W. Hubert, Slg. D. Winkler

wobei Geschwindigkeiten bis über 100 km/h erzielt wurden. Am 7. und 8. Oktober schlossen sich auf gleicher Strecke noch Fahrten vor einem Wagenzug mit 61 Achsen und 514 t bei gutem Wetter an, um ebenfalls das Verhalten der Maschine auf der Flachlandstrecke bei höheren Geschwindigkeiten untersuchen zu können. Insgesamt dienten diese Fahrten zur Ermittlung der allgemeinen Leistungsbeurteilung der neuen Lokgattung. Anschließend durchgeführte Versuche mit der S 10 „Cassel 1001" dienten zum Vergleich unterschiedlicher Schieberbauarten. Bei den jeweils auf der Strecke Wannsee – Mansfeld – Grunewald vor einem 350-t-Zug vorgenommenen Messfahrten wurden Schieber der Bauarten Schichau mit einfacher Einströmung, Hochwald und Hochwald in der Ausführung der BMAG bewertet.

Zu den erwähnten Aufgaben gehörten u.a. auch Fahrten mit der S 6 „Posen 624" am 15. und 19. November 1910 auf der Strecke Grunewald – Güsten – Mansfeld sowie am 17/18., und 22./23. November und am 9. Dezember 1910 zwischen Wustermark und Hannover. Man hatte gegenüber der 1909 untersuchten Maschine die Bauart der Kolbenschieber geändert. Die Wirtschaftlichkeit war gegenüber allen anderen untersuchten Bauart weit besser, allerdings lag die Kesselleistung für hohe Geschwindigkeiten im Dauerbetrieb und vor schweren Zügen am Rande des Möglichen. Also beurteilte sie das E.Z.A. als *„...stärkste vierachsige Schnellzuglokomotive"*, die im flachen, wie im Hügelland universell bis zu etwa 400 t Wagenmasse eingesetzt werden konnte.

Im selben Jahr hatte LHW eine 2B-Heißdampf-Schnellzuglok mit Gleichstromzylindern und Ventilsteuerung der Bauart Stumpf abgeliefert, die als „Breslau 633" eingereiht wurde. Das E.Z.A. nahm mit dieser Maschine am 5. und 7. November auf der Strecke Grunewald – Güsten – Mansfeld sowie am 8. und nochmals am 25./26. und 29./30. De-

Versuchstätigkeiten ab 1910

zember 1910 Fahrten zwischen Wustermark und Hannover vor. Aufgrund des kleineren Zylinderdurchmessers fiel die Leistung der Maschine, wie erwartet, etwas geringer aus. Außerdem traten Schwierigkeiten beim Anfahren auf. Mit der Konstruktion der P 8 waren *Garbe* und der BMAG eine Lokomotive gelungen, die eine uneingeschränkte Beliebtheit auf Preußens Bahnen erlangen sollte. Die guten Ergebnisse im Personenzugverkehr und die hohe Wirtschaftlichkeit legten ihre Verwendung auch im Schnellzugdienst nahe. Allerdings zeigten sich hier bald konstruktive Mängel der Lok, die für diesen Dienst nicht ausgelegt war: zu kleine Treibräder, große hin- und hergehende Massen, die bei den zu großen Geschwindigkeiten einen hohen Verschleiß in den Lagern und damit einen unruhigen Lauf verursachten. Um die Maschinen im Schnellzugdienst besser nutzen zu können, entschloss man sich bei den Preußischen Staatseisenbahnverwaltungen, den Zylinderdurchmesser von 590 auf 575 mm zu verkleinern und die hin und her gehenden Massen teilweise auszugleichen. Weiterhin wurde die Kolbenschieberbauart verändert. Die Veränderungen wurden bei Versuchsfahrten am 14. und 15. Dezember 1910 zwischen Grunewald und Mansfeld an der P 8 „Frankfurt 2425" untersucht. Dabei zeigte sich erneut die gute Wirtschaftlichkeit der Lokomotive und ihre universelle Einsetzbarkeit.[18][19][20] Ein weiteres wichtiges Thema jener Zeit war die Auswahl eines geeigneten Speisewasservorwärmers. So regte *Bergerhoff*, im E.Z.A. im Dezernat 23 für die Bauart der Nassdampflokomotiven und Tender zuständig, an, zu untersuchen, ob nicht der bereits im Schiffbau bewährte Vorwärmer der Bauart „Weir" auch für die Lokomotiven einsetzbar wäre. Die Atlas-Werke lieferten einen solchen Vorwärmer, der 1910 in eine Maschine der Gattung G 9 („Breslau 5121") eingebaut wurde. Erste Fahrten zwischen Grunewald und Nedlitz sowie Brück und Wiesenburg verliefen nicht zufriedenstellend. Nach kleineren Änderungen am Vorwärmer ergaben Fahrten im Flachland dann jedoch eine Kohlenersparnis von 5 %, auf der Steigungsstrecke nach Wiesenburg sogar 17 %. Zweifel, besonders an dem hohen Wert für die Steigungsstrecke, veranlassten das E.Z.A. eine Wiederholung der Fahrten durchzuführen, die jedoch das Ergebnis nur bestätigten. Aufgrund der guten Ergebnisse mit der G 9 ließ das E.Z.A. Ende 1911 eine 2B-n2-Schnellzugmaschine der Gattung S 5 der K.E.D. Altona ebenfalls umrüsten und führte mit der Maschine 1912 gleichfalls Fahrten zwischen Grunewald und Güsten durch. Auch hier zeigte sich der günstige Einfluss des Vorwärmers auf die Wirtschaftlichkeit der Lokomotiven. Bei starker Beanspruchung belief sich die Kohlenersparnis auf etwa 20 %. Schon vor dem Umrüsten der S 5 hatte das EZA eine 2B-h2-Schnellzuglok der Gattung S 6 („Münster 619") mit einem Vorwärmer ausrüsten lassen. Bei den Fahrten zwischen Grunewald und Mansfeld zeigte sich, dass die anfängliche Skepsis bezüglich einer ausreichenden Vorwärmung durch den Heißdampf sich nicht bestätigte. Bei den Fahrten im Februar 1912 stellte sich *„eine Ersparnis an Brennstoff von rund 20 vH zu Gunsten des Betriebes mit Vorwärmung"* ein.

„Nach den günstigen Ergebnissen der bisherigen Versuche wurden diese nunmehr auf eine breitere Grundlage gestellt, indem im Herbst des Jahres 1912 weitere 20 vorhandene Lokomotiven der Gattungen S3, P4, G8 und G10 mit Vorwärmereinrichtungen ausgerüstet wurden." Die guten Erfahrungen und das weitere Ausreifen der Vorwärmer und Pumpen förderten die weitere Einführung dieser Technik. *„Nach und nach wurden dann weitere, namentlich die wichtigeren älteren Lokomo-*

---

18 Metzeltin: Die Lokomotiven auf der Weltausstellung in Brüssel 1910. (Fortsetzung). ZVDI. 55 (1911), S. 465

19 Hammer: Die Entwicklung des Lokomotiv-Parkes bei den Preussisch-Hessischen Staats-Eisenbahnen. (Forts.). GA. 36 (1912) I, S. 2

20 Garbe, Robert: Die Dampflokomotiven der Gegenwart. Berlin: Springer, 1920, S. 543-571

Versuchstätigkeit in Preußen

tivgattungen versuchsweise mit Vorwärmern ausgerüstet. Soweit es sich dabei um Lokomotivgattungen handelte, die nicht mehr beschafft werden, wurde die Ausrüstung der ersten Lokomotive jeder Gattung nach Angaben des Königl. Eisenbahn-Zentralamtes in der Eisenbahn-Hauptwerkstatt Grunewald ausgeführt. Die Ausrüstung der weiteren Lokomotiven nach diesem Muster erfolgte dann, wenn die Zweckmäßigkeit der gewählten Abmessungen des Vorwärmers und die Art seiner Anbringung durch Versuchsfahrten erwiesen war."

Im Ergebnis wurden alle weiteren neu beschafften Lokomotiven der preußisch-hessischen Staatseisenbahnen mit Vorwärmern geliefert. [21]

Insbesondere die Ermittlung des Luftwiderstandes des Zuges und der Schaffung von zuverlässigen Berechnungsgrundlagen galten Versuchsfahrten, die in Zusammenhang mit den vorgenannten Versuchen standen. So ließ Strahl auf der Strecke Wustermark – Hannover zwischen Isenbüttel und Dollbergen 21 Messfahrten in den Monaten Oktober und November 1910 mit Reisezügen aus 4- und 6-achsigen Wagen ohne Faltenbalgen, die ein Zuggewicht zwischen 253 und 514 t besaßen, unternehmen. Bei diesen Fahrten war man bemüht, bei konstanten Geschwindigkeiten zwischen 90 und 100 km/h die Zugkräfte wie auch die windbedingten Zugwiderstände zu messen. Ähnlichen Charakter trugen auch vier Leistungsmessungen mit einer P 8 zwischen Wustermark – Stendal – Lehrte – Hannover vor einem 53-Achsen-Zug von 492 t Masse am 14. und 15. März 1911 und einer P 8 als Zuglok bei starkem Seitenwind. [22]

Mit der bisherigen Bauart der S 10 hatten die preußischen Staatsbahnen recht gute Leistungen erreichen können. Trotzdem wurde nach Wegen gesucht, die Leistungsfähigkeit einer 2C-Schnellzugmaschine weiter zu erhöhen. Da dies auf konventionellen Wege nicht *„.... ohne Vergrößerung einiger Abmessungen und Erhöhung des Raddruckes"* möglich war, entschloss man sich bei der Staatsbahnen, entgegen den allgemeinen Vorbehalten *Garbes*, zum Bau einer 2C-h4v-Schnellzuglokomotive mit einem Kesseldruck von 15 bar. Die erste, von Henschel in Kassel gebaute, Maschine der neuen Gattung S 10[1], „Halle 1101" gelangte im Oktober 1911 nach Grunewald und wurde dort eingehenden Prüfungen unterzogen. Vorangegangen waren den Messfahrten umfangreiche Standversuche zur Ermittlung der günstigsten Blasrohrgröße. Nach anfänglichen Mängeln der Schiebersteuerung und deren Änderung befriedigte die neue Lokomotive bei den Messfahrten. *„Zur Ermittlung der Grenzleistungen und der Verbrauchswerte sind Versuchszüge mit 90 km/st Grundgeschwindigkeit auf der Strecke Grunewald – Mansfeld – Grunewald mit Zugstärken von 37 bis 53 Achsen in Abstufungen von je 8 Achsen und auf der Strecke Wustermark – Hannover – Wustermark mit Zugstärken von 37 bis 69 Achsen in gleichen Abstufungen gefahren und ohne jeden Anstand befördert worden."* Die indizierten Dauerleistungen waren auf allen Streckenverhältnissen durchweg sehr gut. *„Die Lokomotive vermag somit unter nahezu allen Betriebsverhältnissen mittlere Leistungen von rund 1000 PSZ am Tenderzughaken nutzbar zu machen und übertrifft damit die Lokomotiven aller übrigen Gattungen."* Allerdings zeigten sich noch etliche Mängel während der Versuchsfahrten wie auch im Betrieb, die Anlass zu Verbesserungen an der Lokomotivbauart gaben. [23] [24]

Neben den vielen Versuchen mit Schnellzugmaschinen ließ das E.Z.A. auch die neueren Güterzuglokbauarten eingehend untersuchen. Zu den ausführlichsten Versuchen zählten sicherlich die Vergleichsfahrten mit Lokomotiven der Gattung G 8, die im Zeitraum vom 28.1 bis 23.2.1911 auf der Strecke

---

21 Hammer, Gustav: Neuerungen an Lokomotiven der preußisch-hessischen Staatseisenbahnen. Berlin: Glaser, 1916, S. 67
22 Strahl: Verfahren zur Bestimmung der Belastungsgrenzen der Dampflokomotiven. ZVDI. 57 (1913), S. 25, S. 326, S. 379, S. 421; s.a.: Pierson, Kurt: Stettiner „Vulcan" und Lokomotivbau. LM. (1979), S. 427
23 Garbe, Robert: Die Dampflokomotiven der Gegenwart. Berlin: Springer, 1920, S. 575
24 Versuche mit neuen preußisch-hessischen Heißdampfverbundlokomotiven. GA. 35 (1911), S. 286
25 Garbe, Robert: Die Dampflokomotiven der Gegenwart. Berlin: Springer, 1920, S. 587
26 Strahl: Verfahren zur Bestimmung der Belastungsgrenzen der Dampflokomotiven. ZVDI. 57 (1913), S. 251, S. 326, S. 379, S. 421
27 Garbe, Robert: Die Dampflokomotiven der Gegenwart. Berlin: Julius Springer, 1920, S. 580
28 Strahl: Verfahren zur Bestimmung der Belastungsgrenzen der Dampflokomotiven. ZVDI. 57 (1913), S. 251, S. 326, S. 379, S. 421; Strahl, G.: Der Wert der Heizfläche eines Lokomotivkessels für die Verdampfung, Ueberhitzung und Speisewasservorwärmung. ZVDI. 61 (1917), S. 313

Versuchstätigkeiten ab 1910

Grunewald – Beelitz – Belzig – Nedlitz stattfanden. Die Untersuchung erfolgte für jede Maschine auf drei Fahrten bei 35 km/h Grundgeschwindigkeit vor einem leichten (622 t), einem mittelschweren (715–840 t) sowie vor einem schweren (980 t) Zug. Als Versuchsmaschinen standen zur Verfügung: „Posen 4812" mit Lentz'scher Ventilsteuerung, „Essen 4836" mit Gleichstromventilsteuerung, Bauart Stumpf, sowie „Stettin 4816" mit Kolbenschiebern. Im Ergebnis der Fahrten wies die Kolbenschiebermaschine den günstigsten Kohlen- und Wasserverbrauch bezogen auf die Zughakenleistung auf. [25][26]

Anfang des Jahres 1912 kamen die ersten S 10¹ in verbesserter Ausführung zur Ablieferung. *„Mit mehreren Lokomotiven der geänderten Bauart fanden wieder ausgedehnte Versuchsfahrten statt, bei denen neben der Ermittlung der Werte für den Kohlen- und Wasserverbrauch auch der Einfluß verschiedener Schieberbauarten auf* *den Betriebsstoffverbrauch festgestellt werden sollte. Die Versuchsfahrten wurden ausgeführt mit Zuggewichten, wie sie im Schnellzugdienst üblich sind. Von jeder der drei Lokomotiven wurden je zwei verschieden schwere Züge auf den Strecken Grunewald – Mansfeld und Wustermark – Lehrte befördert"* [27]

Für die Vergleichsfahrten im Juni und Juli 1912 [28] standen zur Verfügung:

- „Posen 1103" mit Henschel-Schiebern
- „Danzig 1105" mit Schichau-Schiebern
- „Breslau 1101" mit Hochwald-Schiebern.

Die Ergebnisse fielen zwar recht unterschiedlich aus, trotzdem war Garbe bemüht, eine Gesamtaussage zur S 10¹ daraus herzuleiten. Und so gaben ihm die Werte der Flachlandversuche zwischen Wustermark und Hannover Anlass zu der Aussage, dass für Züge mit 32 Achsen und 300 t Wagenmasse die 2B-h2-Schnellzuglok vollkommen aus-

Auch sie scheint in Grunewald untersucht worden zu sein: S 10² „Breslau 1201". Der Blick zeigt sie in der Hauptwerkstatt Grunewald am 5. Oktober 1916. Auf der Pufferbohle liegen die Indikatoren für die Leistungsmessung

K. Pierson, Slg. Dirk Winkler

reichend und der S 10¹ bei dieser Belastung im Betriebsstoffverbrauch um durchschnittlich 15 % überlegen sei. Strahl hingegen nahm die ermittelten Werte der Versuchsfahrt der S 10¹ „Breslau 1101" vom 25. Juli 1912 als Grundlage für seine Ausführungen zur „Berechnung der Fahrzeiten und Geschwindigkeiten von Eisenbahnzügen".

Aufgrund der Versuche von 1910 mit der 2B-Heißdampf-Schnellzuglok mit Gleichstromzylindern und Ventilsteuerung der Bauart Stumpf lieferte LHW später eine Maschine in gleicher Bauart ab, die jedoch einen Zylinderdurchmesser von 550 mm gegenüber den vormaligen 500 mm erhalten hatte. Diese Lok, „Halle 657", kam 1911 ebenfalls nach Grunewald und wurde vom EZA ebenfalls einigen Versuchsfahrten auf den Strecken Wustermark – Lehrte sowie Grunewald – Mansfeld unterzogen. Zum Vergleich führte man 1912 Fahrten mit einer S6 der Regelbauart „Halle 667" durch. Die Dampfbildung der „Halle 657" war anfänglich nicht befriedigend, so dass man Umbauarbeiten am Blasrohr vornahm. Weiterhin kam es bei der ersten Fahrt zu einer erheblichen Erwärmung im Zylinder, der man mit Änderung an der Ventilsteuerung begegnete. Die Vergleichsfahrten ergaben trotz der nunmehr besseren Leistung aufgrund des Zylinderdurchmessers der ventilgesteuerten S 6 insgesamt einen teilweise deutlichen Mehrverbrauch der Stumpfschen Maschine gegenüber der Normalbauart.

Nachdem sich die Ventilsteuerung bei den Stumpfschen Gleichstrommaschinen nicht bewährt hatte, entschloss man sich, die 2B-h2g Lok „Breslau 634" mit Kolbenschieber und Hilfsauslaß zu versehen. Diese S 6 mit ebenfalls 550 mm Zylinderdurchmesser wurde im Winter 1913 bei Fahrten zwischen Grunewald und Mansfeld und Wustermark – Lehrte untersucht, wobei zwar diese Art der Schieber besser arbeitete, der Kohlenverbrauch einer vergleichbaren Lok in Regelausführung (S 6 „Altona 662") aber nicht erreicht werden konnte. [31][32]

Im gleichen Jahr ließ das E.Z.A. an der P 8 „Halle 2435" Untersuchungen ausführen, welche die Vergrößerung der Überhitzerfläche sowie den eingebauten Speisewasservorwärmer an dieser Lok betrafen. Zum Vergleich stand die P 8 „Altona 2403" zur Verfügung. Beide Maschinen wurden auf mehreren Fahrten zwischen Grunewald, Güsten und Mansfeld Messungen unterworfen.

Weitere Untersuchungen betrafen die S 10 „Cassel 1001", die erste mit Kammerschiebern ausgerüstete Lok. Dabei wiesen die Messungen keine günstigen Werte auf, wie auch etliche Änderungen an den Schiebern vorgenommen wurden. Generell bewährte sich diese Schieberbauart nicht. [33]

Mit einer der letzten, im Jahre 1913, gebauten G 8 mit 12 at Kesseldruck, „Magdeburg 4831", die mit gewöhnlichen Schichau-Schiebern ausgestattet war, führten die Grunewalder Ingenieure drei Fahrten von Grunewald nach Nedlitz und zurück durch. Dabei konnte die Maschinen einen recht günstigen Kohlen- und Wasserverbrauch aufweisen. Grund für die Fahrten war es, nochmals Vergleichswerte für die sich anschließenden Messreihen mit der neuen G 8¹ zu erhalten. Ferner führte das E.Z.A. zwei Messfahrten zum Vergleich der Heißdampf-G 8 gegenüber der Nassdampf-G 9 durch. Als Vergleichslok bediente man sich der G 9 „Breslau 5104". Wie zu erwarten war, wies die Nassdampfmaschine einen erheblichen Mehrverbrauch an Kohle und Wasser auf. [34] Ähnlich geartet war die Erprobung der G 8 „Magdeburg 4816", die mit Kammerschiebern Bauart Hochwald ausgestattet war. Dabei bewährte sich diese Schieberbauart. [35]

Nach Abschluss der Messreihen mit der G 8 und der G 9 kam dann mit der

---

29 Garbe, Robert: Die Dampflokomotiven der Gegenwart. Berlin: Springer, 1920, S. 580
30 Strahl: Die Berechnung der Fahrzeiten und Geschwindigkeiten von Eisenbahnzügen aus den Belastungsgrenzen der Lokomotiven. GA. 37 (1913) II, S. 86, S. 99, S. 124
31 Garbe, Robert: Die Dampflokomotiven der Gegenwart. Berlin: Springer, 1920, S. 554-555
32 Versuche mit Dampflokomotiven ausgeführt vom Königlichen Eisenbahn-Zentralamt im Jahre 1913. Berlin, Glaser, 1916, S. 13
33 Versuche mit Dampflokomotiven ausgeführt vom Königlichen Eisenbahn-Zentralamt im Jahre 1913. Berlin, Glaser, 1916, S. 18-21
34 Garbe, Robert: Die Dampflokomotiven der Gegenwart. Berlin: Julius Springer, 1920, S. 589-594
35 Versuche mit Dampflokomotiven ausgeführt vom Königlichen Eisenbahn-Zentralamt im Jahre 1913. Berlin, Glaser, 1916, S. 24

Versuchstätigkeiten ab 1910

Portrait vor einer T 14. Die 1916 von Union in Königsberg gebaute „8605 Berlin" bildete die Kulisse für die Aufnahme in Grunewald

Kurt Pierson, Slg. Dirk Winkler

„Posen 4882" erstmals die G 8¹ zur Erprobung. Das E.Z.A. und das Fachpersonal der Grunewalder Hauptwerkstatt führten mit ihr Versuchsfahrten mit unterschiedlicher Belastung auf den Strecken Grunewald – Nedlitz und Güsten– Sangerhausen durch. Neben der Aufnahme der charakteristischen Kennwerte der Lok ermittelte man auch die Verbrauchswerte der Lok bei ausgeschaltetem Vorwärmer, da bis dahin *„für den größten Teil der Lokomotiven dieser Gattung Vorwärmer nicht vorgesehen sind".* In Bezug auf die Leistungsfähigkeit der G 8¹ ergaben die Werte aus den Versuchsreihen, dass die Maschinen *„bei allen Geschwindigkeiten die Leistung der G 10-Lokomotive erreichte."* Dabei lag das Reibungsgewicht der G 10 nur 1,5 t über dem der G 8¹. Die Leistungsfähigkeit lag also weit über dem bisherigen Durchschnitt. *„Die Strecke von Güsten nach Mansfeld, die von der älteren G 8 mit einer Belastung von 750 t fahrplanmäßig in 92 Minuten zurückzulegen ist, konnte von der verstärkten G 8¹-Lokomotive mit 1009 t Belastung in 74 Minuten zurückgelegt werden. Es sind dies Leistungen, wie sie von der G 10-Lokomotive bisher nicht erreicht worden sind."* Bei Nutzung des Vorwärmers erzielte man auch bei der G 8¹ erhebliche Ersparnisse im Kohlenverbrauch, bezogen auf die Zughakenleistung bis zu 24 %. Des weiteren bewährten sich auch die anderen an der Gattung vorgenommenen Änderung: *„Bei Leerlauf und voller Auslage liegt die Steuerung nach Anbringung der Kuhnschen Schleife für alle in Frage kommenden Geschwindigkeiten ruhig. Die Beschrän-*

Versuchstätigkeit in Preußen

kung des seitlichen Spiels der letzten Achse von 10 auf 3 mm nach jeder Seite hat auf den Lauf der Lokomotive einen merkbar günstigen Einfluß ausgeübt. Die Überhitzung war zunächst trotz des vierreihigen Überhitzers nicht befriedigend. Durch Höherstellung des Blasrohres um 150 mm wurden einwandfreie Verhältnisse geschaffen." Somit hatten die preußischen Staatseisenbahnverwaltungen in der verbesserten G 8¹ ihre bis dahin leistungsfähigste Güterzugmaschine erhalten. [36][37]

Ein nicht abzuschließendes Thema blieb die Auslegung der Blasrohr- und Schornsteinabmessungen. Dieses Thema bewog das E.Z.A. 1913 an zwei G 10 „Stettin 5412" (mit Rauchverzehrungseinrichtung Bauart Markotty ausgerüstet) und „Cassel 5419" Untersuchungen an den unterschiedlich gestalteten Blasrohren durchzuführen. Den anfänglich an den stehenden Maschinen vorgenommenen Untersuchungen schlossen sich Versuche an der fahrenden Lok an. Dabei wies die mit der neueren Blasrohrausführung versehene „Cassel 5419" bessere Überhitzungswerte bei großer Belastung auf.

In einer ganzen Reihe von Untersuchungen an unterschiedlichen T 12-Maschinen ließ das E.Z.A. u.a. auch Versuche zu den Blasrohr- und Schornsteinabmessungen ausführen. Weiterhin wurde ein Zugregler nach *Schulz* erprobt, die Möglichkeit zur Verbesserung der Steuerung durch Einbau einer Kuhnschen Schleife sowie der verwendete Hochwaldschieber bei der Maschine mit Zugregler untersucht. Und auch die Ursprungsausführung der T 16 wurden einer Untersuchung der Blasrohr- und Schornsteinabmessungen unterworfen. Mit der T 16 „Erfurt 8135" führte das EZA Stand- wie auch Streckenversuche aus, die erneut die von *Strahl* vorgeschlagene Blasrohrbauweise bestätigten. [38]

Im Jahre 1913 lieferte die BMAG die erste Maschine einer verstärkten E-h2-Güterzugtenderlok der Gattung T 16 aus. Es hatten sich bei der bisherigen Bauart insbesondere der im Vorderteil zu schwache Rahmen und die beschränkten Vorräte als nachteilig erwiesen. Mit der noch ohne Vorwärmer ausgerüsteten „Kattowitz 8134" der verstärkten Ausführung fuhr die Grunewalder Versuchsmannschaft nach Nedlitz und Beelitz drei Messreihen mit 814, 1002 und 1209 t Belastung. *„Die Lokomotive arbeitete bei allen Fahrten gut und ... auch sehr wirtschaftlich."* Auch der Einbau der Kuhnschen Schleife hatte sich bewährt. [39][40]

Einige Versuche ordnete das E.Z.A. auch an, um neue Einzelteile sowie Bauprinzipien zu untersuchen. Hierzu gehörten Versuche mit unterschiedlichen Speisewasservorwärmern und den entsprechenden Speisewasserpumpen, so an der G 10 „Cassel 5443". An mehreren Maschinen (S 10 „Cassel 1001, G 10 "Frankfurt 5444,,, G 7 "Breslau 4422,,) wurden verschiedenen Arten von Funkenfängern erprobt. Nicht zuletzt waren die Versuche zur Ermittlung des Einflusses der Größe der freien Rostfläche oder zweckmäßigen Rostspaltbreite der Lokkessel ein wesentlicher Abschnitt in der Untersuchungstätigkeit von E.Z.A. und HW Grunewald im Jahre 1913.

So fanden mit der S 6 „Breslau 631" zahlreiche Standversuche statt, die mit Fahrten zwischen Wannsee und Mansfeld ergänzt wurden. Anschließend fanden mit der selben Lok noch Standversuche statt, *„um den Einfluß der Feuerschirmlänge auf die Verbrennung festzustellen."*

Eine zusätzliche Aufgabe stellte für das E.Z.A. die Auswertung zahlreicher Betriebsversuche dar. Dabei nahmen die Vergleichsversuche an sechs G 8-Lokomotiven („Stettin 4816", „Königsberg 4823", „Essen 4836", „Frankfurt 4841", „Posen 4812", „Halle 4804") bezüglich der verwendeten Schieberbauarten,

---

36 Garbe, Robert: Die Dampflokomotiven der Gegenwart. Berlin: Julius Springer, 1920, S. 589-594

37 Versuche mit Dampflokomotiven ausgeführt vom Königlichen Eisenbahn-Zentralamt im Jahre 1913. Berlin, Glaser, 1916, S. 25

38 Versuche mit Dampflokomotiven ausgeführt vom Königlichen Eisenbahn-Zentralamt im Jahre 1913. Berlin, Glaser, 1916, S. 31-34, 39

39 Garbe, Robert: Die Dampflokomotiven der Gegenwart. Berlin: Julius Springer, 1920, S. 604

40 Versuche mit Dampflokomotiven ausgeführt vom Königlichen Eisenbahn-Zentralamt im Jahre 1913. Berlin, Glaser, 1916, S. 42

Versuchstätigkeiten ab 1910

Steuerungen und Markotty-Rauchverminderungseinrichtung den größten Raum ein.[41]

Der Umfang der Versuchstätigkeit, wie sie das Jahr 1913 beinhaltet hatte, sollte auch im folgenden Jahr nicht abnehmen. Mit der Ablieferung der letzten S 9 im Jahre 1910 und der sich daraus ergebenden absehbaren Einsatzzeit suchten die Staatseisenbahnverwaltungen nach Möglichkeiten, die Wirtschaftlichkeit dieser Gattung zu erhöhen. So wurden in den Kessel Rauchrohr-Überhitzer eingebaut, später noch Vorwärmer der Bauart Knorr. Mit der so umgerüsteten S 9 „Hannover 903" unternahm das E.Z.A. im Jahre 1914 jeweils zwei Messfahrten ohne und mit Vorwärmer zwischen Wustermark und Lehrte. Um bessere Vergleichsdaten zu erhalten wurden weiterhin mit der S 9 „Hannover 916" ebenfalls zwei Messfahrten zwischen Wustermark und Hannover vorgenommen. Die nunmehrige 2B1-h4v Lok S 9 „Hannover 903" zeigte in der Gegenüberstellung zur 2B1-n4v Lok S 9 „Hannover 916" die gewünschte Steigerung der Wirtschaftlichkeit, obgleich der Kohlenverbrauch erst bei der Ausrüstung mit Vorwärmer die Werte der S 6 (2B-h2) erreichen konnte.[42]

Ende Februar 1914 (24. u. später) ließ das E.Z.A. von Grunewald erneut Messfahrten mit einer P 8 ausführen, diesmal mit der „Halle 2435", die Aussagen über den Nutzen des Einsatzes von Vorwärmern bei Heißdampflokomotiven geben sollten. Dabei wurde die Strecke Grunewald – Mansfeld einmal ohne, das andere Mal unter Verwendung des Vorwärmers befahren. Gleichzeitig stand die Rostfläche der Lok im Mittelpunkt der Versuche. Der bei Anlieferung eingebaute Rost mit einem Verhältnis freier zu bedeckter Rostfläche von 1:1 wurde später gegen einen mit dem Verhältnis 1:2 ausgetauscht. Dabei zeigte sich, dass gegenüber den anfänglichen Fahrten mit kleiner Leistung sich der Rost mit gleicher Teilung bei zunehmender Belastung der Maschine günstiger auf den Kohleverbrauch auswirkte.

Die damals durchgeführten Untersuchungen *Garbes* führten zu Aussagen über die zweckmäßigste Ausführung der Rostbreite, um günstigste Verbrennungsverhältnisse zu erzielen.[43][44]

Befürchtungen, dass durch die gekröpften Achsen der vierzylindrigen S 10 Probleme im Betrieb auftreten könnten, führten zum Entwurf einer 2C-h3-Schnellzuglokomotive. Die ersten Maschinen wurden bei Vulkan in Stettin gebaut, traf im Mai 1914 als S 10^2 „Halle 1201" in Grunewald ein, um auf den Stammstrecken nach Mansfeld und Wustermark untersucht zu werden. Die Maschine war mit Kammerschiebern ausgestattet, die ein Anfahren mit größerer Füllung erlauben sollten. Die Bauart bewährte sich bei den Fahrten nicht und wurde gegen gewöhnliche Schieber mit einfacher Einströmung ausgetauscht, ohne dass hierdurch wirtschaftliche Nachteile entstanden. Die Messfahrten, bei denen Wagenzüge von 300, 400, 500 und 700 t zum Einsatz gelangten, zeigten die hervorragende Ausführung der Maschine. Während der Fahrt zwischen Wustermark – Lehrte und zurück wurde eine „Grundgeschwindigkeit" von 100 km/h gefahren und eine Zughakenleistung von 1073 PS erreicht, wobei der *„Kessel...bei dieser Fahrt dauernd bis an die Grenze der Leistungsfähigkeit beansprucht"* wurde. Garbe hierzu: *„Die Lokomotive arbeitete in jeder Hinsicht auf Bergsowohl wie auf Flachlandstrecken gut. Das Anfahren war besser als bei allen zur Zeit im Betrieb befindlichen Lokomotiven anderer Gattungen. Der Lauf der Lokomotive war selbst bei der höchsten Geschwindigkeit ruhig. Beim schweren Arbeiten der Lokomotive machten sich geringe Bewegungen im Rahmenbau bemerkbar, deren Beseitigung durch Anwendung von Federblech-*

---

[41] Versuche mit Dampflokomotiven ausgeführt vom Königlichen Eisenbahn-Zentralamt im Jahre 1913. Berlin, Glaser, 1916, S. 43-59, 67

[42] Garbe, Robert: Die Dampflokomotiven der Gegenwart. Berlin: Springer, 1920, S. 557

[43] Garbe, Robert: Die Dampflokomotiven der Gegenwart. Berlin: Springer, 1920, 1920, S. 565

[44] Strahl, G.: Der Wert der Heizfläche eines Lokomotivkessels für die Verdampfung, Ueberhitzung und Speisewasservorwärmung. ZVDI. 61 (1917), S. 313

Versuchstätigkeit in Preußen

verbindungen mit dem Kesselerfolgen soll. Der Kessel der Lokomotive befriedigt in jeder Hinsicht." [45]

Im Zuge der weiteren Verbesserung der S 10¹ überarbeite Henschel den Entwurf der bisherigen Bauart und lieferte im Frühjahr 1914 mit der „Danzig 1112" die erste Maschine in der neuen Ausführung aus, die umgehend nach Grunewald ging und dort für die Versuchsfahrten in der Hauptwerkstatt hergerichtet wurde.

Den Fahrten ging die Messung der Treibachsdrücke mittels Schneksscher Waage voraus. Bei den ersten Fahrten im Mai 1914 zeigte sich, dass der Blasrohrdurchmesser zu groß gewählt worden war, so dass der Kessel schlecht Dampf machte. Außerdem stellte sich heraus, dass die Rostfläche anfänglich zu groß gewählt worden war. Insgesamt erreichte die neue Bauart nach Abstellung aller Mängel eine beträchtliche Kohleersparnis, die auf die Verwendung des Speisewasservorwärmers zurückzuführen war. Als höchste Leistung konnte zwischen Lehrte und Wustermark bei einem Wagengewicht von rund 700 t und einer *„Grundgeschwindigkeit"* von 100 km/h 1067 PSZ erreicht werden. [46]

Im Frühjahr 1914 erschien mit der T 18 eine neue Tenderlok-Gattung auf den Strecken der KPEV. Mit der von Vulkan in Stettin gebauten „Mainz 8401" unternahm das E.Z.A. zwei Versuchsfahrten auf der Strecke Grunewald – Mansfeld – Grunewald mit Zuggewichten von 392 und 464 t. *„Bei der ersten Fahrt mit dem 392-t-Zuge ... stellte sich heraus, dass das berechnete Blasrohr zu groß war und der Kessel bei dem leichten Zuge ungenügend Dampf machte. Auch die Überhitzung war unzureichend, was auf die zu tiefe Lage des Blasrohrs zurückzuführen war."* Die zweite Fahrt fand dann mit verändertem Blasrohr statt, wobei die Maschine recht gute Leistungs- und Verbrauchswerte erzielen konnte. Als weitere neue Tenderlok-Gattung lieferte Union in Königsberg ebenfalls im Frühjahr 1914 die erste Maschine der 1D1-h2-Güterzugtenderlok T 14 aus. Mit der „Berlin 8501" unternahm das E.Z.A. ausgehend von der Grunewalder Hauptwerkstatt die leistungstechnischen Messfahrten nach Nedlitz mit Zügen von 700, 900 und 1100 t. Die erzielten Leistungs- wie auch Betriebsstoffverbrauchswerte waren für die zur Beförderung schwerer Güterzüge über kurze Strecken vorgesehene Lok gut. [47] Aufgrund strategischer Überlegungen stellte das E.Z.A. im Zuge der Erprobung der T 18 „Mainz 8401" auch Versuche zur Verhinderung des Rauchniederschlages an, denen insbesondere seit Beginn des Weltkrieges neuerlich Bedeutung beigemessen wurde. [48]

Nach den befriedigenden Ergebnissen aus dem Jahre 1913 mit der T 16 unternahm man ebenfalls im Frühjahr 1914 Messfahrten mit einer mit Vorwärmer ausgerüsteten Lok. Am 28. März beförderte die Lok einen 1126-t-Wagenzug von Grunewald nach Sangerhausen. Von dort wurde die Maschine nach Arnstadt überführt, das als Ausgangspunkt am 30. und 31. März für Messfahrten auf der Strecke nach Oberhof diente. Hierbei förderte die Lok Wagenzüge mit 436 und 605 t, wobei nochmals die Werte mit und ohne Vorwärmer ermittelt wurden. Auch hier befriedigte die Lok mit Vorwärmer, wobei sich jedoch auf der Fahrt nach Oberhof mit 605 t am Zughaken auf dem Abschnitt von Gräfenroda nach Oberhof die Heiz- und Rauchrohre mit Lösche zusetzten, so dass Dampfmangel eintrat und der Kessel überanstrengt wurde. [49]

Auch in den Jahren des Ersten Weltkrieges gingen die Versuche unter Federführung des Königlichen Eisenbahn-Zentralamts weiter, wenn auch in einem beschränkterem Rahmen. So fand im Jahre 1914 an zwei S 7 die Er-

---

45 Garbe, Robert: Die Dampflokomotiven der Gegenwart. Berlin: Springer, 1920, S. 572
46 Garbe, Robert: Die Dampflokomotiven der Gegenwart. Berlin: Springer, 1920, S. 585
47 Garbe, Robert: Die Dampflokomotiven der Gegenwart. Berlin: Springer, 1920, S. 586, 602
48 Nordmann, H.: Die Tätigkeit des Eisenbahnzentralamts und des Lokomotiv-Versuchsamts auf dem Gebiet der Versuche mit Dampflokomotiven seit 1914. GA. 47 (1923) II, S. 1
49 Garbe, Robert: Die Dampflokomotiven der Gegenwart. Berlin: Springer, 1920, S. 605
50 Hammer, G.: Die 1 E-Heißdampfgüterzuglokomotive der preußisch-hessischen Staatseisenbahnen und der Reichseisenbahnen in Elsaß-Lothringen. GA. 40 (1916) I, S. 203
51 Nordmann, H.: Die Tätigkeit des Eisenbahnzentralamts und des Lokomotiv-Versuchsamts auf dem Gebiet der Versuche mit Dampflokomotiven seit 1914. GA. 47 (1923) II, S. 1
52 Nordmann: Heißdampf und Verbundwirkung. Die Lokomotive. 38 (1941), S. 154

Versuchstätigkeiten ab 1910

probung der Kleinrohrüberhitzer statt. Zwar sank der Dampfverbrauch gegenüber der Ursprungsausführung der S7, doch befriedigten die Überhitzer im Betrieb nicht. Weiterhin führte man Blasrohrversuche an einer T 18 durch. Im Jahre 1915 ließ das E.Z.A Versuche mit vergrößertem Überhitzer an der T 14 vornehmen, die zum generellen Fortfall der Überhitzerklappen an Neubaulokomotiven führten. Mit der ersten Maschine der Gattung G 12[1] fanden auf den Strecken Cochem – Ehrang und Grunewald – Sangerhausen Versuchsfahrten statt.[50] Ebenfalls im militärischen Interesse standen Versuche für die Heeresverwaltung mit der G 8[1], um Möglichkeiten zur Vermeidung von Abdampffahnen während des Betriebes zu erproben.

Des weiteren führte man Versuche an drei G 8[1] der KED Magdeburg mit Stroomann-Wasserrohrkessel durch. Für das Jahr 1916 erwähnte *Nordmann* in seinem Aufsatz nur die Versuche an der Nachbau-G 7 mit Gusseisenschiebern. Ein Jahr später, 1917, standen dann Messfahrten mit der neugebauten „Einheitsgüterzuglokomotive" G 12 auf dem Programm des E.Z.A. und der Mitarbeiter in der Hauptwerkstatt Grunewald. Es schlossen sich Fahrten mit einer Maschine ähnlicher Bauart für Bulgarien an.

Ebenfalls im Interesse der deutschen Lokomotivbauindustrie standen die Versuchsfahrt am 17. Februar mit einer 1E-h3-Lokomotiven für die Ottomanische Generaldirektion der Häfen und Militäreisenbahnen auf der Strecke Grunewald – Güterglück. Gleichfalls im Auftrag der Industrie untersuchte man zwei 1C1-Tenderlokomotiven mit Brotankessel für die Ungarische Staatsbahn im Jahre 1918. Hierbei zeigten sich allerdings etliche Mängel, die eine Verfolgung dieser Kesselbauart für die deutschen Bahnen nicht als gegeben erscheinen ließ.[51]

Somit nahmen die Versuche an Dampflokomotiven bei den Preußischen Staatseisenbahnen einen immer geringeren Umfang an, der sicherlich seine Ursachen in der kriegsbedingten Beschränkung der Mittel hatte. Insbesondere mit Blick auf die Entwicklung der moderneren Heißdampfmaschinen, hier der S 10-Bauarten, und der Durchbildung der Triebwerke sollte *Nordmann* in späteren Jahren *Garbe* vorwerfen, keine eingehenderen Vergleiche zwischen der Ausführung als Vierling mit einfacher Dampfdehnung und der Vierzylinder-Verbundmaschine veranlasst zu haben, wobei er es nicht unterließ, auf die erfolgreichen Vergleiche der K.E.D. Erfurt an der S 2 in ihren beiden Bauformen (2'Bn2 und 2'Bn2v) zu verweisen.[52]

4.4 Erste Versuche an Fahrzeugen mit Verbrennungsmotoren

Neben den Versuchen an Dampflokomotiven nahm auch die Erprobung von Triebwagen und Lokomotiven mit Verbrennungsmotoren bei der LVA einen breiten Raum ein. Zu den ersten in Grunewald untersuchten Lokomotiven mit Verbrennungsmotor dürfte die als Diesel-Klose-Sulzer-Lok bekannt gewordene 2'B2'-Diesellokomotive mit unmittelbarem Antrieb gehört haben. Nach ersten Probefahrten im September 1912, bei denen sich die vorgesehene Art der Motorkühlung ohne Kühlwasserrückkühlung, also nur unter Nutzung von mitgeführtem Kühlwasser, als ungeeignet erwies, wurde die Maschine bis März 1913 bei Sulzer umgebaut.

Nach einer neuerlichen Probefahrt von Winterthur nach Romanshorn (SBB-Strecke) überführte man die Lok vom 31. März bis 4. April 1913 von Winterthur nach Berlin. Nach kürzeren Pro-

Versuchstätigkeit in Preußen

befahrten fanden am 21., 24. und 29. Mai 1913 eingehende Leistungsuntersuchungen auf der Strecke Grunewald – Belzig, bzw. – Wiesenburg vor dem Messwagen des Eisenbahn-Zentralamtes statt. Während der letzten Messfahrt rissen *"...die Befestigungsschrauben der Achshalter und die kurzen Speichen an sämtlichen vier Triebrädern... Nachdem die Achshalter durch neue ersetzt und mit zwei Schraubenreihen befestigt sowie die Speichen zusammengeschweißt waren, brach bei der nächsten Probefahrt die Blindwelle, und zwar in einem Arm der Kröpfung."* Nach Erneuerung der Blindwelle fanden seit dem 12. Februar 1914 sechs Versuchsfahrt mit rund 200 Tonnen Zuglast zwischen Grunewald und Belzig statt. *"Bei der letzten Fahrt am 6. März trat ein Bruch an einem der vier Zylinder des Hauptmotors ein."*
Als unbefriedigend erwies sich neben dem hohen Kraftstoffverbrauch auch die geringe Regelbarkeit der Zugkraft. *"Die Hauptschwierigkeit für die Thermokomotive liegt daher im Anfahren und in der Überwindung größerer Steigungen. Die Versuchsfahrten beschränkten sich aus diesem Grunde auf die Beförderung leichter Schnellzüge von 200 t Zuggewicht auf der leichten Hügellandstrecke Berlin – Belzig nur mit einer längeren Steigung 1:150. ... Mit der Thermolokomotive konnten schwerere Züge von etwa 300 t Zuggewicht mit Rücksicht auf den planmäßigen Zugdienst der genannten Strecke nicht angefahren werden, weil Bedenken bestanden, ob die Lokomotive einen solchen Zug auf der Steigungsstrecke 1:150 mit Sicherheit anziehen könnte."* Neben weiteren kleineren Störungen und Schäden fiel die sehr hohe Lärmbelastung auf der Lokomotive auf. Insgesamt befriedigte die Lokomotive somit nicht. Die Lieferfirma bemühte sich zwar um eine weitere Abstellung der Schäden und Mängel, durch den Ausbruch des Ersten Weltkrieges wurden die Versuche jedoch nicht fortgesetzt. [53]

Im Jahre 1910 lieferte die AEG einen vierachsigen benzolelektrischen Triebwagen an die Preußische Staatseisenbahnverwaltung. Die Fahrzeuge dieses Typs wurden in die Bauart V.T. 2, 1. Serie, mit den Nummern 152 bis 161 eingereiht.
Der AEG-Wagen mit einem 120-PS-NAG-Motor wurde nach seiner Ablieferung der Eisenbahn-Hauptwerkstätte Tempelhof zugeteilt und führte *"eine Reihe von Versuchsfahrten auf der Strecke Tempelhof – Zossen"* durch. Im Oktober 1911 wurde er dann an seinen Einsatzort Posen überführt. [54] Auf der gleichen Strecke führte übrigens 1908 auch der erste Akkumulatoren-Doppelwagen der Bauart Wittfeld (AT 3) seine Probefahrten aus. [55] Mit der Lieferung der ersten neuen benzol-elektrischen Triebwagen der Bauart V.T. 2, 2. Serie, im Jahre 1914 an die Preußischen Staatseisenbahnverwaltungen begann man in Grunewald mit der Untersuchung von Triebwagen.
Ein Fahrzeug kam auf Probefahrt von Opladen über Kassel – Erfurt – Probstzella – Erfurt – Sangerhausen – Grunewald bzw. Kassel – Nordhausen – Sangerhausen – Grunewald nach Berlin und fuhr von hier aus weiter über Posen und Thorn zu seinem Einsatzbahnhof nach Allenstein, wo es im Personenzugdienst eingesetzt werden sollte. Dabei dürften die Beamten des E.Z.A. auf ihrer Stammstrecke von Sangerhausen nach Grunewald die Leistungserfassung durchgeführt haben. Auf der Fahrt von Grunewald nach Posen beobachtete man das Verhalten der Wagen bei höheren Geschwindigkeiten, wobei eine Grundgeschwindigkeit von 80 km/h eingehalten wurde, teilweise konnten 100 km/h erreicht werden. [56] [57]

---

53 Müller, Carl: Die Versuchsergebnisse mit der ersten Thermolokomotive unter Hinweis auf die Verbrennungskraftmaschine. VtW. 13 (1919), S. 165
s.a.: Sternenberg, F.: Die erste Thermo-Lokomotive. ZVDI. 57 (1913), S. 1325
Schrader: Die Diesellokomotive mit unmittelbarem Antrieb. Organ. 93 (1938), S. 379
54 Benzolelektrische Triebwagen. GA. 37 (1913) II, S. 142
55 Akkumulatoren-Doppelwagen der preußischen Staatsbahnen. In: ETZ. (1908), S. 943
56 Akkumulatoren-Doppelwagen der preußischen Staatsbahnen. In: ETZ. (1908), S. 1051
57 Neue benzol-elektrische Eisenbahnmotorwagen der Königlich Preußischen Eisenbahnverwaltung. ZVDI. 58 (1914), S. 764

5 Von den preußischen Bauarten zur Reichsbahn-Einheitslokomotive

5.1 Untersuchungen und Messfahrten in den ersten Nachkriegsjahren

Das Ende des Ersten Weltkrieges, die veränderte politische Lage und der Zustand der Wirtschaft in den ersten Friedensjahren beeinträchtigten auch das eisenbahntechnische Versuchswesen in Preußen. Zwar war die personelle Lage im Eisenbahn-Zentralamt stabil geblieben, doch führten die zahlreichen Streiks und die fehlenden materiellen Mittel zu einer starken Beschränkung der Arbeiten. Zu den wenigen Aufgaben, die *Georg Strahl* nach Übernahme seiner Tätigkeit im E.Z.A. anordnete, gehörten im Jahr 1919 z.B. die Vergleichsfahrten mit Lokomotiven der neueren Gattungen G 8^2 und G 8^3.

Ferner untersuchte das E.Z.A. die von den Preußischen Staatseisenbahnen in Österreich angekauften 1C2-Schnellzuglokomotiven der Reihe 310.300, die mit ihren sieben Maschinen als Gattung S 11 in der E.D. Berlin eingesetzt wurde. Eine dieser mit Brotankessel ausgestatteten Lokomotiven, „Berlin 1301", absolvierte mehrere Messfahrten auf den Strecken Grunewald – Belzig, Grunewald – Frankfurt und Grunewald – Schneidemühl. Einige Blasrohrstandversuche an der ausgewählten Maschine beendeten die Versuchsreihe. Im Ergebnis der Versuche entschloss man sich beim E.Z.A. dazu, das verwendete

Die umfangreiche Verkabelung, die Indikatoren am Zylinder sowie das Blasrohr auf dem vorderen Umlauf zeigen G 12 „Cassel 5651" vorbereitet zur Messfahrt am 3.2.1920 in Grunewald.

Kurt Pierson, Slg. Dirk Winkler

Hin zur Reichsbahn-Einheitslokomotive

verstellbare Blasrohr durch ein festes zu ersetzen, ebenso wurde der Schornstein durch den einer S 7 ausgetauscht. Weitere Schornstein- und Blasrohrversuche führte das neu geschaffene Grunewalder Versuchsamt 1920 an Lok der Gattung G 12 und G 8² durch.[1]

Weit umfangreicher gestaltete sich das Versuchsprogramm dann wieder für das Jahr 1920. Ungeachtet der tagespolitischen Ereignisse in der Reichshauptstadt setzte das E.Z.A. sein Erprobungsprogramm neuer Lokomotivbauarten fort. *Richard Wagner* hatte im Frühjahr die Leitung der Versuchsabteilung übernommen und begann seine Arbeit mit Enthusiasmus. Da sind die Versuche an der neuen 1'E1'-Tenderlokomotiven „Elch" der Halberstadt-Blankenburger Eisenbahn hervorzuheben, mit denen sich erstmals eine Tenderlokomotive herkömmlicher Bauart für den Einsatz auf neigungsreichen Strecken, die mit Zahnstangenabschnitten ausgerüstet waren, als geeignet erwies. *Strahl* und *Wagner* ließen es sich nicht nehmen, den Versuchen selbst beizuwohnen. Die Erprobung der Maschine begann auf der Strecke Blankenburg – Rübeland, wo Vergleichsfahrten mit einer T 16 stattfanden. *„Für die Versuche mit der 1 E 1-Lokomotive mußte aus Rücksicht auf den Zugkraftmesser im Meßwagen die höchste Belastung auf 230 t beschränkt werden, gegenüber einer Höchstlast der T 16-Lokomotive von 140 t."* Die Meßergebnisse wiesen eine deutliche Überlegenheit der „Elch" aus. *Hammer* verwies in seinem Aufsatz darauf, dass die beobachteten Zahlenwerte *„einen wertvollen Anhalt für den Entwurf von Gebirgslokomotiven"* geben, *„da sie für die Abmessungen der Zylinder und für die Kesselgröße bestimmend sind."* Einen weiteren Schwerpunkt der Arbeit legte man auf die Ermittlung des Laufwiderstandes der beiden Versuchslok und hierbei besonders auf den Einfluss der Kolbenkräfte auf den Laufwiderstand. *„Die genaue Messung des Eigenwiderstandes der Lokomotive verlangt, daß die Werte der indizierten und effektiven Zugkraft gleichzeitig festgelegt werden und daß dabei der Zeitpunkt der Messung so gewählt wird,*

Im Herbst 1924 war 93 1173 Gast bei der Versuchsabteilung in Grunewald. Die Lok erwies sich sparsam im Verbrauch bei sehr guter Verdampfung und großer Leistung. Die Aufnahme zeigt die Maschine mit Nicolai-Schiebern sowie der Messausrüstung vor der Anheizhalle

Slg. Verkehrsarchiv Nürnberg

daß die Fahrgeschwindigkeit eine gleichförmige ist, um den störenden Einfluß einer im Augenblick nicht meßbaren Beschleunigung oder Verzögerung zu vermeiden. ... Die mit der Aufnahme von Indikatordiagrammen betrauten Beobachter auf der Lokomotive hatten die Aufgabe, bei bestimmter und konstanter Füllung nur dann zu indizieren, wenn sich der ganze Zug auf derselben Steigung befand und die Fahrgeschwindigkeit eine gleichförmige war; eine schwierige Aufgabe, die aber gelöst werden konnte. Der Zeitpunkt wurde elektrisch nach dem Meßwagen und zwar auf den Zugkraftstreifen selbsttätig übertragen."
Den Indizierfahrten folgten Bremsversuchsfahrten auf den starken Gefällstrecken. Sie bestätigten erneut die Wahl der Kunze-Knorr-Bremse für Lokomotive und Wagnezug.
„Um die Leistungsfähigkeit und Wirtschaftlichkeit der 1 E 1-Lokomotive im Reibungsbetrieb gegenüber den zurzeit verwendeten Vierzylinder-Zahnradlokomotiven auch örtlich klarzustellen, wurden ...auch auf den Zahnradbahnen

Schleusingen-Rennsteig-Ilmenau (1:17=1476 m)

Boppard-Buchholz (1:16,5 bis 1:17 = 2400 m)

Dillenburg-Hirzenhain (1:17 = 1727 m)

Eschwege-Heiligenstadt (1:20 = 2000 m)

Versuchsfahrten mit einer von der Halberstadt-Blankenburger Eisenbahn-Gesellschaft zur Verfügung gestellten 1 E 1-Lokomotive vorgenommen. Derartige Fahrten waren auch für die Badische Höllentalbahn in Aussicht genommen. Wegen zu geringer Tragfähigkeit der Brücken und des Oberbaues mußte leider hier davon Abstand genommen werden."
Man verglich die Maschine mit den vorhandenen C 1-Zahnrad-Lokomotiven, auf der Strecke Suhl-Schleusingen auch mit der neuen T 26. Bei beiden Vergleichen zeigte sich die HBE-Maschine allen anderen Lok weit überlegen. Bei größerer Leistung verbrauchte die Lok weniger Kohle und Wasser und war zudem ein ausschlaggebender Faktor zur Senkung der Betriebskosten durch die mögliche Aufgabe des Zahnstangensystems. So wundert es nicht, dass der Reichsverkehrsminister aus dieser Lokbauart abgeleitet bei Borsig eine erste Lieferung von zehn 1'E1'-Tenderlokomotiven (spätere Gattung T 20) für die Reichsbahn bestellte. [2]

In den folgenden Monaten und Jahren führte die personell noch kleine Versuchsabteilung eine stattliche Anzahl weiterer Versuche durch. So stand 1920 die Erprobung von Mittelrohrüberhitzer der Bauart Schmidt an zwei Maschinen der Gattung G 10 auf dem Programm. Untersuchungen fanden auch an einer T 16 mit Kuhnert'schem Wasserumlauf statt. Erstmals kam mit der XV HTV-Tenderlokomotive (BR 79[0]) auch eine sächsische Lokomotive vor den Grunewalder Messzug, wobei die Bauart als C+C-h2v-Tenderlokomtive den Ausschlag zur Untersuchung gegeben haben mag. Auch fanden erste Messfahrten an den sächsischen XX HV (BR 19[0]) auf der Strecke Cassel – Bestwig statt. Weiterhin untersuchte die VL unterschiedliche neue Ausrüstungsteile für Lokomotiven.

Das Arbeitspensum des Jahres 1921 fiel, folgt man den zeitgenössischen Publikationen, weit geringer aus. So standen neuerliche Versuche mit einer Stumpf'schen Gleichstromlokomotive mit Ventilsteuerung der Gattung G 10 an. Versuchslok war diesmal die G 10 „Erfurt 5530". Auch die Lentz-Ventilsteuerung rückte erneut ins Augenmerk der Berliner Ingenieure, die an einer T 13 mit Kleinrohrüberhitzer untersucht wurde. Weiterhin fanden Vergleichuntersuchungen an T 12 mit Kleinrohrüberhitzern und zusätzlichem Heißdampfregler statt. Von Interesse waren auch die Versuche an einer 2C-h3-Schnellzuglok von Borsig für die Dänische Staatsbahn,

---

1 Nordmann, H.: Die Tätigkeit des Eisenbahnzentralamts ... a.a.O.

2 Hammer, Gustav: Die neuen Lokomotiven der Halberstadt-Blankenburger Eisenbahn-Gesellschaft. GA. 46 (1922) I, S. 192

Hin zur Reichsbahn-Einheitslokomotive

wobei die Maschine durch ihre unzureichende Überhitzung und den dadurch hervorgerufenen verhältnismäßig hohen Dampfverbrauch auffiel.

Vergleichsversuche an zwei G 8² mit Lentz-Ventilsteuerung („Oldenburg 281") und Regel-Kolbenschieber („Cassel 4925") folgten im Jahre 1922. Trotz des Erfolges der „Elch" als Reibungsmaschine für Steilrampenstrecken, führte die VL auf den Thüringer Zahnradstrecken sowie der Strecke Boppard – Castellaun Versuche mit der T 28 durch. Auch fanden erneute Messfahrten mit der sächsischen XX HV (BR 19⁰), diesmal auf der Schwarzwaldbahn, statt. Für die Ermittlung der Dampfverbrauchszahlen folgten dann Messfahrten auf den Strecken Güsten – Magdeburg und Stendal – Hannover. [3]

Eingehende Untersuchungen nahm die VL anschließend mit der neuen Lokgattung P 10 vor, wobei als Versuchslok die „Elberfeld 2810" zur Verfügung stand. Die umfangreiche leistungs- und bauarttechnischen Versuche *„unter der persönlichen Leitung des Vorstandes dieser Abteilung, Regierungsbaurat Wagner"* wurden durch anschließende Betriebsmessfahrten auf unterschiedlichen Strecken sowie einer Stundenerfassung für die Instandhaltung ergänzt. Man untersuchte die P 10 im Juni und Juli 1922 auf den Strecken Güsten – Mansfeld, Hausach – Sommerau (Schwarzwaldbahn), Saalfeld – Nürnberg und Charlottenburg – Lehrte. Die ersten Versuche wiesen auf ein zu klein ausgelegtes Blasrohr und damit einen zu großen Dampfverbrauch hin. *Wagner* ließ das Blasrohr ändern und verbesserte damit den Dampfverbrauch. Bei Schnellfahrtversuchen konnten 128 km/h erreicht werden, wobei die Maschine *„vollkommen ruhig"* lief. Die Leistungswerte wurden als gut erachtet

---

[3] Nordmann, H.: Die Tätigkeit des Eisenbahnzentralamts ... a.a.O.
[4] Fuchs: Die 1D1-Dreizylinder-Personenzuglokomotive Gattung P 10 der Reichsbahn. GA 46 (1922) II, S. 137, 153
[5] Nordmann, H.: Die Tätigkeit des Eisenbahnzentralamts ... a.a.O.

Untersuchungen und Messfahrten

und der ruhige Einlauf in die Gleisbögen herausgehoben. Die Messfahrten auf der Schwarzwaldbahn zeigten ein gutes Leistungsverhalten der Lok auch auf schwierigen Streckenverhältnissen, was die Fahrten auf den steigungsreichen Strecken im Thüringer- und Frankenwald noch unterstrichen. Letzendlich dienten die Fahrten auf der Flachlandstrecke nach Lehrte dazu, die Schnellfahreigenschaften der Lok zu erproben. Hierbei waren die Ergebnisse, die vor dem 720 t Wagenzug bei Geschwindigkeiten zwischen 100 und 120 km/h erreicht wurden, ein gutes Indiz dafür, *„daß man sich nicht zu scheuen braucht, in den Betriebsbereich der in erster Linie für Strecken mit längeren starken Steigungen von 1 : 100 und mehr gebauten Lokomotive auch anschließende Flachlandstrecken einzubeziehen"*. Ministerialrat Fuchs zog als Resümee: *„Die Lokomotive hat sich in ihrer gesamten Anordnung bei den Versuchsfahrten durchaus bewährt und als eine in weitem Geschwindigkeitsbereiche gleich brauchbare Lokomotive von höchster Leistungsfähigkeit bei sparsamem Brennstoffverbrauch erwiesen. Sie wird es ermöglichen, die so kostspieligen Vorspann- und Nachschiebeleistungen weiter einzuschränken und damit zur Verbesserung der Wirtschaftslage der Reichsbahn beitragen"* [4]

Gegen Ende des Jahre 1922 schloss sich für die Versuchsabteilung in Grunewald ergänzend die Erprobung von Windleitblechen an der P 10 nach Vorarbeiten der Aerodynamischen Versuchsanstalt in Göttingen durch. [5]

Zu den weiteren Aufgaben der VL gehörten die Vergleichsfahrten an G 12 mit normalen und langen, sächsischen Überhitzern, die den Vorteil der sächsischen Bauart zeigten und die Erprobung der Ölzusatzfeuerung Bauart Mayer an einer G 8¹ mit anschließenden Betriebsversuchen in der E.D. Frank-

Im Sommer 1922 fanden umfangreiche Messfahrten mit der neuen preußischen Personenzuglokomotive der Gattung P 10 statt. Als Versuchslok stand „2810 Elberfeld" zur Verfügung.

Slg. A. Gottwaldt

Hin zur Reichsbahn-Einheitslokomotive

Noch bevor sie der VL in Grunewald überwiesen wurde, absolvierte T18 1002 mehrere Probefahrten. Dabei erregte die ungewöhnliche Maschine die Aufmerksamkeit des interessierten Publikums, wie hier am 2. März 1929.

Werkfoto Krauss-Maffei/ Slg. D. Winkler

furt. Auch nahm man einige Versuche für die Industrie vor, darunter Versuchsfahrten mit der 10.000 Hanomag-Lok, einer F-Nassdampf-Tenderlok für die Bulgarische Staatsbahn, auf den Strecken Erkrath – Hochdahl und Warburg – Bestwig oder Messfahrten mit einer von Henschel gebauten 2C1-Schnellzuglok mit Ölzusatzfeuerung für die Rumänische Staatsbahn. Daneben gehörten immer wieder auch generelle Bauarterprobungen zu den Arbeiter der VL, wie die Untersuchung der Langkesselisolierung mit Glaswolle oder die Fortsetzung der 1921 begonnenen Versuche mit dem Rauchgasvorwärmer der Bauart Borsig an einer G 10. Weiterhin fanden Versuche mit Schlammabscheidern sowie Verdampfungsversuche mit unterschiedlichen englischen Kohlesorten statt. Über den Jahreswechsel 1922/23 lief die Untersuchung einer P 8 auf den Strecke Güsten – Mannsfeld, – Belzig, – Wiesenglück und Grunewald – Beelitz zur Erlangung von aktuellen Vergleichswerten für die messtechnische Untersuchung der für die PKP in Deutschland gebauten Ok 22. Anfang des Jahres 1923 fanden erfolglose Versuche mit einem Dampfrostbläser statt, der durch die Leitung von Dampf unter den Rost die Schlackenbildung vermindern sollte. Mit einer für die Bremer Hafenbahn von Jung gebauten Tenderlok wurde ein Abgas-Vorwärmer Bauart Werle erprobt. Das „Hauptinteresse", wie *Nordmann* 1923 schrieb, lag jedoch auf der Erprobung der neuen 1E1-Tenderlok der Gattung T 20. Messfahrten unternahm man u.a. auf den Strecken Grunewald – Wiesenburg, Friedrichsthal – Freudenstadt und Geislingen – Amstetten. Außerdem führte die VL Versuche an auf Heißdampf und Ventilsteuerung umgebauten G 9 durch, untersuchte mit der Lok „Mammut" der HBE auf der Strecke Blankenburg – Hüttenrode eine weitere Lok der Tierklasse der HBE und fuhr mehrere Messreihen zur Ermittlung der Dampfverbrauchszahlen mit einer S 9 auf den Strecken Berlin Schlesischer Bahnhof – Fürstenberg und Grunewald – Belzig – Güsten. [6]

Untersuchungen und Messfahrten

Des weiteren fanden am 25. sowie vom 27. bis 29. September 1923 Versuchsfahrten mit den ersten, von der BMAG für die PKP gebauten Lok der Reihe Ty 23 in Anwesenheit von zwei Delegierten des Polnischen Eisenbahnministeriums auf der Strecke Sangerhausen – Hergisdorf und Sangerhausen – Blankenheim statt. Die VL Grunewald verglich dabei die Ergebnisse der Fahrt von Ty 23-2 mit den Werten einer G 12. Obwohl die Ty 23 nur eine Zweizylindermaschine war, fiel sie infolge ihres höheren Reibungsgewichtes und größeren Kessels leistungsfähiger als die G 12 aus. Kleinere Probleme am Schornstein sowie am Aschkasten konnten beseitigt und damit die Feueranfachung und Dampfentwicklung verbessert werden. [7]

Im gleichen Jahr gelangten auch die ersten bei Hanomag gebauten Maschinen der PKP-Reihe Ok 22 zu Ablieferung. Auch mit ihnen unternahm die VL einige Versuchsfahrten zwischen Grunewald und Mansfeld. Die Leistung der für die Konstruktion der Ok 22 zugrundeliegenden preußischen P 8 konnte bei Feuerung mit Braunkohlenbriketts gut gehalten werden. Der Lauf war, bedingt durch die höhere Kessellage, besser und selbst noch bei einer erreichten Höchstgeschwindigkeit von 102 km/h ausreichend gut. [8]

Auch in den folgenden drei Jahren setzten E.Z.A. und die Lokversuchsabteilung die Untersuchung bewährter und neuer Länderbahnbauarten fort. Dazu gehörten u.a.: [9]

1924
- Untersuchung der sä. XVIII H (BR 18⁰) mit Fahrten auf der Strecke Güsten – Mansfeld, Belzig – Güsten und Werder – Magdeburg
- Versuche an einer 1'C2'-Tenderlok für die DSB
- Versuchsfahrten mit einer Lok der Gattung T 14¹ auf den Strecken Brück – Belzig und Sangerhausen – Hergisdorf

- Ermittlung der Dampfverbrauchszahlen der P 10 auf der Strecke Bln Schlesischer Bf – Cüstrin – Kreuz – Landsberg

1924/25
- Versuchsfahrten mit der old. S 10 (BR 16⁰) auf der Strecke Güsten – Mansfeld und Grunewald – Belzig – Güsten
- Untersuchung der württembergischen K (BR 59⁰) auf den Strecken Sangerhausen – Mansfeld und Güsten – Mansfeld

1925
- Vergleichende Untersuchungen der G 8² und G 8³ sowie der G 10 auf der Strecke Sangerhausen – Mansfeld. Dabei zeigte der Vergleich zwischen der Zwei- und der Dreizylinderlokomotive eine geringe Überlegenheit der zweizylindrigen Bauart. Die Versuche wurden auch dazu benutzt, beide Lokgattungen einmal mit 12, zum anderen mit 14 at Kesseldruck zu betreiben, um die Wirtschaftlichkeit eines höheren Dampfdruckes zu ermitteln. [10]
- Untersuchung einer D-ht-Lok der LBE auf der Strecke Oldesloe – Bargteheide der LBE
- Ermittlung der Dampfverbrauchszahlen auf der Strecke Grunewald – Brück und Sangerhausen – Mansfeld
- Vergleichsversuchsfahrten zur Leistungs- und Verbrauchsermittlung an drei G 12, die bei der AEG, Borsig und Henschel nach einheitlichen Vorgaben ausgebessert worden waren

1926
- Blasrohr-Standversuche auf dem Bf Drewitz mit Lokomotiven der Gattung P 8 und G 12

Aus der Aufstellung wird ersichtlich, dass das E.Z.A. unter Zuhilfenahme der VL bemüht war zumindest bei den Schnellzugmaschinen der nicht-preußischen Länderbahnen vergleichbare Aussagen über die Leistungscharakteristik zu erhalten, auch wenn diese aufgrund der Versuchsdurchführung nicht sonderlich genau ausfielen, wie Düring später anmerkte. Allerdings unterblieb in den späteren Jahren, als die Bremslok-Beharrungsversuche möglich waren, erneute Untersuchungen ebenso, wie notwendige Änderungen an den Konstruktionen. [11]

---

6 Nordmann, H.: Die Tätigkeit des Eisenbahnzentralamts ... a.a.O.

7 1E- (2-10-0) 2 Zylinder-Heißdampfgüterzuglokomotive der Serie Ty 23 der Polnischen Staatsbahnen. Die Lokomotive. 21 (1924), S. 97

8 Steffan: 2C-Breitbox-Heißdampf-Schnellzuglokomotive, Reihe OK 22, der poln. St. B. Die Lokomotive. 21 (1924), S. 164

9 Nordmann, H.: Neuere Ergebnisse aus den Versuchen des Eisenbahn-Zentralamts mit Dampflokomotiven. GA. 50 (1926) II, S. 129; Nordmann: Ergebnisse aus Indizierversuchen mit Lokomotiven im Leerlauf. Organ. 82 (1927), S. 327

10 Nordmann: Das Lokomotivversuchswesen der Deutschen Reichsbahn. Die Reichsbahn. 2 (1925), S. 506

11 Düring, Theodor: Schnellzug-Dampflokomotiven der deutschen Länderbahnen 1907-1922. Stuttgart: Franckh, 1972, S. 187-198

Hin zur Reichsbahn-Einheitslokomotive

Weitere Standversuche mit der P 8 und der G 12 sollten zeigen, *„wie hoch und mit welchem Wirkungsgrad die Heizflächenbelastung hinaufgetrieben werden könne, und zwar im Vergleich zwischen dem Regelkessel und dem mit amerikanischem Feuerbüchssieder. Die Versuche bewegten sich daher nur im Gebiet hoher Belastungen bis hinauf zu betrieblich an sich nicht mehr zulässigen."* Die umfangreichen Messungen führten letztendlich zu dem Schluss, *„...thermisch aus der Untersuchung des Wirkungsgrades keinerlei Recht herzuleiten, die schmale Feuerbüchse als die wirtschaftlichere anzusehen und die Garbesche These von ihrer Ueberlegenheit aufrecht zu erhalten."* [12]

Im Jahre 1924 untersuchte die VL erneut den Einfluss einer Kesselisolierung auf die Wärmebilanz der Lokomotiven. Als Versuchslok hatte man die G 12 „Essen 5670" ausgewählt, an der am 23. Mai Abkühlversuche ohne und am 2. und 3. Juni mit Isolierung vorgenommen wurden. Es schlossen sich entsprechende Vergleichsfahrten am 16. Mai und 26. Juni 1924 an. Im Sommer 1925 gab man die umgebaute Lok dem Betriebsdienst zurück und beobachtete sie hier weiter. *Nordmann* urteilte nach den Grunewalder Versuchen, wie auch nach den Erfahrungen aus dem täglichen Betriebsdienst, dass die Ergebnisse, trotzdem er an anderer Stelle auf den hohen Verschleißgrad der Lok in der letzten Zeit des Betriebsdienstes hinwies, zeigten, dass ein Wärmeschutz für den *„gedrängten und hochbeanspruchten Lokomotivkessel"* nicht notwendig sei. [13] Trotz dieser Schlussfolgerung setzte man scheinbar die Untersuchungen mit Wärmeschutzisolierungen an Zylindern und Kessel fort, denn ein reger Schriftwechsel zwischen einzelnen RBD'en und dem RZA zwischen 1924 und 1926 weist auf den Fortgang des versuchsweisen Einsatzes von Wärmeschutzmatten an G 10-Lokomotiven und deren Beobachtung im Betrieb und bei der Ausbesserung hin. [14] Zu den unspektakulären Aufgaben der LVA gehörten auch über etliche Jahre Untersuchungen zur Verhinderung und Bekämpfung von Kesselstein. So überwachte die VL die Erprobung unterschiedlicher Kesselsteinmittel, wie auch den Versuchsweisen Einsatz von elektrischen Kesselwasser-Reinigungsanlagen im Betriebsdienst bei verschiedenen Direktionen. [15]

5.2 Die Riggenbach-Gegendruckbremse, die preußische T 20 und die bayerische Gt 2x4/4

Ein wichtiges Kapitel für den Eisenbahnbetrieb auf steigungsreicher Strecke in jenen Jahren sowie für das Versuchswesen bei der VL leitete die Arbeiten des Jahres 1922 ein. In diesem Jahr hatte das E.Z.A. eine Lok der Gattung T 16 mit Riggenbach-Gegendruckbremse ausrüsten lassen. Nach der leistungstechnischen Erprobung auf der Strecken Güsten – Mansfeld befuhr die VL den Streckenabschnitt Probstzella – Rothenkirchen der Hauptstrecke Berlin – München. Nachdem sich die ersten Versuchsfahrten als erfolgreich herausgestellt hatten, setzte die VL Anfang 1923 ihre Versuche auf weiteren Thüringer Strecken fort. Sie zeigten die Bewährung der Gegendruckbremse und führten zur Entscheidung des E.Z.A., alle weiteren beschafften T 16 sowie die T 20 mit dieser Bauart auszurüsten. [16] Damit konnte die Ablösung des Zahnstangenbetriebs auf einigen süddeutschen Strecken eingeleitet werden.

Zwei Jahre später, 1924, setzte man die Versuche fort. Es stand zu klären, ob nicht der Betrieb auf der stark befahrenen Steilrampe Probstzella – Rothenkirchen (RBD'en Erfurt und Nürnberg) durch den Einsatz der Gegendruck-

---

12 Nordmann: Neue theoretische und wirtschaftliche Ergebnisse aus Versuchen mit Dampflokomotiven. GA. 51 (1927), Sonderheft, S. 13

13 Nordmann: Der Wärmeschutz bei Dampflokomotiven. ZVDI. 70 (1926), S. 733 f

14 Schreiben EZA, 25.02.V/L 1068/24 vom 12. September 1924, Schreiben RBD Erfurt, II.23.Tm6.Nr. IIb 4229. vom 3. Oktober 1924, Schreiben RBD Berlin, 22.V.4188Tm2 vom 5. Oktober 1924, Schreiben EAW Cassel, -L-, vom 15. September 1925, Schreiben RBD Erfurt, 21.M6.IIb 3693. vom 15. Februar 1926, Schreiben EAW Cassel, -L-, vom 3.2.1926, Schreiben EAW Cassel, -L-, vom 29.10.1926, Schreiben E.D. Erfurt, Ma. Eisenach vom 9. September 1921, Schreiben Eisenbahnwerk Versuchsabteilung für Lokomotiven V.L.2/42.1924. vom 18. Juli 1924 Reichsbahndirektion Erfurt II. 21 T 110 II 2593 vom 24. Juli 1924, Ingenieurgesellschft für Wärmewirtschaft A.-G. vom 28. Mai 1925 Reichsbahnausbesserungswerk Brandenburg-West, Chemische Versuchsabteilung C.VI b 642/43. vom 27.6.25, Schreiben M.A. Erf vom 20.1.26 Reichsbahn-Maschinenamt Jena, den 8. November 1927

16 Nordmann, H.: Die Tätigkeit des Eisenbahnzentralamts ... a.a.O.

Die Riggenbach-Gegendruckbremse

bremse zum Abbremsen der dort geförderten schweren Güterzüge verbessert und die Zahl der Züge erhöht werden konnte. Zunächst fanden Versuchsfahrten zur generellen Klärung der Frage „wieviel Tonnen Zuggewicht vermag mit der Gegendruck- oder Druckluftbremse jeweils eine Lokomotive der drei Gattungen als Bremsfahrzeug mit Sicherheit aufnehmen?". Eingesetzt waren Lokomotiven der preußischen Gattungen G 10 und T 20 sowie die bayerische Gt 2x4/4. Die ersten Fahrten mit dem Messwagen II der VL fanden vom 23. bis 25. April 1924 statt. Dabei zeigte sich auch hier die eindeutigen Vorteile der Gegendruckbremse, so dass die Ausrüstung der auf dieser Strecke zum Einsatz kommenden Lok der Gattung G 10 betrieben wurde. Eine der ersten damit ausgestatteten Lok wurde vom 27. August bis zum 3. September 1924 zwischen Grunewald und Wiesenburg vor dem Messwagen I mehreren Messfahrten unterzogen. „Die Versuche wurden diesmal so vorgenommen, daß die Lokomotive mit Gegendruckbremse von einer G 12 Lokomotive mit dazwischen gekuppeltem Meßwagen geschleppt wurde" Damit wurden wichtige Werte zur Bremsnutzung der G 10 gewonnen.

„Am 18. und 19. Dezember 1924 sind dann auf der Probstzellaer Steilrampe noch Versuche mit einer geschleppten T 20 gemacht worden, bei denen das Einspritzwasser für die Gegendruckbremse nach dem Vorschlag des Erfurter Maschinenamtsvorstandes (Reichsbahnrat Schleifheimer) nicht in den Schieberkasten, sondern unmittelbar in die Zylinder durch die Deckel eingeleitet wurde. Der Zweck dieser Maßnahme sollte eine Herabsetzung der hohen Verdichtungstemperatur sein, und er ist, wie die Messungen ergaben, auch in vollem Umfange erreicht worden." Generell waren die durchgeführten Versuchsfahrten der VL nach Nordmanns Ansicht ein voller Erfolg. Die Gegendruckbremse erwies sich als „vorzügliche Senkbremse für größere Gefälle" und verhalf vor allem zur Abschaffung von Ballastwagen in den Zügen, die zum Erreichen der Bremsprozente in die damals nur mit wenigen druckluftgebremsten Wagen

Beim Zwischenhalt während einer Messfahrt nahm die T 20 in Schleusinger-Neundorf (Strecke Schleusingen – Rennsteig – Ilmenau) Wasser. Durch die Retusche ist auf dem Original leider nur noch die 77 als Loknummer zu erahnen.

Werkbild Hanomag, Slg. A. Gottwaldt

laufenden Züge eingestellt wurden. [17] Doch nicht nur für den generellen Betriebseinsatz waren diese Versuche von immenser Wichtigkeit, ebneten sie doch der leistungstechnischen Lokomotivuntersuchung neue Wege, indem *Koch* und *Günther* die hierbei gewonnenen Ergebnisse in die Versuchsmethode der Streckenversuche mit Bremslok überführten.

Die Strecke Probstzella – Pressig-Rothenkirchen sollte auch in den folgenden Jahre noch ein beliebter Schauplatz der Untersuchungen der VL bleiben. Nachdem die pr. T 20 ab 1923 in größerer Zahl zur Auslieferung gekommen war und auch im schweren Schiebedienst auf dieser Strecke zum Einsatz kamen, zeigten sich die Schwächen der bis dahin dort genutzten Baureihe 96^0 (bay. Gt 2x4/4). Das RZA entschloss sich daher zum Umbau der Maschinen und ließ sie u.a. mit größeren Hochdruckzylindern, Gegendruckbremse und verbesserter Sandung ausrüsten, die Überhitzerheizfläche des Kessels durch eine neue Rauchrohrteilung erhöhen und die Maschine mit einem Vorwärmer ausstatten. Zwei Jahre nach den Bremsversuchen fuhr eine Messgruppe der VL mit einer der so entstandenen Umbaulok bayerischer Bauart, der 96 023, ins thüringisch-fränkische Mittelgebirge. Erste Messfahrten mit der Umbaulok fanden u.a. vom 13. bis 17. Dezember 1926 auf ihrer Stammstrecke Probstzella – Rothenkirchen und vom 5. bis 8. sowie am 21. Januar 1927 zwischen Grunewald und Güterglück statt. Die Versuchsergebnisse zeigten den Erfolg der Umbaumaßnahmen, so dass weitere Lokomotiven ertüchtigt wurden. [18]

5.3 Versuche mit Braunkohlenfeuerung

Die ersten dreißig Jahre unseres Jahrhunderts stellen sich als eine sehr experimentierfreudige Epoche im Dampflokbau in Deutschland dar. Die Reichsbahn unterstützte die damaligen Versuche in großzügiger Form, sah sie sich doch durch die gegebene wirtschaftliche Lage gezwungen, die Effizienz der einzusetzenden Lokomotiven auf ein

Die preußische G 10 „Magdeburg 5475", die spätere 57 2008, erhielt 1921 einen Rauchgas-Vorwärmer, der sich jedoch nicht bewährte

Slg. D. Hörnemann

Versuche mit Braunkohlenfeuerung

Höchstmaß zu steigern. Rückblickend betrachtet verfolgte man neben der Entwicklung der neuen Einheitslokomotiven insbesondere die Verbesserung des thermischen Wirkungsgrades der Dampfmaschinen sowie die Verwendung „minderwertigerer" Brennstoffe für die Lokomotivfeuerung. Dies alles spiegelte sich in einer verstärkten Versuchstätigkeit der Grunewalder Ämter wider.

Die veränderte Lage in der Kohlenversorgung nach dem Ersten Weltkrieg führte seit 1920 zu Versuchen, Lokomotiven statt mit Steinkohle mit Braunkohlenbriketts zu befeuern. Nachdem einzelne Reichsbahndirektionen zwischen 1920 und 1922 solche Versuche unternommen hatten, entschloss sich das RVM im September 1922, dem RZA den Auftrag für gleich geartete Versuche bei der VL in Grunewald zu geben. Als Versuchslok wurde die G 7 „Berlin 4401" ausgewählt und entsprechend umgebaut.

Der Umbau umfasste insbesondere einen neuen Rost mit engerer Teilung, die Tiefersetzung des Blasrohres und gleichzeitige Vergrößerung der Blasrohr- und Schornsteindurchmesser, um einen geringeren Blasrohrdruck zu erzielen, sowie den Einbau eines Prallblech-Funkenfängers Bauart Langer. Die Versuche begannen am 2. Dezember 1922 zwischen Grunewald und Wiesenburg noch mit Steinkohlen- und ab dem 12. Dezember 1922 dann mit Braunkohlenbrikettfeuerung.

Hierbei zeigte sich zwar, dass bei gleicher Zughakenleistung die Braunkohlenbriketts die Steinkohle ersetzen konnten, jedoch vom Heizer ein wesentlich größerer Arbeitsaufwand gefordert wurde. Andererseits war der Funkenflug so groß, dass man weitere Versuche mit neuen Funkenfängern durchführen musste, die ab Februar 1923 stattfanden. Nach Ende der Versuche sollte die Lok nach Merseburg verlegt werden, um sie dort im Verschiebedienst einsetzen zu können, was jedoch unterblieb. Insgesamt wiesen die ersten Versuche aus, dass bei Verwendung genügend guter Funkenfänger der Funkenflug aufgrund der verwendeten Kohle auf ein Minimum beschränkt werden konnte, die Leistung der Lok aber auf zwei Drittel der Leistung bei Steinkohlenfeuerung absank. Somit erklärte das RVM im November 1923 die Braunkohlenfeuerung für den Streckendienst als untauglich und erachtete sie höchstens im leichten Verschiebedienst bei Lokomotiven mit großer Rostfläche für geeignet. Trotzdem setzte die LVA Anfang November 1923 die Versuche an der gleichen Maschine mit weiteren Funkenfängern fort, und fand in einer Konstruktion mit Schaufelrad den gewünschten Erfolg. Im Mai 1924 konnte die Lok dann nach Merseburg abgegeben werden, nachdem die generelle Möglichkeit der Braunkohlenfeuerung im Verschiebe- und Nebenbahndienst aufgezeigt war. Für den Streckendienst sah man aufgrund des zum Feuern notwendigen zweiten Heizers von der Empfehlung hingegen ab.[20]

Weitere Funkenfängererprobungen im Rahmen eines allgemeinen Wettbewerbs führte die LVA seit November 1924 auf der Strecke Halle – Merseburg durch. Die Versuchsfahrten begannen am 12. November 1924 an einer Lokomotive der Gattung G 7 der RBD Halle sowie zusätzlich an einer Lok der Gattung T 16. Es schlossen sich Fahrten mit der G 7 am 29. Dezember 1924 sowie am 2. Februar und 3. Juni 1925 an. In der abschließenden Sitzung am 4. Juni 1925 zog man das Resümee: Die erprobten Funkenfänger seien noch nicht vollständig betriebstauglich. Am 17. und 21. April 1925 hatte die LVA noch zusätzlich auf der Strecke Grunewald – Wiesenburg Fahrten mit dem in eine T 16 (Essen 8683) eingebauten Funkenfänger schwedischer Bauart unternom-

17 Nordmann, H.: Die Lokomotiv-Gegendruckbremse im Hauptbahnbetrieb. Organ. 80 (1925), S. 234
18 Nordmann, H.: Versuchsfahrten mit der verstärkten Gt 96⁰ (2x4/4)-Lokomotive des ehemals bayerischen Netzes der Reichsbahn. Organ. 82 (1927), S. 231
19 Nordmann: Lokomotivfeuerung mit Braunkohlenbriketts unter besonderer Berücksichtigung der Funkenfängerfrage. GA. 49 (1925) II, S. 225
20 Nordmann: Lokomotivfeuerung mit Braunkohlenbriketts unter besonderer Berücksichtigung der Funkenfängerfrage. GA. 50 (1926) I, S. 5

Hin zur Reichsbahn-Einheitslokomotive

men. Hierbei lagen die erzielten Leistungswerte sehr günstig. Weiterhin hatte die LVA die im Bezirk Altona mit Braunkohlenfeuerung eingesetzte T 12 untersucht, wobei die Ergebnisse nicht zugunsten der Bauart ausfielen. Nach Einbau eines Funkenfängers der Bauart „Peters" in Grunewald sank zwar die Menge an ausgeworfenen Funken, doch trat hiermit auch eine deutliche Leistungsminderung gegenüber Steinkohle auf.

Die allerdings auftretende Rauchbelästigung versuchte man mit Windleitblechen, wie sie bei der P 10 verwendet wurden, abzustellen. Insgesamt bewertete *Nordmann* auch nach Abschluss dieser Versuche die Anwendbarkeit der Braunkohlenfeuerung nur im Nebenbahn- und Verschiebedienst als möglich.

Wie weit die Bemühungen nach anderen Feuerungsarten auch zu Reichsbahnzeiten gingen, mag auch eine kurze Anmerkung von *R. P. Wagner* zeigen, die er in einem Aufsatz im Jahre 1925 über die Torfstaubfeuerung in Schweden machte. Wagner konnte als Mitglied einer Studienkommission nach Schweden reisen und die dortige Anwendung studieren. Er meinte, dass *„die Torfverwertung als Lokomotivfeuerung für einige Teile Deutschlands, in erster Linie Ostpreußen, in zweiter auch für Friesland ernsthaft zu erwägen"* sei. Und so empfahl er die Nutzung in Ostpreußen u.a. für die dort vorhandenen Maschinen der Gattung G 10 und P 6. [21]

5.4 Die Erprobung der Einheitslokomotiven für die Deutsche Reichsbahn und vergleichende Untersuchungen an Länderbahnlokomotiven

Als die Reichseisenbahnen 1920 geschaffen wurde, gehörten in ihren Bestand 210 verschiedene Lokomotivgattungen, einschließlich der Untergattungen. Wirtschaftliche Überlegungen in Bezug auf Beschaffung, Instandhaltung und Betrieb führten durch Zusammenarbeit der Reichsbahn und des von den deutschen Lokomotivbaufirmen gegründeten „Vereinheitlichungsbüros für Reichsbahnlokomotiven" zur Aufstellung eines Typenprogrammes für Dampflokomotiven, das sich an strikter Normierung und Typisierung der Bauteile und Baugruppen der unterschiedlichen Lokomotiven orientieren sollte. Zwar war bei der Beschaffung von neuen Lokomotiven ein Rückgriff auf bereits bewährte modernere Länderbahnbauarten möglich und wurde auch anfänglich genutzt, doch verwarf man diese Möglichkeit für ein generelles Beschaffungsprogramm. [22]

Die ersten neuen Einheitslokomotiven der Reichsbahn, die durch die VL untersucht wurden, waren die Schnellzuglokomotiven 01 001 und 02 002 sowie die schwere Güterzuglokomotive 44 004. Die Versuchsfahrten begannen mit der 02 002 im November 1925 auf der Strecke Berlin-Anhalter Bahnhof – Halle. Zur Belastung setzte man bei diesen Fahrten zwischen 63 und 89,4 km/h noch Reisezugwagen ein, die ein Zuggewicht über 600 t erbrachten. Zusätzlich zu den Versuchen vor dem Messwagen führte man im Bahnhof Seddin Standversuche bei ausgebauten Schiebern zur Ermittlung des Kesselwirkungsgrades durch. Die ersten Ergebnisse zeigten eine mängelfreie Konstruktion mit einer guten Leistung. Von März bis Juni 1926 schlossen sich dann

1928 lieferten Schichau und LHB die ersten Nebenbahn-Schleppendermaschinen der Baureihe 24 an die DRG. Mit 24 001 gelangte die erste Lok dieser Baureihe 1928 zur VL, um der Aufnahme der Leistungs- und Verbrauchswerte unterzogen zu werden.

Slg. A. Gottwaldt

Ab März 1926 stand auch die Zweizylinder-Schnellzuglokomotive 01 001 den Grunewaldern zur Verfügung

Slg. A. Gottwaldt

die ersten Fahrten mit der später zur Ablieferung gelangten zweizylindrigen Schwesterbauart, der Baureihe 01, an. Vor dem Messwagen 2 untersuchte die VL die 01 001 auf der Strecke Berlin Ahb – Halle –Weißenfels – Erfurt, wo bereits bei der ersten Fahrt das rechte Treibstangenlager heiß lief. Nach Behebung der Mängel schlossen sich Fahrten mit unterschiedlichen Wagenlasten auf der Strecke Erfurt – Gotha – Eisenach an. Bei allen Fahrten betrug der Kesseldruck noch wie konstruktiv vorgesehen 14 atü. Insgesamt war die Streuung der Messergebnisse recht groß, so dass die ermittelten Leistungs- und Verbrauchswerte schlechter ausfielen als bei den später durchgeführten systematischen Versuchen vor der Bremslok. Die Heraufsetzung des Dampfdruckes auf 16 atü bei den Fahrten ab dem 8. Juni 1926 erbrachten eine Senkung des Dampfverbrauches von rund 15 % bei kleinen bis zu rund 2 % bei größeren Leistungen. Auch bei der Erprobung der 01 nutzte man noch eine Anzahl Reisezugwagen zur Belastung der Lokomotive, wobei auch mit der 01 001 zum Vergleich zu 02 002 ein 600-t-Zug auf der Strecke Berlin Ahb – Halle bei Geschwindigkeiten von 80, 90 und 100 km/h gefahren wurde. [23][24]

Spätere Vergleichsfahrten zwischen 01 001 und 02 002 zeigten, dass die 02 im mittleren Geschwindigkeitsbereich der 01 im Verbrauch und in der effektiven Leistung überlegen war, bereits ab 80 km/h jedoch die Überlegenheit der 01 begann. Neben den Messfahrten auf der Grunewalder Stammstrecke nahm die VL auch Betriebsmessfahrten vor Regelzügen auf den Strecken in Thüringen vor, so mit 02 002 am 7. Oktober 1926 und mit 01 001 am 8. Oktober zwischen Erfurt und Bebra. Für 44 004 wählte man die Strecke Saalfeld – Steinbach – Rothenkirchen am 9. Oktober 1926. [25] Mit Anlieferung der ersten Maschinen der BR 43 im Jahre 1927 begannen die lauftechnischen Untersuchun-

21 Wagner, R. P.: Die Torfstaubfeuerung bei den Lokomotiven der Schwedischen Staatsbahnen. Organ. 80 (1925), S. 213
22 Fuchs, D. F.; R. P. Wagner: Die 2C1-Einheits-Schnellzuglokomotive der Deutschen Reichsbahn. ZVDI. 70 (1926), S. 1725; s.a.: Scharf, Hans-Wolfgang; Hansjürgen Wenzel: Lokomotiven für die Reichsbahn, EK-Verlag, Freiburg, 1996/1997
23 Düring, Theodor: Die deutschen Schnellzug-Dampflokomotiven der Einheitsbauart. Franckh. Stuttgart, 1979, S. 133
24 Nordmann, H.: Die Lokomotiv-Meßwagen der Deutschen Reichsbahn-Gesellschaft. Organ. 81 (1926), S. 406
25 Deutsche Reichsbahn-Gesellschaft. Niederschrift über die 10. Beratung des Ausschusses für Lokomotiven am 7., 8., und 9. Oktober 1926 in Erfurt
26 Weisbrod, Manfrred; Wolfram Brozeit: Die Baureihe 44. Berlin:, transpress, 1983, S. 24-30

Einem Unbekannten haben wir eine ganze Serie von Aufnahmen von den Versuchsfahrten mit den ersten Einheitslokomotiven sowie Länderbahnmaschinen aus den Jahren 1927 bis 1930 zu verdanken. Der überwiegende Teil der Fotos entstand in Magdeburg. Hier zeigte sich auch 64 020 vor dem Messwagen. Die Baureihe 64 war in diesem Zeitraum die meistbeschaffte Baureihe unter der Einheitslokomotiven

Slg. A. Gottwaldt

gen der beiden Güterzuglok-Baureihen mit 43 007 und 44 004. Dabei erreichte die 43 den bis dahin besten Gesamtwirkungsgrad aller Einheitslokomotiven. Hingegen zeigte die Dreizylindermaschine die größere Leistung bei niedrigerem Dampf- und Kohleverbrauch. [26]

Beim Bau der ersten Lieferserie der neuen Einheitsschnellzugmaschinen erhielt Wagner die Möglichkeit, den von ihm favorisierten Langrohrkessel bauen zu lassen, mit dem 02 010 ausgerüstet wurde. 1927 kam die Lok zur VL wo sie ebenfalls einer Reihe von Standversuchen Ende August auf dem Bahnhof Seddin unterzogen wurde, die der Untersuchung des neuen Kessels dienten. *Wagner* stellte dabei zwar einen Vergleich mit dem Regelkessel auf, hob aber andererseits hervor, dass die Ergebnisse der Standversuche nicht auf diejenigen der Fahrversuche zu übertragen wären. Ab dem 6. September 1927 unternahm man dann Fahrversuche bei Geschwindigkeiten von 60 km/h vornehmlich zur Untersuchung der Dampfmaschine, wobei Vergleiche mit 02 002 gefahren wurden. Dabei nutzte die VL erstmalig die Möglichkeit, Beharrungsfahrten durch Belastung mit einer Bremslokomotive durchzuführen. Ob es die Unsicherheit im Umgang mit der neuen Versuchsmethode war oder man den Bremslokomotiven keine größere Beanspruchung zutraute: Ab dem 13. September setzte man die Fahrten bei 60 sowie bei 80 km/h wieder mit Wagenlasten fort. Erst im Frühjahr 1928 kam dann bei Beharrungsfahrten im Geschwindigkeitsbereich von 80 und 100 km/h auf der Strecke Grunewald – Magdeburg wieder die Bremslok zum Einsatz. *Wagner* schloss in seiner publizistischen Auswertung, *„daß die beim Entwurf des Versuchskessels angestrebten Vorteile mit Sicherheit erreicht worden sind."*[27]

Unerwähnt blieb in dem Aufsatz *Wagners* allerdings, dass Vergleichsuntersuchungen, die die VL noch 1928 aufgrund der nun beherrschten Untersuchungsmethode mit Bremslok zwischen 01 021 und 02 010 anstellte, in Bezug auf den Wärmeverbrauch der beiden Lokomotiven zeigten, dass die Maschine mit dem Regelkessel im niedrigen Leistungsbereich besser war, im höheren nur unwesentlich über dem der Baureihe 02 lag, so dass die Baureihe 01 insgesamt besser abschnitt.

Auch mit 01 021 fuhr man nun Beharrungsgeschwindigkeiten von 80 km/h zwischen Potsdam – Burg – (Magdeburg). Allerdings brach man die Versuche an 01 021 nach dieser Messreihe ab und setzte erst im Herbst 1929 die Un-

Die Erprobung der Einheitslokomotiven

tersuchungen der Baureihe 01 mit 01 018 bei 60 und 100 km/h, sowie zum nochmaligen Vergleich zu 01 021 mit 80 km/h, fort. [28][29] Den trotzdem gefassten Beschluss, alle künftig zu bauenden 2'C1'-Lokomotiven mit Langrohrkesseln auszurüsten, den Wagner bereits in seinem Aufsatz andeutete, setzte man dann bei der der Baureihe 01 ab der dritten Lieferserie (Bj. 1930/31) um.

Die starke Neigung der ersten Maschinen der 01 zum Schleudern beim Anfahren und Beschleunigen, die bereits bei den ersten Versuchen spürbar geworden war, untersuchte die VL an 01 018 eingehender. Im Ergebnis der Untersuchungen entschloss man sich, aus dem letzten Lieferlos der ersten Bauart mit kleinen Laufrädern, im Jahre 1931 eine Lok mit Dampfzylindern von 600 statt 650 mm Durchmesser auszurüsten und der VL zu eingehenden Vergleichsmessungen zuzuweisen. Mit dieser Lok, der 01 093, befuhr man wiederum die Strecke nach Magdeburg vor dem Messwagen 2 und der Bremslok, wobei, wie Düring aus Blickrichtung der fünfziger Jahre feststellte, die Mitarbeiter der VL diese Untersuchungen *„mit größter Gründlichkeit und umfassender"* ausführten als bei den vorangegangenen Fahrten mit der BR 01.

Die Fahrten mit der geänderten Konstruktion wiesen recht günstige Ergebnisse auf, so dass man die zukünftigen Lieferungen mit 600 mm Zylinderdurchmesser baute.

Da man jedoch ein genaueres Bild der neuen Bauart haben wollte, holte man die Maschine nach annähernd geleisteten 100.000 km bei Bw Frankfurt (M) 1 erneut zur VL Grunewald und fuhr weitere Messreihen mit der nunmehr abgenutzten Maschine. Auch hier waren die Ergebnisse sehr zufriedenstellend: Der mechanische Wirkungsgrad, in dem der Laufwiderstand und somit auch die Reibungsverluste abgenutzter Lager eingeht, war nur im mittleren Belastungsbereich geringfügig schlechter geworden, hingegen wies die eingelaufene Maschine beim Dampf- und Wasserverbrauch eine Ersparnis von 3 % auf. Die Maschine wurde nach den Messfahrten wieder dem Bw Ffm 1 zurückgegeben und kam nach 405.600 km Laufleistung vor der fälligen Hauptuntersuchung nochmals zur VL. Diesmal zeigten die Messfahrten deutliche Auswirkungen der Abnutzung an der Maschine, was sich vornehmlich im höheren Dampfverbrauch äußerte. [30]

Neben den eingehenden Versuchs- und Betriebsmessfahrten mit den neuen Maschinen der Baureihen 01 und 02 stand der VL in den Jahre 1931 und 1932 mit 01 087 eine Lokomotive zur Verfügung, an der eine Reihe von neuen Baugruppen und Komponenten erprobt werden konnten.

Dazu gehörte auf Anregung von Krupp und des RAW Braunschweig die Erprobung von Rauchrohr-Einsätzen, durch die eine weitere Temperatursteigerung des Heißdampfes im Überhitzer erreicht werden sollte, die sich jedoch nicht bewährten. Weiterhin untersuchte man an dieser Lok den in 01 087 – 089 eingebauten Friedmann-Abdampf-Injektor, wobei dessen allgemeine Funktionstüchtigkeit und der mögliche Wärmegewinn gegenüber dem Oberflächenvorwärmer herkömmlicher Bauart mit Kolbenspeisepumpe im Vordergrund der Versuchsfahrten stand. Es erwies sich jedoch, dass der Abdampf-Injektor keinen besseren Wärmerückgewinn bot, so dass man Mitte der dreißiger Jahre die drei Versuchsmaschinen trotz der im Betrieb gut bewährten und nur geringen Unterhaltungsaufwand benötigenden Injektoren der Serienbauart anpasste. Ferner erprobte man an 01 087 Druckausgleicher der Bauart Krupp und Druckausgleich-Kolbenschieber der Bauart Müller. [31]

---

27 Wagner, R.P.: Die neuere Entwicklung des Lokomotivkessels bei der Deutschen Reichsbahn. ZVDI. 73 (1929), S. 1217

28 Düring, Theodor: Schnellzug-Dampflokomotiven der Einheitsbauart. S. 134-136

29 Weisbrod, Manfred; Wolfgang Petznick: Baureihe 01. Berlin. transpress. 1981, S. 35

30 Düring, Theodor: Schnellzug-Dampflokomotiven der Einheitsbauart. S. 136-139

31 Düring, Theodor: Schnellzug-Dampflokomotiven der Einheitsbauart. S. 146/147

Hin zur Reichsbahn-Einheitslokomotive

Nach Einführung der Messmethode mit Bremslokomotive und der Möglichkeit der genaueren Messungen im Beharrungszustand untersuchte die LVA von 1927 bis 1930 alle inzwischen entstandenen Einheitsbaureihen und etliche, zum Teil erst an die DRG abgelieferte Länderbahnmaschinen, davon einige Baureihen zum wiederholten Male. Im einzelnen wurden hierbei untersucht:

01 001, 01 021, 02 002, 02 010, 17 1206, 18 518, T18 1001, 24 001, 38 1541, 39 102, 43 001, 44 004, 55 2657, 56 113, 56 2209, 56 2906, 57 3126, 62 001, 64 019, 70 132, 86 001, 96 023.

Tagelange Messfahrten und eine umfangreiche neuerliche Aufbereitung der Messergebnisse prägte in den drei Jahren die Arbeit von *Karl Günther* und seinen Messingenieuren *Kempf, Solveen, Boy, Nocon* und *Koesters*. Bei *Hans Nordmann* im RZA waren *van Hees* und *Woschni* mit der Auswertung der Messergebnisse betraut, und so manche Publikation, die die Leistungen der neuen Reichsbahnmaschinen herausstreichen sollte, war vorzubereiten.

So standen 1927 und 1928 Messfahrten mit der bayerischen S 3/6-Lok 18 518 auf der Tagesordnung.

Vom 11. Februar bis 25. Mai 1928 erfolgten einige Fahrten mit der 64 019. Es schloss sich die Untersuchung der „badischen" 70 132 von Mai bis Juli 1928 an. Die Baumusterlok 86 001 unterzog die LVA von Mitte Juli 1928 bis Ende Mai 1929 eingehenden Erprobungen. Ebenfalls wurden 62 001 und 62 002 im gleichen Jahr untersucht, und dies mit sehr zufriedenstellenden Ergebnissen und dem höchsten Gesamtwirkungsgrad der Einheitsmaschinen, wie Nordmann hervorhob.

Zu nennen sind auch die zwischen dem 12. Oktober und dem 16. November 1928 ausgeführten 42 Beharrungsfahrten mit 39 102 über den gesamten Leistungs- und Geschwindigkeitsbereich auf der Strecke Grunewald – Potsdam – Burg – Magdeburg.

Um die benötigten Belastungswerte bei der nochmaligen Untersuchung dieser Lokomotivgattung zu erreichen, mussten zusätzlich zur Bremslok noch einige D-Zugwagen in den Messzug eingestellt werden. Bei den Fahrten wies die untersuchte 39 102 relativ schlechte Leistungs- und Verbrauchswerte auf, womit die bereits 1922 erzielten unbefriedigenden Ergebnisse bestätigt wurden. [32][33][34][35][36]

Ein umfangreiches Typenprogramm hatte die DRG auch mit Blick auf die Ablösung alter Länderbahnmaschinen im Verschiebedienst aufgestellt. Im Jahr 1927 kam die erste Einheits-Verschiebelok zur Auslieferung. Für die VL in Grunewald hiess es nun, auch diese Lokomotiven vor dem Messwagen zu untersuchen. Den Anfang machte 87 001, nachdem sich die Ablieferung der ersten Einheits-Verschiebelok 80 006 verzögert hatte. Sie stand der VL, einschließlich einer zwischenzeitlichen Nachbesserung beim Hersteller, von Anfang März 1928 bis Mitte August 1929 zur Verfügung. Erste Messfahrten nahm die VL am 21., 24. bis 27. und am 30. April sowie am 1. Mai 1928 vor. Die dabei zu Tage getretenen Mängel führten zu einer Überweisung ans Herstellerwerk. Nach ihrer Rückkehr im Februar 1929 fand eine Betriebserprobung beim Bw Lehrter Bf statt. Erst am 23., 29. und 30. Mai sowie am 11. Juni 1929 setzte die VL die Lok nochmals vor den Messwagen.

Kurz vor dem Ende des Versuchsprogramms mit 87 001 kam dann endlich auch 80 006 nach Grunewald. Aus Halle war sie Ende Mai eingetroffen und blieb nun in Grunewald bis zum 20. August 1929.

Zwischen dem 5. Juli und dem 9. August 1929 führte die VL die Messfahrten vor dem Messwagen 1 im Anschluss an

---

32 Nordmann, H.: Theorie der Dampflokomotive auf versuchsmäßiger Grundlage. Deutsche Reichsbahn-Gesellschaft. o.O., 1930; Betriebsbuchauszüge; Weisbrod: 01

33 Nordmann: Heißdampf und Verbundwirkung. Die Lokomotive. 38 (1941), S.153

34 Düring, Theodor: Schnellzug-Dampflokomotiven der deutschen Länderbahnen 1907-1922. Stuttgart: Franckh. 1972, S. 57/58, S. 233/234

35 Melcher, Peter: Die Baureihe 64. Freiburg. [1987]

36 Knipping, Andreas: Die Baureihe 70. Freiburg. 1998

37 Ebel, Jürgen-Ulrich; Peter Bauchwitz: Einheitsloks für den Rangierdienst. Freiburg. 1999, S. 47-53

38 Versuchsbericht Fklvpt. 222. VL H a vom 21. Juli 1931. widergegeben in Melcher, Peter: Die Baureihe 64. Freiburg: EK-Verlag, [1987], S. 41

die Arbeiten mit der 87er durch. Am 24. September 1929 traf dann aus Goslar mit 81 004 die vierachsige Variante der Einheits-Verschiebelok in Berlin ein. Die Maschine, die zuvor schon ein Jahr im Betriebsdienst gestanden hatte, wurde vom 8. Oktober bis zum 19. November 1929 an 16 Tagen dem gleichen Versuchsprogramm auf den Strecken Drewitz – Belzig und Potsdam – Burg wie die 80er unterzogen. [37]

Neben den zahlreichen neuen Einheitslokomotiven verlor man allerdings auch die alten, zumeist preußischen Bauarten nicht aus dem Blickfeld. So wurde die 74 1089 vom 3. März bis 28. April 1931 vor dem Messwagen 1 zwischen Potsdam und Burg zur Aufnahme der Lokomotivcharakteristik untersucht.

Der Vergleich mit den Werten von 64 019 zeigte wesentlich schlechtere Wirkungsgrade und einen höheren Kohleverbrauch der T 12. [38]

5.5 Neue Lokomotivbauarten in Grunewald

5.5.1 Hochdruck- und Turbinenlokomotiven

Beim Rückblick auf die Entwicklungen im Lokomotivbau der damaligen Zeit muss die Experimentierfreudigkeit und konstruktive Vielfalt im deutschen Lokomotivbau der zu Ende gehenden zwanziger Jahre hervorgehoben werden. So entstanden in einer Zeit, als die Reichsbahn auf der Suche nach der *„blauen Blume der Wärmewirtschaft"* war, wie sich *Nordmann* ausdrückte, durch Um- und Neubauten die unterschiedlichsten Ausführungsformen. Auffallend sind in der Reihe der damals gebauten Lokomotiven insbesondere die Bauarten von Mittel- und Hochdruckdampflokomotiven sowie die Turbinenlokomotiven, die im Gegensatz zu den Einheitsbaugrundsätzen standen, jedoch zeigten, wozu die Lokomotiv-

Man zeigte sich gern neben den neuen Errungenschaften der DRG. Hier haben sich neben der H17 206 Vertreter von Industrie und Reichsbahn versammelt, darunter, ganz rechts, Ministerialrat Friedrich Fuchs. Im Hintergrund links Friedrich Witte.

Slg. A. Gottwaldt

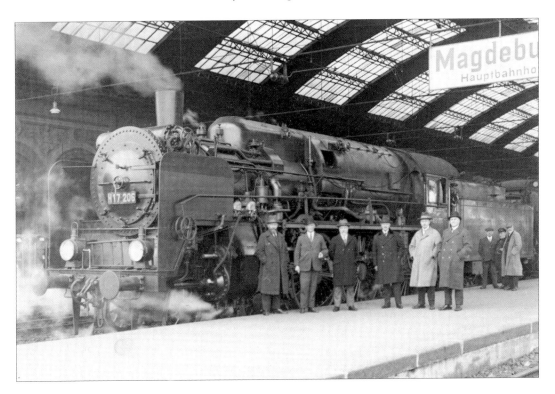

Hin zur Reichsbahn-Einheitslokomotive

Nach erfolgtem Umbau kam die T18 1001 erst 1928 wieder nach Grunewald.

Slg. D. Winkler

39 Wagner, R.P.; Witte: Über die Erweiterung des nutzbaren Druckgefälles bei Dampflokomotiven. GA. 50 (1927), Sonderheft, S. 29
40 Wagner, R.P.; Witte: Über die Erweiterung des nutzbaren Druckgefälles bei Dampflokomotiven. GA. 50 (1927), Sonderheft, S. 29
41 Nordmann, H.: Die Versuche mit der Turbinenlokomotive von Krupp-Zoelly. ZVDI. 74 (1930), S. 173
42 Wagner, R.P.; Witte: Über die Erweiterung des nutzbaren Druckgefälles bei Dampflokomotiven. GA. 51 (1927), Sonderheft, S. 29
43 Weisbrod, Manfred; Hans Müller; Wolfgang Petznick: Dampflokarchiv 1. Berlin: transpress, 1983

baufirmen und die Technik jener Jahre imstande waren.

Die Reichsbahn selbst war stark interessiert an diesen Experimenten, erhoffte man sich doch Ersparnisse in Betrieb und Instandhaltung aus neuen Konstruktionen. *„Kohlennot und Kohlenpreis haben schließlich den Hauptanstoß zur Einführung der Kondensation und damit der Turbine in den Lokomotivbetrieb gegeben. Nachdem sich bei dem wachsenden Aufwand für Brennstoffe ein finanzieller Gewinn aus der Kupplung der Turbine mit der Kolbenmaschine erwarten ließ, konnte man der Durchkonstruktion eines solchen Fahrzeuges näher treten."* [39]

Für dieses erste Fahrzeug wählte man bewusst eine in über 3000 Exemplaren bei der Reichsbahn im Dienst stehende Lokgattung aus, die die Grundlage für den Umbau in eine Turbinenlok bilden sollte. Aus einer Lok der Reihe 38[10-40], ehem. pr. P8, der 38 3255, entstanden bei Henschel & Sohn in Kassel die konstruktiven Entwürfe, wie auch die Bauausführung der Traditionsfirma oblag. Aus konstruktiven Gründen wählte man nicht die Lokomotive für die Ausrüstung mit einem Turbinenantrieb, sondern den Tender, der mit seinem für den Antrieb ungenutzten Gewicht nach amerikanischen Vorbild mit herangezogen werden sollte. Die Lokomotive selbst erhielt nur wenige Änderungen, so eine Saugzuganlage vor der Rauchkammer, die den nötigen Unterdruck anstelle des in den Kondenstender umgeleiteten Abdampfes der Triebzylinder erzeugen sollte. Der Abdampf selbst wurde über Rohrleitungen zum Turbinentender geleitet. Der Abdampf selbst konnte in einer unter dem Kohlenkasten des Tenders gelegenen dreistufigen Turbine entspannt werden. Über ein Zahnradgetriebe wirkte die Turbine auf eine Blindwelle, die wiederum über Kuppelstangen zwei Tender-Triebräder mit 1400 mm Durchmesser antrieb. Der Abdampf der Turbine wurde in einer Kondensationsanlage auf dem Tender rückgekühlt und dem Kessel als Speisewasser wieder zugeführt. Man erwartete eine Zusatzleistung des Tenders von 600 PS bei gleichem Kohlenverbrauch der Lokomotive. Allerdings war man sich von vornherein darüber im klaren, dass die Bauform nicht für eine Serienausführung geeignet war. *„Wenn auch die verwickelte Bauform des Triebtenders unter den heutigen Verhältnissen eine Einführung solcher Aggregate in größerem Maßstab nicht gerechtfertigt erscheinen läßt, wird dieser Versuch doch in mancher Beziehung zu neuen Erkenntnissen führen, die sich an anderen Stellen auswerten lassen."*

Neue Lokomotivbauarten

Der Turbinentender war 1927 durch Henschel fertiggestellt.[4] Die ersten Probefahrten befriedigten allerdings noch nicht. Es schlossen sich längerfristige Umbauten an der Lokomotive an, so dass sie erst wieder 1931 zur Verfügung stand. Die Versuchsabteilung in Grunewald führte bis 1935 mehrfach Messfahrten mit der Lok durch, die in späteren Stadien dann durchaus zufriedenstellende Ergebnisse erzielten.

Im Jahre 1926 begannen Versuchsfahrten mit der von Krupp 1923 gebauten Turbinenlok der Bauart Krupp-Zoelly (T18 1001). Ernste Mängel machte mehrere Umbauten erforderlich (u.a. Gehäuse der Hauptturbine), so dass die Lok erst 1928 wieder zur Verfügung stand. Beharrungsfahrten fanden zwischen Potsdam und Burg statt, denen sich Versuchseinsätze vor Schnellzügen auf der Strecke Berlin – Hannover – Bremen anschlossen. Ein Vergleich zeigte, dass der Kohleverbrauch im Beharrungszustand gegenüber einer P 10 um 33-40 % sank, im Tagesdienst allerdings die Ersparnis sich auf die Hälfte reduzierte. *Wagner* und *Witte* hoben hervor, dass „*das Herauswirtschaften von Ersparnissen sehr stark von der Schulung des Personals abhängt.*" Insgesamt machten die Versuche mit der Turbinenlok die Einsatzfähigkeit dieser Bauart deutlich.[41][42]

Von Mitte Oktober bis Mitte November 1928 führten die Mitarbeiter der LVA insgesamt 42 Vergleichsfahrten zwischen der Turbinenlok sowie der 39 102 durch. Sie zeigten anschaulich die wirtschaftliche Überlegenheit der Turbinenlok gegenüber der P 10.[43] Allerdings hatte man seitens des RZA auch erkannt, dass die wärmewirtschaftliche Seite des Lokomotivdienstes nur zu ein Viertel bis ein Fünftel in die Gesamtkosten des Lokomotivdienstes eingingen, auf der anderen Seite jedoch u.a. die Anschaffungs-, Unterhaltungs-, Ausbesserungs- und die Personalkosten standen, die weit höher lagen, als bei Lokomotiven konventioneller Bauart.[44] Somit war die Entscheidung zur konsequenten Weiterverfolgung des Einheitstypenprogramms im Lokomotivbau aus wirtschaftlicher Sicht nur richtig, konnten gerade hier durch die Vereinheitlichung Einsparungen in Anschaffung, Lagerhaltung und Ausbesserung erzielt werden.

Die zweite, von Maffei in München gebaute, Turbinenlokomotive der DRG, T18 1002, wurde nach ihrer Ablieferung im März 1929 und ersten Probefahrten zwischen München und Nürnberg am 14. April nach Berlin überführt. Nach dem Einbau der erforderlichen Messgeräte konnte die Maschine am 10. Mai

44 s. u.a.: Fuchs, F.: Die Entwicklung des Dampflokomotivparks der Deutschen Reichsbahn.- in: Gesamtbericht 2. Weltkraftkonferenz, Bd. 17, Berlin, 1930, S. 53

Bekohlen vor der Fahrt. 1930 hatte die BMAG die Hochdrucklokomotive H02 1001 fertiggestellt und der VL zur eingehenden Erprobung zur Verfügung gestellt.

Slg. A. Gottwaldt

Hin zur Reichsbahn-Einheitslokomotive

eine erste Probefahrt antreten. Der rund 30 Prozent über den Kolbendampfmaschinen liegende Dampfverbrauch der Lok zwang zu einigen Umbauten, so dass erste Messfahrten am 14. Mai stattfanden. Diese, wie auch die am 15. Mai vorgenommene Fahrt brachten kaum bessere Werte, so dass *Günther* weitere Fahrten als zwecklos ansah und beim RZA den Abbruch der Versuchsfahrten sowie die Rückleitung der Lok zum Herstellerwerk beantragte. Erst nach Fühlungnahme der Industrievertreter mit *Wagner* wurden Maffei weitere Versuchsfahrten zugesichert. Eine nächste Fahrt am 28. Mai, an der neben *Günther* auch *Nordmann* teilnahm, musste nach einem Defekt der Saugzugturbine abgebrochen werden. Da man seitens der Firma Maffei trotz des Defektes auf die bessere Messtechnik in Berlin vertraute und neben den bisher nur bei 80 km/h durchgeführten Messfahrten auch im Geschwindigkeitsbereich von 60 und 100 km/h das Verhalten der Lok untersuchen wollte, wurde *„nach längerer Debatte, wobei sich besonders Herr Baurat Günther widerstrebend zeigte, schließlich noch eine Serie von Probefahrten für den 4., 5., 6. und 7. Juni festgesetzt."* Die Werkstatt der VL in Grunewald goss das hintere Lager des Saugzuglüfters neu aus, das Laufzeug der Turbine wurde bei den Maffei-Schwarzkoff-Werken in Wildau nachbalanciert. Doch auch bei den neuerlichen Messfahrten blieben die Leistungswerte enttäuschend. [45] *Günthers* Ablehnung rührte aus der Tatsache, dass man bei der VL das große Wärmegefälle an der Hauptturbine als Ursache für die schwache Leistung ansah und somit weitere Fahrten ohne konstruktive Veränderungen hieran als zwecklos betrachtete. Nach Abschluss der Messfahrten wurde die Lok am 11. Juni 1929 nach München zurück geschickt. [46]
Neben den Turbinenlokomotiven bildeten die Hochdrucklokomotiven eine zweite Kategorie von Versuchslokomotiven, die von der Reichsbahn mit Interesse betrachtet wurden. Einen ersten Schritt stellte der Bau einer 60-at-Hochdrucklokomotive Bauart Schmidt dar. Ähnlich wie beim Bau der ersten Turbinenlokomotive wählte man auch in diesem Falle eine bei den deutschen Bahnen bereits bewährte Lokgattung für einen Umbau aus. So entstand aus einer Maschine der Gattung S 10^2 die H17 206. Die ersten Versuchsfahrten mit der Lok fanden im Februar und März 1927 mit dem Messwagen 1 auf den Strecken Wildpark – Magdeburg und Wildpark – Köthen statt. Die Belastung auf diesen ebenen und ohne starke Krümmungen verlaufenden Strecken, die nur geringe Zugkraft- und Leistungsschwankungen erwarten ließen, erfolgte noch mit einem angehängten Wagenzug, da das Verfahren der Belastung mit einer Bremslok noch im Anfangsstadium steckte und keine geeignete Schnellzuglok zur Belastung zur Verfügung stand.
Nach Abschluss der Versuche wurde die Maschine an Henschel zurückgegeben und dort der Umbau der Wasserrohrfeuerbüchse sowie weitere Änderungen vorgenommen. Mitte Februar 1928 begannen dann neue Messfahrten, diesmal auf den Strecken Grunewald – Güsten und Berlin – Leipzig. Zur Belastung dienten, bis auf eine Fahrt, wiederum D-Zugwagen. Erst zwischen dem 6. und 30. März 1928 stand eine S 10 mit Riggenbach-Gegendruckbremse zur Verfügung, mit der dann weitere Fahrten auf der Strecke Berlin – Magdeburg sowie die eine, erwähnte Fahrt im Februar, unternommen wurden. Die Messungen des Beharrungszustandes wurde auf dem Abschnitt Potsdam – Burg durchgeführt. Neben der Betriebstauglichkeit und hohen Leistungsfähigkeit der Lokomotive zeigten die Versuche eine Kohlenersparnis gegenüber den Messwerten einer vergleichbaren

Maschine konventioneller Bauart, in diesem Falle von 25 % im Vergleich zur S 10². [47]

Allerdings stand dieser Wert im Verhältnis zu den immens hohen baulichen Aufwändungen, so dass auch hier die Entscheidung gegen eine Weiterverfolgung dieser Bauart fiel.

Im Jahre 1930 wurde mit der H02 1001 eine weitere Versuchslokomotive abgeliefert, die allerdings nicht von der DRG übernommen werden sollte. Entsprechend den Forderungen des RZA bildete die BMAG die Maschine in Anlehnung an annähernd gleichartige Lokomotiven der Baureihen 01 und 02 durch, um relativ einheitliche Vergleichsgrundlagen erhalten zu können. Das Fahrwerk wurde somit mit der Achsfolge 2'C1' und 20 t Achsdruck bei einem gleichen Treibraddurchmesser von 2000 mm ausgeführt und der Kessel für eine Leistung von 2500 bis 2600 PS ausgelegt.

Das Dreizylinder-Verbundtriebwerk hingegen wich deutlich von den Einheitsschnellzuglok ab. So erreichte der Dampfdruck in den HD-Zylindern 105 kp/cm² bei 450°C Dampftemperatur, in dem ND-Zylinder dann nur noch 17 kp/cm² bei 250°C. Generell anderer Bauart war der Kessel der Maschine, der nach dem Verfahren des österreichischen Professors *Löffler* mit einem Zwangsumlauf des Dampfes arbeitete. Der BMAG als Lizenznehmer für das Löfflersche Verfahren sowie dem RZA gelang es, diese Baugrundsätze für eine Lokomotive anzuwenden. Bewusst hatte man auf die Nutzung einer im stationären Kesselbetrieb üblichen Kondensationsanlage verzichtet, da sie den Wirkungsgrad der Lok geschmälert hätte. [48]

Die umfangreichen Messfahrten seitens der LVA Grunewald mit dieser Lok zeigten allerdings, dass die Bauart nicht den alltäglichen Belastungen gewachsen war. Meist endeten sie bereits nach wenigen Kilometern in Kirchmöser, wo die Maschine ins RAW lief, um einen der Defekte zu beheben. *Werner Boy*, damals Leiter der Messgruppe I, berichtete, dass u.a. eines der Rohre in der Feuerbüchse platzte. Stetiger Begleiter der Fahrten war ein Ingenieur der BMAG, wie auch *Nordmann* gelegentlich mitfuhr. [49] Die zahlreichen Fehlschläge waren es denn auch, die zu einem publizistischen Schweigen nach der Erprobungsphase über diese Maschine führten, die noch bis zum Kriegsende in Wildau gestanden haben soll.

5.5.2 Lokomotiven mit Kohlenstaubfeuerung

Neben der Braunkohlenfeuerung hatte man, ebenfalls um eine Alternative zur Steinkohlenfeuerung zu finden, Mitte der zwanziger Jahre mit der Erprobung von Feuerungssystemen zur Verfeuerung von Kohlenstaub begonnen. *Kurt Pierson* (1898-1989), der Anfang der zwanziger Jahre bei Borsig mit seiner beruflichen Laufbahn begann, hat hierüber in seinem Buch [50] berichtet, so dass eine knappe Zusammenfassung genügen mag.

Im Ergebnis einer Beratung zwischen Vertretern der Lokomotivbau-Industrie, der Kohlensyndikate sowie der DRG am 2. Juli 1923 entstand die „Studiengesellschaft für Kohlenfeuerung auf Lokomotiven" (STUG). Man begann, unter Federführung von Henschel, mit der Entwicklung eines Feuerungssystems für Lokomotivkessel. Ein Jahr später entschloss sich die AEG, fußend auf ihren Erfahrungen im stationären Kohlenstaubfeuerungsbetrieb, zu einem ähnlichen Entwicklungsprogramm. Nach ausführlichen Konstruktionsarbeiten und stationären Versuchen erhielt sie im Oktober 1926 den Auftrag zur Ausrüstung zweier G 8²-Lokomotiven mit dieser Feuerungsart, da sich diese Lokomotiven bei der AEG in

45 Probefahrt mit der 2 C 1 – Turbinen-Lokomotive in der Lokomotiv-Versuchsabteilung Grunewald. 24.6.1929

46 Deutsche Reichsbahn-Gesellschaft. Versuchsabteilung für Lokomotiven. VL b/8. 1929 v. 13. Juni 29

47 Nordmann, H.: Die Schmidt-Hochdrucklokomotive. Die bisherigen Versuchsergebnisse. ZVDI. 72 (1928), S. 1915

48 Witte, Fr.; R.P. Wagner: Die 2C1-Hochdruck (120 at)-Lokomotive der Deutschen Reichsbahn. ZVDI. 74 (1930), S. 1073 und S. 1141

49 Boy, Werner: Erinnerungen an Versuchsfahrten mit der Lokomotive H02 1001.- in: Gottwaldt: Geschichte der Einheitslok, S. 75

50 Pierson, Kurt: Kohlenstaub-Lokomotiven. Stuttgart: Franckh, 1967

Hin zur Reichsbahn-Einheitslokomotive

Messzug für die Untersuchung der Kohlenstaublok 58 1677. Hinter dem Messwagen 2 laufen 44 012 und 56 113 als Bremslok

Slg. D. Winkler

Hennigsdorf damals noch im Bau befanden.

Die AEG überstellte im Januar 1928 mit 56 2906 die erste G 8² mit der von ihr entwickelten Kohlenstaubfeuerung an die LVA. Die LVA untersuchte die Maschine bis zum Herbst 1928 auf den unterschiedlichsten Strecken unter wechselnder Belastung, so im September auf der Strecke von Seddin nach Güterglück. Bereits seit 1927 hatte die AEG in Hennigsdorf mit 56 2906 und 2907 umfangreiche Werksversuchsfahrten mit Güterzügen ausgehend vom Rangierbahnhof Pankow auf der Strecke nach Fürstenberg durchgeführt. Anschließend gingen beide Maschinen zum Bw Halle. Henschel hatte mit 58 1353 und 58 1677 im März 1929 zwei G 12 abgeliefert, die von der VL einem umfangreichen Versuchsprogramm unterworfen werden sollten, bevor sie dem Bw Halle für den Betrieb überwiesen wurden. Dabei verblieb 58 1363 nur kurz in Grunewald und wurde anschließend in der RBD Halle auf der Strecke Halle – Aschersleben im Betriebsdienst erprobt, bevor sie ab Mai 1929 übernommen wurde. Nach anfänglichen Betriebsmessfahrten unternahm die VL mit 58 1677 ausführliche Versuche, die einen wesentlich günstigeren Wirkungsgrad der staubgefeuerten Lok gegenüber der Normalausführung erbrachten.

Die Erfolge mit den AEG-Maschinen veranlassten die DRG dazu, weitere zwei G 8² (56 2130, 2801) sowie zwei G 12 (58 1416, 1894) auf diese Feuerungsart umzubauen. Mit 58 1416 fuhr dann die VL im Frühsommer 1930 etliche Versuche, so fast den gesamten Monat Mai Beharrungsversuche bei Fahrgeschwindigkeiten von 30, 40, 50 und 60 km/h zwischen Potsdam und Burg. Auch 58 1894 wurde von den Ingenieuren der VL verschiedenen Messfahrten unterworfen. Gleichzeitig baute die STUG aufgrund der guten Resultate mit ihren ersten beiden Maschinen im Jahre 1930 zwei weitere G12 mit einer verbesserten Ausführung ihrer Feuerungsart. Nach nur wenigen Probefahrten gelangte 58 1722 direkt zur RBD Halle, wogegen 58 1794 zur VL kam. Glaubt man dem Bericht der STUG, so waren die während der Messfahrten mit der vereinfachten Kohlenstaubfeuerung erzielten Ergebnisse so gut, dass man die Ausführung für die geplante weitere Beschaffung von Kohlenstaublok zugrunde legen wollte. In seiner Wertung der ersten Versuchsergebnisse mit den AEG-Maschinen war *Nordmann* recht vorsichtig. Er verwies zwar auf den etwas höheren Wirkungsgrad der Staublok, zeigte andererseits aber auch die gesamtwirtschaftliche Betrachtungsweise mit auf, in die höhere Ausbesserungskosten, zu-

Noch vor den offiziellen Untersuchungen durch das RZA absolvierte die STUG-Lok 56 1677 mehrere Versuchsfahrten. (Eichenberg)

Slg. D. Winkler

sätzliche Kapitalkosten, u.a. auch durch die Überlade- und Bunkereinrichtungen, usw. eingingen. Eine Gesamteinschätzung der Kohlenstaublok und ihrer Vorteile gegenüber der rostgefeuerten Maschine sah auch er erst nach einem längeren Betriebseinsatz im gemeinsamen Dienst mit Lok gleicher Bauart in Halle als möglich an. Ähnlich fiel seine kurze Wiedergabe der Versuchsergebnisse mit der STUG-G 12 aus. Wiederum wies er auf die etwas besseren Werte der Kohlenstaublok hin, setzte dem aber auch hier die Beschaffungskosten der Lok sowie des Kohlenstaubes entgegen.[51 52 53 54 55]

Als es auf der 24. Beratung des Ausschusses für Lokomotiven im Mai 1934 in Wernigerode um die Gestaltung der Feuerung bei der 2'D2'-Schnellzuglokomotive für 135 km/h, der späteren Reihe 06, ging, fiel das Urteil über die bisherigen Versuche mit Kohlenstaubfeuerung nicht ganz so euphorisch aus. Direktor b. d. Reichsbahn *Gaedicke*, der erstmals den Vorsitz im Ausschuss führte, fasste kurz und knapp zusammen: *„Die Versuche in Halle haben insgesamt die Unterlegenheit der Kohlenstaubfeuerung selbst für Braunkohlenstaub ergeben."* Im Beschluss, der über die Art der Rostbeschickung getroffen wurde, hieß es dann auch: *„Die Kohlenstaubfeuerung wird auf Grund ihres derzeitigen Entwicklungsstandes, ihrer heute noch bestehenden Beschränkung auf bestimmte Brennstoffe, ferner mangels jeglichen wirtschaftlichen Anreizes und weil eine zwingende Notwendigkeit, die Feuerung bei der 2 D 2 mechanisch zu gestalten, nicht vorliegt, abgelehnt."* [55]

5.5.3 Mitteldrucklokomotiven

Ende der zwanziger, Anfang der dreißiger Jahre unternahm die Reichsbahn eine Reihe von Untersuchungen zur Steigerung der Wirtschaftlichkeit der Einheitslokomotiven durch maximale Ausnutzung der Druck- und Temperaturgrenzen bei Verwendung des Stephensonschen Röhrenkessels. Seit 1932 wurden zu diesem Zwecke sechs Lokomotiven nach den Einheitsbaugrundsätzen gefertigt, deren Kessel jedoch für einen Druck von 25 kp/cm² ausgelegt waren. Hinzu kamen zwei, nach Entwürfen der BMAG im Jahre 1933 im RAW Braunschweig umgebaute Lok der Baureihe 17² (ex. pr. S 10²). Die VL unterzog alle acht Maschinen eingehenden Untersuchungen, wobei sich generell die wirtschaftliche Überlegenheit der Bauart zeigte. Zu den Maschinen gehörten: 04 001, 04 002, 17 236, 17 239, 24 069 (Mitteldruck-Verbundlok),

51 Kohlenstaubfeuerung auf Lokomotiven und in ortsfesten Anlagen. Studiengesellschaft für Kohlenstaubfeuerung auf Lokomotiven. Kassel, [1930]
52 Nordmann, H.: Die Kohlenstaublokomotive. ZVDI. (1929), S. 951
53 Nordmann: Versuchsergebnisse der Kohlenstaublokomotive der Studiengesellschaft. Die Reichsbahn. 6 (1930), S. 74
54 Pierson, Kurt: Kohlenstaub-Lokomotiven. a.a.O., S. 35-42
55 Niederschrift über die 24. Beratung des Ausschusses für Lokomotiven. Deutsche Reichsbahn-Gesellschaft.

Hin zur Reichsbahn-Einheitslokomotive

24 070 (Mitteldruck-Zweizylinder-Gleichstromlok), 44 011 und 44 012.

Ab Juni 1932 kam 04 001 zur VL Grunewald, wenig später dann auch 04 002. Beiden Maschinen war kein guter Anfang beschieden, traten doch so häufig Mängel an Feuerbüchse, Stehbolzen, Dampfsammelkasten und Schiebergehäuse auf, dass 04 001 nach 6500 km und 04 002 nach 11.000 km Laufleistung bereits betriebsuntüchtig waren. In den Messergebnissen wichen beide Lok deutlich voneinander ab, was, wie sich erst nach Abschluss der Messreihen herausstellte, an Undichtigkeiten der Dampfmaschine von 04 001 lag. Vorerst musste *Nordmann* auf der 25. Beratung des Lokausschusses im November 1934 in Cochem resigniert zugeben, keine Erklärung dafür finden zu können. [56] Begründet durch die sehr unbefriedigenden Ergebnisse der 04 001 konzentrierte man sich in Grunewald dann auch auf die 04 002, die ab dem 14.9.1932 systematisch bis zum 24.1.1935 untersucht wurde. Erste Erprobungsfahrten am 2. Oktober 1932 zwischen Potsdam und Magdeburg bei 80 km/h wiesen gute Ergebnisse aus und wurden durch Beharrungsfahrten vor dem Messwagen 2 und Bremslok im Geschwindigkeitsbereich 80, 100 km/h auf gleicher Strecke sowie 100, 120 km/h zwischen Charlottenburg und Hamburg ergänzt. Die Feuerbüchsschäden zwangen dann zu einem vorläufigen Abbruch der Fahrten. Für die zweite Versuchsserie stand 04 002 nach erfolgter Ausbesserung und umgebauter Anfahrvorrichtung sowie dem Einbau von Rauchrohreinsätzen seit Februar 1933 zur Verfügung. Die Rauchrohreinsätze brachten dann auch eine erhebliche Verbesserung der spezifischen Dampf-, Wärme- und Kohlenverbrauchszahlen. Sie wurden bei allen Einheitslokomotiven nur noch von 44 011/012 unterboten. Nach nochmaligem Umbau, bei dem u.a. die Nicholsonschen Wasserkammern aus dem Kessel entfernt wurden, fuhr man im Januar 1935 eine letzte Versuchsserie. Letztendlich bewies die 2'C1'-h4v-Maschine die eindeutige Überlegenheit des Verbundtriebwerkes gegenüber den althergebrachten Zweizylinder-Maschinen der Reihen 01 und 03. *Nordmann: „Die große Wirtschaftlichkeit der 04-Bauart leitet sich nur aus der Verbundbauweise mit kleinen Zylindern, der verlustfreien Steuerung und der außergewöhnlich hohen Überhitzung her."* Die vorgenommene Reduzierung des Kesseldruckes von 20 auf 16 atü hatte, wie auch andere Versuche zeigen sollten *„...auf den Verbrauch kaum einen Einfluß.."*. Nach Abschluss der reinen Versuchsfahrten stellte man 04 002 den Vertretern des Betriebsmaschinendienstes im Rahmen einer Betriebsmessfahrt vor dem D42/41 Berlin Anhalter Bahnhof – Frankfurt (Main) – Berlin Ahb am 28.2 und 1.3.1935 vor. Hierbei konnte die Maschine nochmals ihre Überlegenheit im Vergleich zu den sonst eingesetzten 01'ern zeigen. Im Sommer 1935 wurden die beiden Maschinen in Reihe 02¹ umgenummert und wurden fortan als 02 101 und 02 102 geführt. Unter dieser Bezeichnung befand sich 02 102 noch im Juli 1935 bei der VL, bevor sie zum Bw Altona abgegeben wurde. Allgemein zeigten die von der VL und dem Dezernat 22 des RZA erstellten Vergleiche zwischen Lokomotiven mit normaler Kesselausführung (01 093, 02 001, 03 030, 17 1111, 17 265, 18 539, 38 2687, 39 102, 62 001) und jenen mit 25-at-Kessel (04 002) die wärmewirtschaftlichen Vorteile des höheren Kesseldrucks. [57] [58]

Mit 24 069 und 070 waren auch zwei der Einheits-Nebenbahn-Schlepptenderloks innerhalb des DRG-Versuchsprogramms als Mitteldrucklok ausgeführt worden. Von Dezember 1932 bis September 1934 stand die als Verbundmaschine mit rechts liegendem Hochdruckzylinder ausgeführte 24 069 der VL für die erforderlichen Messfahrten

56 Niederschrift über die 25. Beratung des Ausschusses für Lokomotiven. Deutsche Reichsbahn-Gesellschaft. 1934
57 Nordmann, H.: Ergebnisse neuer Versuche mit Dampflokomotiven. ZVDI. 78 (1934), S. 729
58 Düring: Einheitsschnellzuglok. S. 330-354
59 Weisbrod, Manfred; Hans Müller; Wolfgang Petznick: Dampflok-Archiv 1. Berlin. transpress, 1982, 3. bearb. u. erg. Auflage, S. 24-26
60 Wenzel, Hansjürgen: Die Baureihe 24. Freiburg. 1979

Neue Lokomotivbauarten

Die Mitteldruck-Verbundlok 24 069 war von Dezember 1932 bis September 1934 bei der VL in Grunewald im Versuchseinsatz. Mit Indikatoren und Verkabelung stand sie zum Zeitpunkt der Aufnahme ausgerüstet für die Messfahrten im Schuppen der ehemaligen HW Grunewald.

Slg. D. Winkler

zur Verfügung. Im Januar 1933 kam die mit Wagner'schen Gleichstromzylindern ausgestattete 24 070 hinzu, die bis Oktober 1934 in Grunewald stand. Erste eingehende Messfahrten fanden 1933 statt. Sie wiesen für die Verbundlok den niedrigsten Dampfverbrauchswert aller deutschen Kolbendampflokomotiven auf. Die Gleichstrommaschine hingegen erwies sich als Fehlschlag, verbrauchte sie doch 10 % mehr Dampf als eine Schwestermaschine in der Regelausführung. Diese war in Form von 24 047 bis Januar 1935 zu Vergleichszwecken ebenfalls in Grunewald zugegen. Noch 1935 erfolgte der Umbau von 24 070 in eine Zweizylinder-Heißdampf-Verbundlok.[59,60]

Von April bis Juli 1933 untersuchte die VL mit 44 011 die erste Mitteldrucklokomotive der Reihe 44, von Juli bis Oktober 1933 schlossen sich Fahrten mit der zweiten Baumusterlok 44 012 an. Um Vergleiche mit Lokomotiven normaler Ausführung zu erhalten, fanden weitere Fahrten mit 43 001 und 44 005 in derselben Zeit statt. Dabei wiesen erneut

1933 untersuchte die VL die Mitteldrucklok 44 012. Die Aufnahme zeigt sie vor dem Messzug bei Brandenburg.

Carl Bellingrodt, Slg. Helmut Griebl

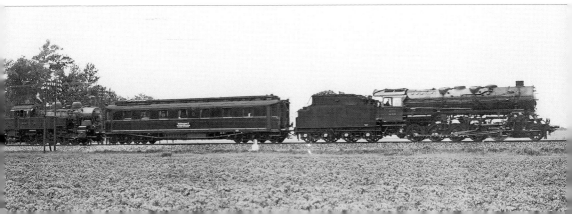

die beiden Mitteldrucklok eine leistungsmäßige Überlegenheit auf: Die Zughakenleistung von 44 011 lag 30 % über der Dreizylinder-Einheitslok. Allerdings zeigten die in etlichen Teilen von der Serienausführung abweichenden Maschinen (Überhitzerbauart, Feuerbüchse mit zwei Wasserkammern) zahlreiche Mängel, die zu Unterbrechungen im Versuchsprogramm zwangen. Immerhin konnten bei anschließenden Fahrten die bisher günstigsten Dampf- und Kohleverbrauchswerte ermittelt werden. Die verwendeten Kesselbaustähle zwangen jedoch in den Jahren darauf, den Kesseldruck auf 20 kp/cm² und nach dem Kesselzerknall bei 04 002 auf 16 kp/cm² zu reduzieren.[61]

Bei den Lok der Gattung S 10^2 stellten sich 1933 während anfänglichen Probefahrten bei der VL Risse infolge von Gussfehlern am Mittelzylinder der zuerst fertiggestellten 17 236 ein, so dass die Versuche abgebrochen und erst nach Fertigstellung von 17 239 fortgesetzt werden konnten. Die Ergebnisse mit 17 239 waren sehr zufriedenstellend und die Maschine reichte in ihrer Wirtschaftlichkeit an die Werte der 04 und 44 heran. Gegenüber der Reihe 17^2 in Normalausführung waren Einsparungen von 25 bis 40 % (!) beim spezifischen Kohleverbrauch zu verzeichnen. Dieser Erfolg veranlasste *Nordmann* dann auch zur Empfehlung an den Lokomotivausschuss den weiteren Umbau von S 10^2 vornehmen zu lassen.[62]

5.6 Versuche mit Triebwagen und Verbrennungskrafttriebfahrzeugen

Seit Beginn der zwanziger Jahre waren deutliche Bemühungen der deutschen Industrie, namentlich vormals auf dem Rüstungssektor tätiger Werke, die neue Betätigungsfelder suchten und ihre Erfahrungen mit Verbrennungskraftmaschinen im Fahrzeugbau einbringen konnten, auf diesem Gebiet zu erkennen. Mit Vorliegen ausreichend leistungsfähiger und betriebssicherer Motoren und Getriebe in den Jahren nach dem Ende des Ersten Weltkrieges sowie den wirtschaftlichen Zwängen insbesondere in der Bedienung von Nebenbahnen kam es zu einem deutlich sichtbaren Entwicklungssprung beim Bau von Lokomotiven mit Verbrennungsmotoren sowie von Triebwagen. Dies zeigte sich u.a. deutlich in der Fülle an ausgestellten Fahrzeugen auf der Eisenbahntechnischen Ausstellung in Seddin im Jahre 1924. Führte die Industrie anfänglich einen Großteil der Erprobungen und Versuche mit diesen Fahrzeugen noch selbst durch, übernahm auch hier die VL in Grunewald bald diese Aufgaben.

Mitte der zwanziger Jahre nahmen die Versuchsfahrten mit Triebwagen unterschiedlichster Bauart zu. So erfolgten im September und Oktober 1924 Fahrten mit den Akkumulator-Triebwagen (AT) der Bauart „Wittfeld" auf den Strecken Berlin – Hannover – Hildesheim sowie Grunewald – Schneidemühl – Usch – Schneidemühl, um die größten möglichen Fahrbereiche der Triebwagen zu ermitteln. Dabei zeigte sich, dass die verwendeten zweiteiligen Triebwagen in der Lage waren, Strecken von 300 und 400 km ohne Zwischenladung der Batterien zurückzulegen. Damit hatte man wesentliche Rückschlüsse zum Einsatz der Fahrzeuge und zur Fahrplangestaltung erhalten.[63]

Im Jahre 1925 gelangten dann die ersten Neubau-Doppelwagen der Reihe AT 581/582–615/616 zur DRG, die im Aufbau sich von den bisherigen „Wittfeld"-Triebwagen unterschieden. Auffällig war bei den neuen Triebwagen der Wegfall der großen Batterievorbauten. Die VL führte im März 1926 mehrere Versuchsfahrten zur Aufnahme der Leistungscharakteristik sowie zur Ermitt-

---

61 Weisbrodt; Brozeit: Baureihe 44. a.a.O., S. 38
62 Düring: Länderbahnschnellzuglok, S. 129
63 Neuerungen im Triebwagenverkehr. ZVDI. 69 (1925), S. 483

Neue Lokomotivbauarten

V 38 01 vor dem Messzug 1927 in Belzig.
Slg. A. Gottwaldt

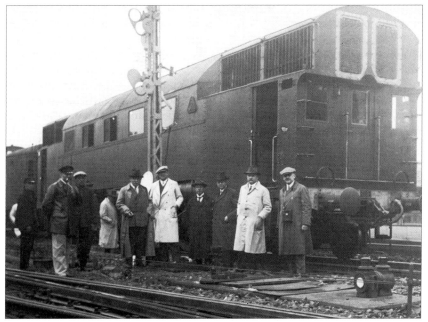

Während der Probefahrten einer dieselmechanischen, von Krupp im Rahmen eines nicht zu Stande gekommenen amerikanischen Auftrags gefertigtenLok: Rechts Friedrich Witte, vierter von rechts Günther, daneben Direktor Stieler von Krupp.
Slg. A. Gottwaldt

Hin zur Reichsbahn-Einheitslokomotive

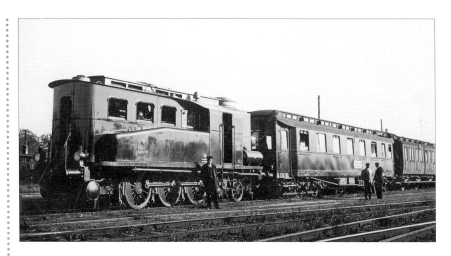

Der fertig zusammengestellte Versuchszug mit V 38 01 und dem Messwagen I des Versuchsamtes. Die von LHB gebaute 400-PS-Lokomotive mit Dieselmotor und hydrostatischem Getriebe blieb ein Unikat und wurde noch vor 1930 ausgemustert.

Slg. A. Gottwaldt

lung der möglichen Fahrbereiche der Triebwagen durch. [64]

Um der Konkurrenz durch Bus und Personenkraftwagen im Nahpersonenverkehr entgegentreten zu können, hatte sich die Reichsbahn unter dem Eindruck der während der Eisenbahntechnischen Ausstellung in Seddin ausgestellten Fahrzeuge Anfang der zwanziger Jahre entschlossen, mangels vorliegender Erfahrungen und bewährter Bauarten eine Reihe von Verbrennungstriebwagen zu beschaffen. Die jeweils ersten Wagen jeder Bauart sollten bei der LVA Grunewald eingehenden Versuchsfahrten unterzogen werden. In diesem Zusammenhang untersuchte man einen Triebwagen der Bauart Maybach (den späteren VT 851), vom 30. Juli bis 28. August 1925 während mehrerer Fahrten auf den Strecken Genthin – Güsten und Sandersleben – Hettstedt. Dabei wurden u.a. Brennstoffverbrauch, Zughakenleistung sowie der Triebwagenwiderstand ermittelt, Anfahrversuche vorgenommen und die Leistungstafel aufgestellt. Diesem ersten folgte ein Triebwagen (Altona 101, späterer VT 751) aus einer Reihe von vier Fahrzeugen der Deutschen Werke Kiel, (spätere Reihe VT 751 - 754) für die RBD'en Altona und Stettin, der vom 29. September bis 7. November 1925 den gleichen Untersuchungen unter-

worfen wurde, wie der Maybach-Triebwagen. Beide Triebwagen bewährten sich gut und liefen ohne größere Mängel während der Versuche. [65]

Im Sommer 1926 lieferte dann die WUMAG-Görlitz den ersten vierachsigen Triebwagen, VT 757, an die DRG aus, der in der Zeit vom 14. August bis 27. November 1926 vor dem Messwagen der VL auf den gleichen Strecken, wie die vorhergehenden Bauarten untersucht wurde. Die hierbei noch eingesetzten elektrischen Hilfsmotoren zur Steuerung des Wende- als auch des Wechselgetriebes bewährten sich nicht, so dass in der im Frühjahr 1927 zur Ablieferung gelangenden Ausführung (spätere VT 757–760) eine elektropneumatische Steuerung vorgesehen wurde. [66]

Die Fortschritte im Diesellokbau, welche die deutsche Industrie, vornehmlich die Maschinenfabrik Esslingen sowie Hohenzollern, recht frühzeitig erzielen konnten, waren u. a. auf das Wirken Lomonossows und seiner Ingenieure und auf die Exportaufträge für die russischen Bahnen zurückzuführen. Standversuchen an den unterschiedlichen Lokomotivtypen in Esslingen und Düsseldorf schlossen sich anfänglich Fahrversuche in Russland an. [67] Im Mai 1926 nahm dann auch die VL in Grunewald Versuche an einer 2E1-dieselmechanischen Lok von Hohenzollern für Russland vor. Die Reichsbahn unterstützte diese Versuche und stellte kostenlos die erforderlichen Normalspur-Radsätze sowie Kraft- und Schmierstoffe zur Verfügung. Die Untersuchungen begannen Anfang Mai auf der Strecke Düsseldorf – Opladen und wurden nach der Überführung der Lok am 13. Mai nach Grunewald Ende Mai hauptsächlich auf der Strecke (Berlin) – Güsten – Mansfeld fortgesetzt. Sie bewiesen die Leistungsfähigkeit der mechanischen Kraftübertragung der Lok, zeigten aber auch den Mangel des Schaltgetriebes. [68]

Die Deutsche Reichsbahn-Gesellschaft selbst war eher zurückhaltend mit der Beschaffung von Diesellokomotiven. Dies lag vornehmlich an den hohen Ölpreisen in Deutschland und den technischen und wirtschaftlichen Vorbehalten seitens des RZA Berlin gegenüber mechanischen, hydraulischen und elektrischen Kraftübertragungsanlagen, wie sie in etlichen Lokomotiven mit Verbrennungsmotor bisher ausgeführt wurden. Dies stellten *Witte* und *Wagner* in [69] deutlich heraus. Dass man sich dann trotz der in Fachkreisen nicht sonderlich favorisierten Kraftübertragung mit Druckluft zuwandte, lag im geringeren Preis und dem niedrigeren Gewicht einer solchen Lok und der beschränkten Anzahl an Bauteilen sowie der Möglichkeit, *„mit ihr die weitestgehende Angleichung an die Eigenschaften der Dampflokomotive zu erzielen."* So kam es zum Bau der V 32 01, spätere V 120 001, die am 11./12. Dezember 1929 nach Berlin überführt wurde. Von Januar bis September 1930 unterzog die LVA Grunewald sie dann umfangreichen Versuchsfahrten. Aus der Messung des Brennstoffverbrauches bezogen auf die Leistung am Zughaken schloss Nordmann, dass die Lok *„rein thermisch immer noch wirtschaftlicher als die meisten Dampflokomotiven in ihrem wirtschaftlichsten Verwendungsgebieten"* sei. Er ermittelte einen *„effektiven Gesamtwirkungsgrad mit 23 %"* bei kleiner Geschwindigkeit und Leistung, der jedoch unter dem der russischen 2E1-Getriebe-Diesellok lag. Hingegen zeigten die Messungen, dass der *„mechanische Wirkungsgrad der eigentlichen Lokomotivmaschine ... nicht besonders günstig"* war. Dies wurde insbesondere auf die äußere Bauform sowie die großen Zylinder mit ihren schweren Kolben zurückgeführt. Und: *„Eine unerwünschte Begleiterscheinung des Betriebes sind die Vibrationen der Lokomotiven bei großen Geschwindigkeiten durch den nur in beschränktem Maße möglichen Massenausgleich der Triebwerke, namentlich des Kompressors."* [70]

Die bereits Ende der zwanziger Jahre erhobenen Bedenken gegenüber den unterschiedlichen Kraftübertragungsanlagen für Lokomotiven mit Motoren großer Leistungen behielt *Wagner* bei, trotz aller Erfolge, die sie im Triebwageneinsatz vorweisen konnten. Noch mehr: Ermutigt durch die Erfolge mit der Diesel-Druckluftlokomotive regte *Wagner* an, von der *„Zwischenschaltung von Getrieben völlig abzusehen"* und die Kraftübertragung nach dem Vorbild der Dampflokomotive auf unmittelbarem Wege durchzuführen. Dies führte zum Bau der 2B2-Dreizylinder-Deutz-Diesellokomotive mit unmittelbarem Antrieb, die im Mai 1933 abgeliefert wurde. [71] Nach Versuchen auf dem örtlichen Prüfstand bei Deutz in Köln im Sommer 1933 folgten Probefahrten im Bereich der RBD Köln, bei denen sich erste Mängel dieser Lok zeigten und einen Umbau notwendig werden ließen. Am 17. Juni 1938 (!) überführte man sie von Köln nach Grunewald.

Es folgten umfangreiche Messfahrten bei der LVA, die sich bis 1940 hinzogen. So fanden u.a. Fahrten im Personenzugfahrplan von Berlin nach Erfurt sowie eine Messfahrt auf der steigungsreichen Strecke von Erfurt nach Zella-Mehlis statt. Die Versuche ergaben, dass die Lokomotivbauart durchaus für Zug-

64 Trautvetter: Der neue Speichertriebwagen der Reichsbahn. Organ. 82 (1927), S. 216

65 Ebel: Die neuen Verbrennungstriebwagen der Deutschen Reichsbahn-Gesellschaft und ihre Versuchsergebnisse. Organ. 81 (1926), S. 19 und S. 55

66 Nolde: Die neuen Verbrennungstriebwagen der Deutschen Reichsbahn-Gesellschaft und ihre Versuchsergebnisse. Organ. 82 (1927), S. 213

67 Meinecke: Vergleichsversuche zwischen Diesel- und Dampflokomotive. ZVDI. 69 (1925), S. 321

68 Dobrowolski, N.: Die Diesel-Getriebelok und ihre Erprobung. ZVDI. 71 (1927), S. 959

69 Witte; Wagner: Die 1200-PS-Diesel-Druckluftlokomotive der Deutschen Reichsbahn. ZVDI. 74 (1930), S. 289

70 Nordmann, H: Ueber Diesellokomotiven unter besonderer Berücksichtigung der Versuchsergebnisse der Dieseldruckluftlokomotiven der Deutschen Reichsbahn. GA 55 (1931) I, S. 93

71 Langen, Arnold: Die Diesellokomotive mit unmittelbarem Antrieb. ZVDI. 77 (1933), S. 1287

förderaufgaben im Flachland und leichten Hügelland einsetzbar war, wobei sie vornehmlich im mittleren und hohen Geschwindigkeitsbereich wirtschaftlich arbeitete. Bei kleineren Geschwindigkeiten waren hingegen keine großen Dauerzugkräfte zu erreichen.[72]

5.7 Weitere Untersuchungen an den neuen Einheitslokomotiven

5.7.1 Heißdampf und Verbundwirkung

Hatte die Deutsche Reichsbahn-Gesellschaft seit 1925 mit den ersten Neubaulokomotiven nach Einheitsgrundsätzen den vordringlichsten Bedarf an leistungsfähigen Schnellzug- und schweren Güterzuglokomotiven sowie die dringend benötigten Nebenbahnmaschinen abgedeckt, so kam im Sommer 1930 mit den ersten Maschinen der Baureihe 03 die „leichte Schwester" der Reihe 01 auf die Strecken im Deutschen Reich. Diese für den hochwertigen Schnellzugdienst auf den noch nicht für 20 t-Achslast ausgebauten Strecken konzipierte Lokomotivreihe gehörte mit zu den am gründlichsten untersuchten Maschinen der Reichsbahn. Gleich acht Maschinen dieser Baureihe unterzog die Grunewalder Versuchsabteilung eingehenden wärme- und leistungstechnischen Untersuchungen, die mit Fahrten auf der Flachlandstrecke Grunewald – Potsdam –Burg vom 29.7. bis 28.8.1930 mit Beharrungsfahrten von 03 001 bei 60, 80 und 100 km/h begannen. Die ersten Messungen an einer mit 600 mm Zylinderdurchmesser ausgestatteten Lok fielen wenig schmeichelhaft für die Konstruktion der 03 aus. Der Kesselwirkungsgrad lag unter dem der 01, das Wärmegefälle war schlechter ausgenutzt als bei der 01, die Lok neigte zum Schleudern. Ein Jahr später gelangte mit 03 030 eine Maschine mit 570 mm Zylinderdurchmesser zur VL und wurde von der selben Messgruppe auf der gleichen Strecke vom 24.9. bis 4.11.1931 untersucht. Zwar lag der Kesselwirkungsgrad von 03 030 im unteren Bereich 10% über den Werten der 03 001, erreichte aber im Vollastbereich den gleichen Wert. Letztendlich zeigten die ermittelten Werte kaum nennenswerte Unterschiede. Mit beiden Maschinen unternahm man im Anschluss an die Messfahrten noch Betriebsmessfahrten vor den planmäßigen Schnellzügen in der Relation Berlin – Hannover D2/13 und D4/3. Auch hierbei machte sich die starke Schleuderneigung der 03 bemerkbar. Auch die Untersuchung von 03 003 bestätigte diese Ergebnisse.[73]

Daneben untersuchte man weiterhin die Vor- und Nachteile von Zwei- und Mehrzylinderlokomotiven sowie der Anwendung des Verbundprinzips bei mehrzylindrigen Maschinen. Neben den Versuchen zwischen den neuen 43 (Zweizylinder) und 44 (Dreizylinder) zeigte gerade die für die steigungsreiche Höllentalbahn konstruierte dreizylindrige Baureihe 85 die Vorzüge insbesondere in der Laufruhe bei Verwendung solcher Triebwerke. Ein immer wieder behandeltes Thema blieb der Vor- oder Nachteil des Baus von Verbundmaschinen. Hatten insbesondere die französischen Lokomotiven unter *Andre Chapelon* (1892-1978) hier gute Resultate erzielt, stand man den Verbundmaschinen im preußisch orientierten RZA unter *Wagner* eher skeptisch gegenüber. Trotzdem wies man die VL immer wieder an, eingehende Messungen an Verbundmaschinen durchzuführen. Zur Bestimmung von Wärmeverbrauch und Leistung bei Zwillings- und Verbundlokomotiven unternahm die VL eine Reihe von Vergleichsfahrten mit Maschinen der BR 01, 02, 03 und 18. Hatte man im Jahre 1929 die 18 518 den

Weitere Untersuchungen

Untersuchungen unterworfen, erhielt die VL im Februar 1932 den Auftrag, nochmals die Baureihe 02 in Form der aus einer HU im RAW Braunschweig zurückgekehrten 02 001 systematischen Messfahrten nunmehr mit Bremslok in gleichem Umfang wie bei der 01 093 zu unterziehen. Man wählte für den größten Teil der Fahrten die Stammstrecke Potsdam – Burg – Magdeburg, für einige Fahrten mit 100 km/h jedoch auch die Strecke von Charlottenburg nach Hamburg, auf der die Messungen zwischen Nauen – Hagenow Land und Hamburg Hbf vorgenommen wurden. Anschließend wurden die Werte mit denen der 01 018 und 093 verglichen. Der Vergleich der reinen Messfahrten, der im Falle der 01 093 insofern nicht gerechtfertigt war, als diese Lok bereits einen Kessel mit größerer Heizfläche aufwies, fiel im oberen Geschwindigkeitsbereich zu Ungunsten der 02 aus, was so auch im Lok-Ausschuss herausgestellt und bewusst gegen die Verbundmaschine genutzt wurde, obwohl auch klare Konstruktionsmängel bei der 02 vorlagen. Im Anschluss an die Messfahrten führte die VL mit 02 001 zwei Betriebsmessfahrten vor einem 600 t-Reisezug zwischen Charlottenburg und Hamburg-Altona durch. Der Versuchsbericht hob hierbei deutlich hervor, dass die 02 den Zug sehr gut angezogen und beschleunigt habe. Als Beispiel wies man die Ausfahrt aus dem Bf Wittenberge aus, wo 02 001 für die 450 m zur Beschleunigung des Zuges von 0 auf 95 km/h eine Zeit von 305 s, die 01 093 hingegen 335 s für nur 92 km/h benötigte, obwohl bei der 02 zum Anfahren nur die ND-Zylindern arbeiteten. Also auch hierbei eine Aussage eher zu Gunsten der Verbundmaschine. Am 23. August 1932 gab man 02 001 an das Bw Hof zurück. [74]

Zu Vergleichen mit der BR 03 holte man, so *Nordmann*, auch die badische 18 328 (Gattung IVh) mit heran. [75] Doch für die Untersuchung der IVh gab es noch andere Gründe. *Theodor Düring* hat diese in seinem Buch über die Länderbahn-Schnellzugmaschinen beschrieben und sei hier, auch weil sie recht anschaulich die oft mit Komplikationen und Umbauarbeiten an den Maschinen versehenen Versuchstage wiedergeben, kurz zitiert:

„Es ging also bei den von der HV der DRG am 21. April 1933 ... angeordneten Versuchen mit einer Lok der BR 183 mit 135 km/h in erster Linie darum festzustellen, ob diese Lokgattung für ein wesentlich höheres Tempo als das auf dem Geschwindigkeitsschild angegebene geeignet sei. Als eine in gutem Unterhaltungszustand befindliche Lokomotive wurde die 18 328 am 27. April 1933 nach Berlin-Grunewald überführt.

72 Schrader: Die Diesellokomotive mit unmittelbarem Antrieb. Organ. 93 (1938), S. 379, Bredenbreuker; F.; A. Finsterwalder: Über die Versuchsergebnisse der 2B2-Deutz-Diesellokomotive mit unmittelbarem Antrieb. GA. 75 (1951), S. 21, S. 41

73 Düring, Theodor: Schnellzug-Dampflokomotiven der Einheitsbauart. S. 251

74 Düring: Einheitsschnellzuglok. S. 142/143, 146

Frisch glänzt noch der Lack kurz nach der Ablieferung an 03 154. Bei den ersten Messfahrten im Sommer 1934 war die Maschine noch ohne Windleitbleche im Einsatz.

Slg. A. Gottwaldt

Hin zur Reichsbahn-Einheitslokomotive

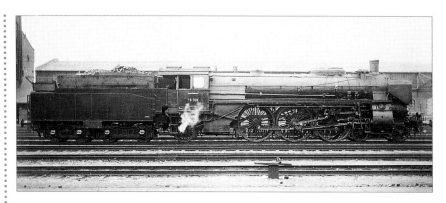

Den gesamten Sommer des Jahres 1933 untersuchte die VL 18 328. Dabei erwies sich die Maschine aus der ehemals badischen Reihe IVh als besonders gute Schnellläuferin.

Slg. A. Gottwaldt

Nach versuchstechnischer Vorbereitung der Lok und nach der Einschulung des Grunewalder Lokpersonals begannen die Versuchs- und Meßfahrten Anfang Mai. Sie dauerten bis zum 30. September 1933. Bei der ersten Fahrt mit mehr als 110 km/h zeigte sich, daß bei 120 km/h ein Hochdruck-Treibstangenlager und der Kreuzkopf sich zu stark erwärmten. Als Ursache hierfür wurden wegen hoher Kompressionsspitzen in den Indikatordiagrammen die – für die erhöhten Triebwerksdrehzahlen – vorn zu knapp bemessenen schädlichen Räume der HD-Zylinder erkannt. Nach Hinterlegen der Zylinderdeckel, Neuausgießen einiger Stangenlager und der Gegenkurbellager sowie einer Verbesserung der Schmierung an der zweiten Laufachse lief die Lok dann einwandfrei und gestattete das Vordringen in den Geschwindigkeitsbereich über 130 km/h ohne irgendwelche Schwierigkeiten. Geschwindigkeiten von mehr als 140 km/h, bis fast 150 km/h, wurden mehrfach gefahren, und bei einer Versuchsfahrt für die Wagenversuchsabteilung mit 250 t Zuglast hat man zeitweilig 154 km/h erreicht."

Der Versuchsbericht vom Januar 1934 wies auf den geringen Verschleiß an den Lagern trotz der hohen Laufleistungen von über 5000 km bei Schnellfahrversuchen hin und hob den guten Lauf der Maschine *„... im besonderen in Kurven ... selbst bei Fahrgeschwindigkeiten über 150 km/h...:"* hervor. Nordmanns Urteil kann fast als überschwänglich bezeichnet werden, wenn er zusammenfassend schrieb: *„Als einzige Lokgattung der DRG mit einem Treibraddurchmesser von über 2 m versprach die badische IVh-Lokomotive eine besonders gute Schnellläuferin zu sein. Die durchgeführten Versuche haben die Erwartungen bestätigt."* Man gab nach Abschluss der Versuchsreihen die Empfehlung, die höchstzulässige Geschwindigkeit auf 140 km/h, wie bei der 03, heraufzusetzen. Hingegen musste die VL die Leistungs- und thermischen Untersuchungen durch Belastung mit angehängten Wagen durchführen, da die entsprechenden Bremslokomotiven durch die Schnellfahrversuche mit der 03 besetzt waren. Letztendlich ergaben die Leistungsuntersuchungen eine Überlegenheit hinsichtlich Zugkraft und Leistung gegenüber der 03. [77]

Bezugnehmend auf die Versuchsergebnisse bleibt bemerkenswert, dass in den o.g. Veröffentlichungen jener Zeit kaum ein Wort darüber verloren wurde, *Nordmann* sich hierin sicherlich dem „Verbundgegner" *Wagner* unterzuordnen hatte, dem die Schmälerung seiner Leistungen nun mal nicht ins Konzept passen konnte.

Zu weiteren vergleichenden Untersuchungen mit der 03 030 wurde 1933 auch die bayerische 18 539 nach Grunewald überwiesen. Insbesondere die Ergebnisse des Vergleichs zwischen der 03 und der bayerischen S 3/6 veranlassten *Nordmann* zu einer strikt negativen Aussage

Weitere Untersuchungen

über die Verbundmaschine: *„Im Betriebsdurchschnitt ist also die Zwillingslokomotive durchweg günstiger, zumal, wenn man die großen Geschwindigkeiten betont, auf die ja das ausgeglichene Vierzylindertriebwerk hinweist."* [78]

Erst 1943 relativierte er diese Aussage, wenn auch das Urteil weiterhin zu Ungunsten der Verbundmaschine ausfiel, obwohl neuere Versuche zu gänzlich anderen Aussagen hätten führen können, wie später zu zeigen sein wird. *Nordmann* verwies weiterhin darauf, dass *„bei Heißdampf nur ein beschränktes thermisches Überlegenheitsgebiet"* der Verbundmaschine vorhanden sei, *„aus dem man bei kleinen Leistungen und hohen Drehzahlen in das Gegenteil, den Mehrverbrauch an Wärme, hinüber gerät"*. Hingegen wusste er wohl um die missratene Konstruktion der 02, die *„keine besonders gute Verbund-Lokomotive war"* ([79]) und hob gleichzeitig die letzte Ausführung der S 3/6 hervor, die wesentlich bessere Werte erzielt hatte. Doch blieb über Jahre der vermeintlich schlechte Ruf der Verbundmaschine bestehen und beeinflusste spätere Planungen in starkem Maße.

Zu den Vergleichsversuchen von 1933/34 muss noch erwähnt werden, dass sich nach der ersten Auswertung ein ähnliches Bild wie beim 01/02-Vergleich zeigte. Man sah sich allerdings gezwungen, dies später zu korrigieren, nachdem Abweichungen in den Werten von 18 518 zu 18 539 in Bezug auf Verbrauchszahlen und Überhitzung festgestellt wurden.

Erst da entsann man sich, dass während der Versuche das *„Feuergewölbe"* von 18 539 eingestürzt und nicht sofort erneuert worden war, man aber trotzdem die Versuche fortgesetzt hatte. Nunmehr wurden die Versuche mit 18 538 wiederholt und es blieb festzustellen, dass die Maschine gegenüber der 03 auch bei 100 km/h noch überlegen war und das trotz des kleineren Treibraddurchmessers. Erst bei den Messungen mit 120 km/h wies die S 3/6 einen Mehrverbrauch auf. [80]

Seit 1932 nutzte die VL die Strecke Berlin – Hamburg für systematische Schnellfahrversuche mit Dampflokomotiven.

Die ersten Versuche wurden mit eine Lok der Reihe 01 und einem normalen 600-t-Wagenzug bis 120 km/h unternommen. Es folgten Versuche mit der Reihe 04 und einer Bremslokomotive, die erstmals mit einer Beharrungsgeschwindigkeit von 130 km/h durchgeführt wurden, um die Möglichkeit des Ersatzes für den Triebwagenschnellverkehrs durch einen dampflokbespannten Zug auf dieser Strecke zu ermitteln. Weitere Versuche sollten die generelle Nutzbarkeit der Einheitsschnellzuglokomotiven für leichtere, sehr schnelle Züge demonstrieren. Zu diesem Zweck führte die VL Versuchsfahrten mit einer S 10[1] sowie den 03 033, 037, 03 038 und 03 073 durch. Die S 10[1] (17 1202) erreichte unter Belastung durch einen Mess- und zwei D-Zug-Wagen für längere Zeit eine Geschwindigkeit von 140 km/h, mit drei Eilzugwagen auf der Strecke Berlin – Hannover sogar 152 km/h, wobei sich allerdings Probleme an den Stangenlagern zeigten. Die drei 03er, die alle aus dem Betrieb herausgenommen wurden und deshalb auch einen recht unterschiedlichen Unterhaltungszustand aufwiesen, wurden über 35 Schnellfahrten unterzogen. Das Zuggewicht lag bei den ersten vier Fahrten bei 153 t, bei den restlichen bei 200 t, bei fünf Fahrten sogar bei 240 t.

Dabei wurden Beharrungsgeschwindigkeiten von 130–135 km/h und Höchstgeschwindigkeiten von 135–144 km/h erreicht. Wie *Nordmann* ausführte, war damit die prinzipielle Möglichkeit eines hochwertigen Schnellzugdienstes mit den leichten Einheitsschnellzuglokomotiven aufgezeigt worden. Allerdings mehrten sich Schä-

---

75 Nordmann, H.: Ergebnisse neuer Versuche mit Dampflokomotiven. ZVDI. 78 (1934), S. 729

76 Nordmann: Neue Versuche mit Schnellzuglokomotiven, auch der Stromlinienform. GA. 59 (1935) II, S. 172

77 Düring: Länderbahnschnellzuglok, S. 157-160

78 Nordmann, H.: Ergebnisse neuer Versuche mit Dampflokomotiven. ZVDI. 78 (1934), S. 729

79 Th. Düring behauptete sogar, dass die 02 unter Wagner bewusst falsch konstruiert worden war, um das alte, bereits unter Garbe geäußerte Vorurteil gegenüber der Verbundmaschine neuerlich bestätigen zu können. [Düring, Th.: Die Schnellzuglokomotive der Baureihe 03 der Deutschen Reichsbahn. LM. (1979), S. 253]

80 Nordmann: Heißdampf und Verbundwirkung. Lokomotive. 38 (1941), S. 153

81 Nordmann, H.: Ergebnisse neuer Versuche mit Dampflokomotiven. ZVDI. 78 (1934), S. 735

82 Düring, Theodor: Schnellzug-Dampflokomotiven der Einheitsbauart. S. 260-261

83 Nordmann: Neue Versuche mit Schnellzuglokomotiven, auch der Stromlinienform. GA. 59 (1935) II, S. 172

Wuchtig wirkte die 2'D2'-Schnellzuglok der Reihe 06. Trotzdem waren die Messergebnisse der Maschine vom Sommer 1939 eher enttäuschend.

Th. Düring,
Slg. A. Gottwaldt

den an beinahe allen Lagern, und auch die Laufruhe wurde bei höheren Geschwindigkeiten extrem schlecht.[82] Nachdem RZA und VL mit den Lokomotiven der Baureihe 03 im Jahre 1933 zwischen Berlin-Charlottenburg und Hamburg Versuche zur Steigerung der durchschnittlichen Fahrgeschwindigkeit angestellt hatten und diese vor den betriebsmäßigen Probezügen zeigen konnte, dass Geschwindigkeiten von 120 bis 130 km/h durchaus möglich waren, wenn auch nur bei hohem Pflegeaufwand an den Maschinen, suchte man nun eine weitere Steigerung der Reisegeschwindigkeit zu erzielen. Zur Untermauerung der Ergebnisse führte man nochmals Schnellfahrversuche mit 03 109 und 03 154 (noch ohne Verkleidung) auf gleicher Strecke bei 140 km/h durch, die die erhaltenen Aussagen bestätigen konnten.[83] Man wies der VL in Grunewald im November 1933 aus dem Bw Halberstadt die 03 109 zu, die bis Mitte Dezember messtechnisch ausgerüstet und besonders sorgfältig vorbereitet wurde. Die Messgruppe des Grunewalder Versuchsabteilung unternahm mit dieser Maschine im ersten Quartal 1934 insgesamt 197 Messfahr-

ten (!) bei unterschiedlicher Belastung, wovon 32 bis zu einer Geschwindigkeit von 140 km/h und 27 mit 120 km/h sowie die restlichen 138 Fahrten mit Geschwindigkeiten im Bereich von 100, 80, 60 und 40 km/h gefahren wurden. Die Versuchsergebnisse zeigten bei ihr die besten Verbrauchs- und Leistungswerte. Das diese Versuchsergebnisse und die daraus resultierende Überbewertung der Reihe 03 nicht ganz realistisch waren, hat *Düring* in seinem Buch über die Einheits-Schnellzuglok mehrfach aufgezeigt und soll an dieser Stelle nur noch einmal am Rande Erwähnung fin-

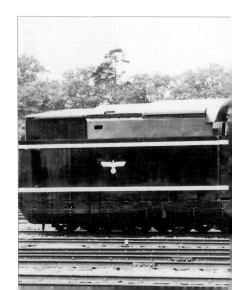

den.[84] Letztendlich waren die in den darauf folgenden Jahren gemachten Entwicklungsarbeiten und Versuche dann auch die logische Konsequenz aus diesen Ergebnissen, ebenso die neuen Schnellzugfahrpläne.

5.7.2 Versuche mit strömungsgünstig verkleideten Lokomotiven

Zu den beachtlichen Arbeiten im Dampflokbau kann man die in den dreißiger Jahren durchgeführten Versuche zur Herausbildung von Lokomotiven und Wagen mit geringem Luftwiderstand rechnen.

Hieraus entstanden nach mehrjähriger Entwicklungsarbeit die teil- und ganzverkleideten Lokomotiven der Baureihen 01^{10}, 03, 03^{10}, 05, 06, 19^{10} und 61 sowie, nicht zu vergessen, die später bei der DRB als Reihen 60 und 74$^{4-13}$ eingereihten Lokomotiven der Lübeck-Büchener-Eisenbahn (LBE), sowie die in ihrer Form windschnittig gestalteten Reisezugwagen der Bauarten ABC 4ü-39, BC 4ü-39, der Henschel-Wegmann-Zug und der Doppelstockzug der LBE und, nicht zu vergessen, die unterschiedlichen Ausführungsformen der Triebwagen.

Vorangegangen war dieser Entwicklung der Gedanke der Reichsbahn, für die Erprobung der Laufruhe sowie zur Untersuchung des Luftwiderstandes auf unterschiedliche geformte Endbereiche der Reisezugwagen eine besondere Lokomotive zu beschaffen, da die vorhandenen Maschinen für die Versuchsfahrten nicht die notwendige Leistung erbrachten. Die deutsche Lokomotivbauindustrie reichte eine Reihe von sehr interessanten Entwürfen ein, die damals teilweise neue Wege beschritten, die nicht unbedingt den Bestrebungen *Wagners* und des RZA nach möglichst einfacher Bauart folgten.[85] Unter den eingegangenen Entwürfen zeigte der Borsig'sche mehrere Varianten von stromlinienförmig verkleideten Lokomotiven, die in ihrer Form auf die im Juli 1932 in Windkanalversuchen an der TH Berlin an einem Modell gemachten Erfahrungen zurückgingen. 1932 entschied sich der Lokomotivausschuss für die Durchbildung einer entsprechenden Lok, allerdings als Betriebslok. Den Gedanken einer reinen Versuchslokomotive hatte man fallen gelassen. Auf Empfehlung des Lokausschusses fertigte Borsig ein neues Modell, nunmehr mit einem hohen Detaillierungsgrad an, das in Zusammenarbeit mit dem RZA im Windkanal in Göttingen im Frühjahr 1933 untersucht

84 Düring, Theodor: Schnellzug-Dampflokomotiven der Einheitsbauart. S. 252-256
85 Hofbauer, Adolf: Lokomotiven für die Schublade. Die Vorentwürfe für Schnellfahr-Dampflokomotiven der DR. LM. (1971), S. 529, Adolf Wolff und die Borsig-Projekte der Jahre 1931-1945. LM. (1971), S. 819

Im April 1939 führte man 06 001 der LVA-Grunewald zu, um sie systematischen Messfahrten unterziehen zu können. Das Urteil über die Leistungsfähigkeit der Maschine blieb indes eher kühl.

H. Maey/
Slg. D. Winkler

Hin zur Reichsbahn-Einheitslokomotive

wurde. Dabei zeigten sich bereits hier mögliche Leistungsgewinne in dem Geschwindigkeitsbereich über 150 km/h bei vollständiger Verkleidung. [86]

Da noch Vorbehalte gegenüber der Verkleidung bestanden, die sich auf die möglicherweise schlechte Kühlung der Lager im Triebwerksbereich bezogen, entschloss man sich bei der Reichsbahn zu entsprechenden Versuchen. Hierfür wurde bei Borsig im Jahre 1934 der Umbau von 03 154 veranlasst. Für die Versuche hatte sie neben der Triebwerksverkleidung die stark ellipsoid gewölbte Raumkammerverkleidung, ein windschnittiges Führerhaus sowie große Windleitbleche erhalten. Die Versuchsfahrten fanden zwischen Ende August und Mitte September 1934 statt, wobei die Lok in ihrem verkleideten Zustand, wie auch nach Abnahme der Schürzen und der Rauchkammerverkleidung untersucht wurde. Dabei zeigten die Temperaturmessungen bei Messfahrten mit und ohne Triebwerksschürze nur geringfügige Temperaturerhöhungen. Die ebenfalls durchgeführten Leistungsmessungen zeigten dann sehr genau die Leistungsgewinne bei höheren Geschwindigkeiten durch die wenigen Verkleidungen. [87]

Nach den recht erfolgreichen Versuchen mit 03 154 entschloss man sich beim RZA zum Bau einer vollständig verkleideten Lokomotive. Am 8. März 1935 gelangte mit 05 001 die erste, mit Rollenlagern ausgerüstete Maschine dieser Bauart zur VL, musste dann aber zur Jubiläumsausstellung nach Nürnberg abgegeben werden, so dass sie für den Versuchsbetrieb vorerst nicht zur Verfügung stand. Mit 05 002, die mit Gleitlagern ausgestattet war, konnte Borsig wenig später die zweite Lokomotive dieser Bauart abliefern, die am 17. Mai 1935 der VL zuging. Nach Brems-, Verbrauchs- und Leistungsversuchen mit der Lokomotive begann man Anfang Juni 1935 mit systematischen Schnellfahrversuchen auf der Strecke Berlin – Hamburg mit dem Messwagen 3, wobei recht schnell mit Anhängelasten von 195 bis 205 t Geschwindigkeiten von 190–195 km/h erreicht werden konnten. Allgemein bestätigten die Versuche den Leistungsgewinn im höheren Geschwindigkeitsbereich durch die strömungsgünstige Verkleidung und zeigten die Leistungs- und Konkurrenzfähigkeit gegenüber den Schnelltriebwagen auf. [88][89]

Den Höhepunkt der Schnellfahrversuche stellte dabei die Weltrekordfahrt vom 11. Mai 1936 vor dem Probezug 4317 auf der Strecke Wittenberge – Berlin – Spandau war. Die Maschine hatte hierbei einen Zug aus drei D-Zugwagen sowie einem Messwagen der VL von allerdings nur 197 t zu befördern und erreichte dabei eine Höchstgeschwindigkeit von 200,4 km/h. [90]

Aus dieser Motivation heraus war auch der Henschel-Wegmann-Zug entstanden. Die erste hierfür vorgesehene Zuglok, 61 001, gelangte knapp ein Jahr später von Mitte März bis Ende April 1936 zu lokomotivtechnischen Messungen zur VL, nachdem Vorführungsfahrten sowie brems- und wagentechnischen Untersuchungen im Dezember 1935 und Januar 1936 sowie Anfang März 1936 vorangegangen waren. Die lokomotivtechnischen Versuche wurden im Geschwindigkeitsbereich bis 120 km/h noch mit einer Bremslok, darüber dann mit zwei bis drei Schnellzugwagen als Belastung durchgeführt. Die Leistungsfähigkeit der Maschine konnte man nachweisen, jedoch zeigten sich durch das Zweizylinder-Triebwerk Probleme lauftechnischer Art, die Nordmann erneut auf die Anwendung des Mehrzylinder-Triebwerkes bei Lokomotiven für hohe Geschwindigkeiten hinweisen ließen. [91]

Daraus zog man die entsprechende Konsequenz und führte die zweite für den Henschel-Wegmann-Zug vorgese-

---

86 Nordmann: Der Luftwiderstand der Eisenbahnfahrzeuge. Organ. 90 (1935), S. 395, Vogelpohl, G.: Windkanalversuche über den Luftwiderstand von Eisenbahn-Fahrzeugen. ZVDI. 78 (1934), S. 163
487 Nordmann, H.: Versuchsergebnisse mit Stromlinien-Dampflokomotiven. ZVDI. 79 (1935), S. 1226
Nordmann: Neue Versuche mit Schnellzuglokomotiven auch der Stromlinienform. GA. 59 (1935) II, S. 172
Nordmann, H.: Der Leistungsgewinn von Stromlinienlokomotiven. ZVDI. 82 (1938), S. 517
88 Nordmann, H.: Versuchsergebnisse mit Stromlinien-Dampflokomotiven. ZVDI. 79 (1935), S. 1226
Nordmann: Versuche mit Dampflokomotiven für hohe Geschwindigkeiten. VtW. 30 (1936), S. 546.
89 Wagner, R. P.: Die 2C2-Stromlinienlokomotive der Deutschen Reichsbahn. Organ. 91 (1936), S. 41
90 Vorführungsfahrten für Vertreter der Wehrmacht, des Richterstandes und der Partei mit den neuen Schnellfahrzeugen der Deutschen Reichsbahn. DR. (1936), S. 417
91 Nordmann: Versuche mit Dampflokomotiven für hohe Geschwindigkeiten. VtW. 30 (1936), S. 551.
92 Gottwaldt, Alfred B.: Die Baureihe 61 und der Henschel-Wegmann-Zug. Stuttgart. 1979, S. 67-70
93 Ebel, Jürgen U. (Hrsg.): Legendäre 18 201. Freiburg: EK-Verlag, 1995, S. 8-12 u. 16-21

hene Lok 61 002 als Dreizylinder-Maschine aus. Im Juni 1939 kam sie zur LVA. Der Abnahmefahrt am 21. Juni 1939 und Beseitigung der dabei aufgetretenen Mängel folgte am 22. Juli die Abnahme und Ende August 1939 erste Versuchsfahrten mit der Lok. Neuerliche Mängel offenbarten sich, die die LVA nach Zustimmung durch das RZA bis zum 24. Oktober 1939 selbst beseitigen konnte. Weitere Versuche unterblieben infolge des Kriegsausbruches.[92][93]

Offen war Mitte der dreißiger Jahre hingegen noch ein direkter Vergleich zwischen unverkleideter Lok, also der Standardausführung, und verkleideter Lok, die die tatsächlich erreichbaren Leistungsgewinne und Verbrauchssenkungen zeigen könnten. Die Reichsbahn entschloss sich, sowohl für diese Zwecke als auch um einen notwendigen Ersatz für die beiden Altonaer 05'er zu besitzen, eine Lok der Reihe 03 nach Muster der 05 in verkleideter Bauart zu bestellen, die 1935 mit der 03 193 von Borsig geliefert wurde. Erst Ende 1936 (21.10.–13.11.36) konnte die VL dann die Versuchsfahrten auf den Strecken Berlin–Magdeburg und Berlin–Hamburg durchführen, wobei sich ein deutlicher Leistungsgewinn gegenüber den Ergebnissen der unverkleideten 03 154 zeigte. Allerdings wies *Nordmann* auf die nicht eindeutig vergleichbaren Versuchsergebnisse hin, die u.a. in den unterschiedlichen Umweltbedingungen bei den Testfahrten wie auch in Massen der unterschiedlichen Lokomotiven bedingt waren.[94] Betriebsmessfahrten vor den FD23/24 Altona–Berlin–Altona schlossen sich noch in der ersten Hälfte des Jahres 1937 an.[95]

Trotz aller bisherigen Misserfolge mit der Verwendung von Steinkohlenstaub

Auf der Rückfahrt von einem der ersten Versuche am 9. Juli 1934 passiert 03 154 den Bahnhof Neustadt (Dosse).

H. Meyer,
Slg. D. Winkler

94 Nordmann, H.: Der Leistungsgewinn von Stromlinienlokomotiven. ZVDI. 82 (1938), S. 515.
95 Düring, Theodor: Schnellzug-Dampflokomotiven der Einheitsbauart. S. 264

Dampfmachen vor dem Messzug. Am 18. Mai 1935 stand 61 001 vor ihrem Zug aus zwei preußischen Reisezugwagen und dem Grunewalder Messwagen.

Landesbildstelle Berlin

Hin zur Reichsbahn-Einheitslokomotive

als Heizmaterial für Dampflokomotiven hatten die BLW 1934 auf Verlangen der Reichsbahn einen Entwurf für eine Lok mit Steinkohlenstaubfeuerung in Form der 05 003 vorgelegt und die Maschine ausgeführt. Von Oktober 1937 bis November 1938 zogen sich die Versuche mit der ebenfalls stromlinienförmig verkleideten und als Besonderheit mit dem Führerhaus voran fahrenden 05 003 unter Leitung der LVA Grunewald hin. Bei ersten Versuchsfahrten mit Braunkohlenstaub im Oktober und November 1937 konnte die Feuerungsleistung aufgrund der beschränkten Staubförderung von Gebläse und Schnecke nicht auf einen Wert gesteigert werden, der das Erreichen der geforderten 160 km/h ermöglichte. Bei einer Fahrt am 1.10.1937 mit einem 140-t-Zug aus Messwagen und zwei D-Zugwagen konnte der Kesseldruck nicht über 18 atü gesteigert werden, und die Geschwindigkeit erreichte nur 156 km/h. Eine weitere Messfahrt am 16.11.1937, ebenfalls auf der Strecke Berlin – Hamburg mit 17 120 als Bremslok zeigte während der Beharrungsfahrt bei 120 km/h, dass ein Kesseldruck von 20 atü nicht gehalten werden konnte, da die Feuerungsleistung zu gering war. Die anschließenden Versuchsfahrten mit Steinkohlenstaub zwischen November 1937 und Januar 1938 schlugen ebenfalls aus unterschiedlichsten Gründen fehl, so dass man die Lok im Sommer 1939 an die BLW zurückgab. Bereits die ersten Fahrten hatten gezeigt, dass große Schwierigkeiten bezüglich der Verbrennung bestanden. Luftmangel, Entmischung des Staub-Luftgemisches und starke Verschlackung waren einige der beobachteten Mängel. So wurde nach einer Messfahrt von rund 500 km vom Dach des Grunewalder Messwagens 25 kg Flugstaub heruntergekratzt, *„eine gehäufte Handkarre voll"*, wie *Adolf Wolff* bemerkte. Umbauten u.a. an der Sekundärluftzuführung, Saugzuganlage und der Brennkammerausmauerung zeigten wenig Erfolg, so dass die Versuchsfahrten bei der LVA eingestellt wurden.

Nach dem Umbau der Lok und Einbau eines neuen Fördergebläses fanden im Juni 1940 bei den BLW nochmals Standversuche durch, die wegen des Krieges nicht mehr weitergeführt wurden. Auf Anraten von *Adolf Wolff*, dem damaligen Konstruktionschef der BLW, entschloss sich die Reichsbahn dann 1944, die bis dahin abgestellte Lok in die normale rostgefeuerte Ausführung umbauen zu lassen. [96]

Im April 1939 kam dann mit 06 001 die größte Vertreterin der deutschen Schnellzuglokomotiven nach Grunewald. Vor dem Messwagen 3 absolvierte sie bis zum 7. Juli 1939 insgesamt 21 Messfahrten bei Beharrungsgeschwindigkeiten von 80, 100 und 120 km/h. Durch den Kriegsausbruch wurden die Messfahrten nicht mehr fortgesetzt, ein Versuchsbericht kam nicht zustande. Die Lok erwies sich keinesfalls als besonderer Wurf. Später angestellte Vergleiche u.a. mit der 01[10] zeigten nur geringfügig bessere Leistungswerte.

---

96 Wolff, Adolf: Die 2'C2'-h3-Schnellzuglokomotive 05 003 der Deutschen Reichsbahn. GA. 71 (1947), S. 21, S. 49

97 Düring, Th.: Die Reichsbahn-Einheitslokomotiven für veränderlichen Achsdruck der Baureihen 06, 45 und 41. LM. (1965), H. 12, S. 6

98 Schreiben Fklvs 690/VL 3 vom 10. Mai 1938. SaWi

Die 03 154 nach dem Umbau der Triebwerksverkleidung im Jahr 1938.

Hermann Maey, Slg. D. Winkler

Hinzu kamen Entgleisungen im Betrieb aufgrund des langen Achsstandes sowie die hohe Schadanfälligkeit des nach Wagnerschen Baugrundsätzen viel zu lang ausgefallenen Kessels.[97] Klagen des Betriebsdienstes veranlassten das RZA im Dezember 1936 dazu, an 03 154 den Umbau der Triebwerksverkleidung durchführen zu lassen. Im März 1938 konnten endlich erste Messfahrten unternommen werden, die jedoch wegen Lagerversuchen, die sich seit dem Frühjahr 1936 hinzogen, im April 1938 wieder eingestellt werden mussten. Sie zeigten nur eine geringfügige Erhöhung des Luftwiderstandes, dem die bessere Zugänglichkeit des Triebwerkes an der Lok gegenüber stand. Dem entsprechend empfahl Brüggemann als Messgruppenleiter des Versuchsamtes für Lokomotiven und Triebwagen die Kürzung der Triebwerksverkleidung an den Baureihen 03 und 05 sowie den zum Bau anstehenden Lok.[98] Doch vorerst unterblieb eine Bauartänderung bei den anderen Baureihen. Und so sollten auch in den nächsten Jahre die Lokpersonale im Sommer wie im Winter zumeist mit offenen Triebwerksjalousien fahren. Erst im Sommer 1940 griff man seitens des RZA, die Problematik nochmals auf, wie noch zu zeigen sein wird.

5.7.3 Weitere Untersuchungen von 1934 bis 1939

Hatten die Mitteldrucklok aus dem Versuchsprogramm der DRG einen wärmewirtschaftlichen Erfolg gezeigt, so zeigten sich die Kessel aus Sonderbaustählen den Anforderungen recht bald nicht gewachsen. Die Zahl der Defekte an den Maschinen war hoch und der Unterhaltungsaufwand lag über dem der Maschinen mit normalem Kesseldruck von 16 kp/cm². So entschloss man sich seitens des RZA zu einer weiteren Versuchsreihe, bei der ein Kesseldruck von 20 kp/cm² als höchster Grenzwert angesehen wurde. Das hierfür aufgestellte Typenprogramm umfasste Maschinen der Baureihen 05, 61, 71, 84, 41 und 45.

Als erste Maschinen in dieser Reihe wurden 71 001 und 71 002 im Jahre 1934 ausgeliefert. Mit der für die VL bereitgestellte 71 002 war eine erste Tenderlok mit 20 kp/cm² Kesseldruck zu Versuchen vorhanden, die das RZA für den speziellen Einsatzzweck eines triebwagenähnlichen Personenverkehrs be-

Nicht ohne Stolz hat sich die Versuchsmannschaft während der Messfahrt vor dem neuen „Star" der Reichsbahn zum Gruppenfoto aufgestellt. Zweiter von rechts ist Messgruppenleiter Paul Roth, siebter von rechts Hans Nordmann

Slg. A. Gottwaldt

Hin zur Reichsbahn-Einheitslokomotive

84 001 im Fotoanstrich auf der Drehscheibe vor dem Verwaltungsgebäude der BMAG in Wildau bei Berlin.

Werkbild BMAG/ Slg. D. Winkler

99 Nordmann: Dampflokomotiven mit 20 at Kesseldruck und einfacher Dampfdehnung. Organ. 93 (1938), S. 223

100 Betriebsbuchauszug. SaKu

101 Nordmann: Dampflokomotiven mit 20 at Kesseldruck und einfacher Dampfdehnung. Organ. 93 (1938), S. 223

102 Zimmermann, W.: 1'D1' Lokomotive Reihe 41 der Deutschen Reichsbahn für den Güterschnellverkehr. In: Die Lokomotive. 36 (1939), S. 75

Seiler; Ebel: BR 45. S. 48

104 Nordmann: Dampflokomotiven mit 20 at Kesseldruck und einfacher Dampfdehnung. Organ. 93 (1938), S. 223

schafft hatte. Die 1'B1'-h2-Tenderlok war für Einmannbedienung ausgelegt und stellte eine Versuchsbauart dar. Bei den Beharrungsfahrten, welche die VL in den Geschwindigkeitsbereichen von 40, 60 und 80 km/h ausführte, fielen die ermittelten Verbrauchswerte recht ungünstig aus. Vergleiche mit den Werten der Mitteldrucklok und den Dampfverbrauchswerten französischer Schnellzugmaschinen ließen auf einen Wert zwischen 5,4 und 5,6 kg/PSih hoffen. Erzielt wurden hingegen 6,5 bis 6,7 kg/PSih. Die Gründe waren bauartbedingt und lagen u.a. im kleinen Zylinderdurchmesser.

Vergleichende Untersuchung der beiden Bauarten der für die Müglitztalbahn vorgesehenen Lok der Reihe 84 mit 84 002 (Zweizylinder-Maschine mit Schwartzkopff-Eckhardt-Gestell von der BMAG) führte die VL von Januar bis Juni 1936 und mit 84 003 (Dreizylinder-Maschine mit Luttermöller-Endachsantrieb von O&K) von März bis September 1936 in Geschwindigkeitsbereichen von 30, 40 und 60 km/h aus, wobei die Zweizylindermaschine mit besseren Dampfverbrauchswerten abschnitt. Allerdings wies die Dreizylindermaschine eine wesentlich bessere Laufruhe im höheren Geschwindigkeitsbereich auf.[99] Für den

Der Schwartzkopff-Fotograf lichtete die 41 001 bei einer Testreihe 1937 in Friedrichsruh ab. Mit dieser Aufnahme warb die Firma später.

Slg. D. Winkler

Weitere Untersuchungen

Serienbau entschloss sich das RZA allerdings zur Ausführung mit normalem Kesseldruck, da der wirtschaftliche Vorteil des höheren Kesseldrucks durch die aufwändigere Unterhaltung aufgezehrt würde. Von Anfang Mai bis Mitte Juli 1937 fanden dann mit der ersten Serienlok der BR 84, der von BMAG gebauten 84 005, die entsprechenden Versuchsfahrten statt.[100]

Zwischen Januar und Juli 1937 erprobten die Mitarbeiter der LVA die neue 41 002 sowie im März auch 41 001. Nach *Nordmann* wurde 41 001 bereits im Dezember 1936 der LVA zugeführt und leistungstechnisch bei Geschwindigkeiten zwischen 40 und 100 km/h untersucht. Gegenüber der mit einem gleich großen, allerdings für 16 kp/cm² ausgelegte Kessel der Reihe 03 wies auch sie nur geringfügig bessere Dampfverbrauchswerte auf.[101] Der Fahrzeuglauf war auch bei 100 km/h noch ruhig. Dies bestätigten auch die Betriebserfahrungen der beiden Baumusterlok vor schnellfahrenden Viehzügen zwischen Schneidemühl und Berlin, was den Maschinen den Spitznamen „Ochsenlok" einbrachte.[102]

Einen weiteren größeren Auftrag stellte die Erprobung der letzten an die DRG abgelieferte Lok mit 20 kp/cm² Kesseldruck, der 45 001 von Juni 1937 bis Mai 1938, dar. Insgesamt wurden mit ihr an 52 Tagen Versuche von über 14300 km gefahren.[103] *Nordmanns* Veröffentlichung kann entnommen werden, dass sie bei Geschwindigkeiten von 40, 60, 80 und 100 km/h untersucht wurde. Der Dampfverbrauch war sehr günstig, die größte Zughakenleistung bei Vollast erreichte sie bei 60 km/h mit 2280 PSe. Gegenüber der 44 lag die Zughakenleistung 25,3 % höher. *Nordmanns* Urteil lautete 1938: „...*eine ungewöhnlich leistungsfähige, sparsame und gut laufende Güterzuglokomotive*.."[104]

Standen die Versuche mit den neuen Schnellzugmaschinen sowie den Sonderbauformen in den Veröffentlichun-

Bei der zweiten Bauart dieser schweren Tenderlok als Zweizylinder-Maschine wählte man für die erste und letzte angetriebene Achse den Luttermöller-Achsantrieb aus, um die Bogenläufigkeit zu erzielen. So fallen, wie hier bei 84 004, die fehlenden Treibstangen für die erste und letzte Kuppelachse auf.

Slg. D. Winkler

Hin zur Reichsbahn-Einheitslokomotive

Im Sommer 1935 stand die mit Lentz-Ventilsteuerung versehene 03 175 in Grunewald. Erneut fiel das Urteil des RZA nach den Versuchen zu Ungunsten dieser Steuerungsbauart aus. Dass sie durchaus erfolgreich im Lokomotivbau Verwendung fand, zeigten die Erfahrungen u.a. in Österreich.

Slg. D. Winkler

gen im Vordergrund, so führte die VL-Grunewald gleichzeitig auch die Untersuchung der weiteren Einheitslokomotiv-Bauarten sowie älterer Lokomotiven der Länderbahnen durch, deren Ergebnisse in weit geringerem Umfange publiziert wurden. Nichts desto weniger gehörten ihre Untersuchungen ebenso in das vielfältige Versuchsprogramm der VL, wie auch die Messfahrten mit Triebwagen oder Verbrennungskraft-Lokomotiven.

Ergänzt wurde das Programm durch Forschungsreihen, die thematischen Grundlagenuntersuchungen dienten. Dazu gehörten z.B. die Maschinen der Reihe 89^0. Zwar hatte die DRG Ende der zwanziger Jahre mit den Rangiertender–Baureihen 80 und 81 zwei gute Heißdampfmaschinen in Betrieb genommen, doch stellte der Lokomotivausschuss 1931, als es um die Beschaffung einer leichten Rangierlok für Personenbahnhöfe ging, erneut die Frage, ob der vorgesehene Einsatzzweck die Beschaffung einer Heißdampfmaschine rechtfertige oder doch eher eine Nass-dampfmaschine wirtschaftlicher sei. Gute Vergleiche, die beispielsweise die T 13 hätte bieten können, lagen nicht vor, so dass der Ausschuss empfahl, die vorgesehene Lok jeweils als Nass- und Heißdampfmaschine ausführen zu lassen.

Im Januar 1935 kamen zwei Maschinen der neuen Rangierlok-Baureihe 89 zur VL. Die zuständige Messgruppe nahm darauf hin Vergleichsuntersuchungen der Nassdampf und Heißdampfversion an 89 001 und 89 004 im Geschwindigkeitsbereich von 5, 10, 20 km/h auf der Strecke Nauen – Börnicke und mit 40 km/h auf der Strecke nach Magdeburg vor. Den Anfang machte man im Frühjahr 1935 mit der Heißdampfmaschine 89 004, im Anschluss setzte man im Mai und Juni die Untersuchungen an der Nassdampflok 89 001 fort. Anschließend fanden nachgeahmte Rangierfahrten statt. Die unterschiedlichen Messfahrten bewiesen abermals die Überlegenheit der Heißdampfmaschine. Auch die Ermittlung der Verbrauchszahlen im Rangierdienst auf dem Anhalter Bahnhof in Berlin wiesen die wirtschaftliche Überlegenheit der Heißdampfmaschinen nach. Letztendlich zeigten diese Werte aber auch erneut die Differenz zwischen den unter idealen Bedingungen aufgenommenen Zahlen der Messfahrten und den Betriebswerten auf. [105]

In das Jahr 1936 fielen nochmalige Messfahrten mit einer Lok der Reihe 01. Nachdem die Indiziermethode und die Indikatoren verbessert worden waren, wollte man die Leistungscharakteristik der 01 nochmals und nun genauer aufnehmen. Hierfür wurden Beharrungsgeschwindigkeiten bei 80, 100 und 120 km/h gefahren und die Ergebnisse mit denen an 01 093 im Jahre 1929 aufgenommen, die nur bis 100 km/h reichten, verglichen. Versuchslok war in diesem Falle die zum Bw Breslau gehörende und zum Untersuchungszeitpunkt bereits 120.000 km Laufleistung aufweisende 01 140. [106]

Noch nicht abgeschlossen war das Kapitel der Blasrohrentwicklung, wie die seit Oktober 1937 laufende und bis zum März 1939 andauernde Erprobung eines Doppelblasrohres und -schornsteins an 03 194 (Bw Altona) zeigt. *Düring* ist auf die Hintergründe und Ergebnisse ausführlich eingegangen und soll nicht wiederholt werden. [107]

Seit Ende 1937 liefen Untersuchungen an 38 2412, die mit einer Tolkien-Steuerung ausgerüstet war. Die Versuchsfahrten zeigen einen höheren Dampfverbrauch als bei den konventionellen P 8, so dass die Versuche 1938 eingestellt wurden. Erforderliche Umbauten wurden aufgrund der hohen Kosten seitens der Firma Krupp nicht mehr durchgeführt. Ein Vorstoß *Tolkiens* selbst beim RZA scheiterte ebenfalls aufgrund der hohen Kosten. Die LVA baute zu Beginn des Krieges die Steuerung aus und lagerte sie in Grunewald ein. [108]

Weitere Versuche liefen seit Ende November 1934 mit 86 121, seit Januar 1935 fanden Messfahrten mit 58 1662 statt. Mitte März bis Ende Juni 1936 standen Versuche an 86 277 auf dem Arbeitsplan. Untersuchungen an 64 403 und 406 schlossen sich im November und Dezember an.

Eine erneute Untersuchung von 86 277 folgte im März 1938. [109]

5.7.4 Versuche mit Lentz-Ventilsteuerung

Die Untersuchung von Lokomotiven mit Ventilsteuerung des Systems Lentz stellte für das Versuchsamt in Grunewald keine neue Tätigkeit dar, waren doch über die letzten drei Jahrzehnte etliche Lokomotiven versuchsweise mit dieser Steuerungsart ausgerüstet worden. Erfahrungen aus dem Betriebsdienst wie auch die Grunewalder Messergebnisse wiesen dabei auf die Anfälligkeit und den hohen Wartungsaufwand der Steuerungsbauart hin. Der Vorteil der Ventilsteuerung, durch plötzliches Öffnen größerer Ein- und Auslassquerschnitte der Dampfkanäle und präzisere Steuerung der einzelnen Arbeitsphasen der Dampfmaschine durch die jeweils zwei vorhandenen Ein- und Auslass-Ventile die Drosselverluste verglichen mit dem allmählichen Vorgängen bei der Schiebersteuerung zu vermeiden und bei gleicher Zylinderleistung mit wesentlich kleinerer Füllung fahren zu können, zeigte sich vornehmlich bei fabrikneuer Ausführung. Allgemein galt die Mechanik der Steuerung als störanfällig.

Dass dem nicht so sein musste, zeigten allein die erfolgreichen Einsätze bei der Oldenburgischen Staatsbahn oder der Blick nach Österreich. In Preußen betrachtete man diese Technik eher zögerlich und entschloss sich spät, einige Maschinen der Gattung P 6 damit ausrüsten zu lassen. *Metzeltin*, der damals bei der Hanomag in leitender Stellung tätig war, berichtet hierüber: *„Bis dahin hatten*

105 Nordmann, Hans: Heißdampf- oder Naßdampf-Rangierlokomotiven. In: GA. (1936), S. 115
106 Düring, Theodor: Schnellzug-Dampflokomotiven der Einheitsbauart. S. 136, 139
107 Düring, Theodor: Schnellzug-Dampflokomotiven der Einheitsbauart. S. 276-280
108 Schreiben Reichsbahn-Zentralamt Berlin. 2333 Fkldp 38 vom 15.4.41. SaK
109 Unterlagen. SaK

Hin zur Reichsbahn-Einheitslokomotive

Eine der wenigen Lokomotiven mit Caprotti-Steuerung bei der Reichsbahn war 38 2698. Die Versuchsabteilung für Lokomotiven untersuchte die Maschine 1931.

Slg. D. Winkler

110 Metzeltin, G.H.: Aus den Lebenserinnerungen von Erich Metzeltin. LM. (1967), H. 26, S. 57
111 Versuchsbericht Fklvp 554 / VL 1 vom 15. April 1935. wiedergegeben in Melcher: BR 64, a.a.O.
112 Schreiben Reichsbahndirektion Frankfurt (Main) 25 1219 Fkl vom 11. August 1934. SaKu
113 Düring, Theodor: Schnellzug-Dampflokomotiven der Einheitsbauart. S. 268-270

wir die Ventile selbst stets aus Gußeisen gefertigt und sie nach der Fertigstellung einer besonderen Glühbehandlung unterworfen. Diese Ventile hatten sich durchaus bewährt. Es ist meines Wissens kaum ein Bruch vorgekommen. Da riet uns Lentz, in Zukunft die Ventile bei Meier & Weichelt in Leipzig in „Weichguß", einer Art schmiedbaren Gusses, gießen zu lassen, da bei diesem weichen Werkstoff ein zu-Bruch-Gehen, wie es bei dem spröden Gußeisen möglich sei, als ausgeschlossen gelte. Leider erwies sich aber der Weichguß im Betrieb als ein völlig ungeeignetes Material. Er wurde porös, Stücke brachen aus: jedenfalls erlebten wir mit der Ventilsteuerung ein großes Fiasko, d.h. bei dieser Reihe von P 6-Lokomotive. Natürlich hieß es wie stets nicht, der Werkstoff der Ventile tauge nichts, sondern die Lentz-Ventilsteuerung tauge nichts." [110]

Jüngere Erfolge in Österreich und Frankreich mit der Ventilsteuerung veranlassten die Firma Lentz immer wieder, die Reichsbahn bezüglich eines nochmaligen Versuches an Lokomotiven modernerer Bauart anzusprechen. Seitens der Reichsbahn gab man diesem Drängen Mitte der dreißiger Jahre nach und genehmigte den Bau von zwei neuen Versuchslok, die 1934/35 zur Auslieferung kamen. Bereits im Sommer 1934 stand die mit einer Ventilsteuerung der Bauart Maschinenfabrik Esslingen ausgelieferten 64 293 dem VL zur Verfügung. Im Zeitraum vom 5.8. bis 17.9. untersuchten die Mitarbeiter des Grunewalder Versuchsamts die Lok ausführlich und führten im Spätherbst Vergleichsfahrten mit 64 294 (Kolbenschieber Bauart Nikolai) und nach Beseitigung von Undichtigkeiten des Nikolaischiebers nochmals vom 20.12.34 bis 5.2.35 vor dem Messwagen 1 auf der Strecke Potsdam – Burg durch. Im Januar 1935 kam 64 293 erneut nach Grunewald, wobei auch hier, wie bei den vorangegangenen Versuchen, die Ventilsteuerung schadhaft wurde. [111]

Anzumerken bliebe, dass entgegen den Grunewalder Ergebnissen sich die RBD Frankfurt mit 64 293 zufrieden zeigte und der VL kurz nach der ersten Überweisung Bedienhinweise zusandte. In dem Schreiben hieß es u.a.: „Die Ventillok hat sich in dieser kurzen Versuchszeit (Anlieferung am 21.6. bis Überweisung an RAW Gd 4.8.34; d.A.) im allgemeinen gut bewährt. Insbesondere hat sie sich in

Akkumulator-Loks

ihrer Leistung den Lok mit Kolbenschieber gegenüber überlegen gezeigt: im Betriebsstoffverbrauch ist sie bei gleicher Leistung sparsamer. Auch die Lokomotivführer urteilen günstig über das zuverlässige und wirtschaftliche Arbeiten der Lokomotive." [112]

Im Jahre 1935 lieferte Henschel eine Schnellzugmaschine der Reihe 03 mit Lentz-Ventilsteuerung aus. Die VL nahm eine ausführliche Untersuchung der 03 175 im Zeitraum vom 2.5. bis 5.9.1935 vor. Man begann mit der Beobachtung und Einregulierung der Arbeitsweise auf dem Lokomotiv-Prüfstand, was zum anschließenden Umbau der Steuerung führte. Später führte man insgesamt 25 Versuchsfahrten vor dem Messwagen 3 im Geschwindigkeitsbereich von 80 – 120 km/h durch. Die Ergebnisse wiesen allerdings keine Ersparnisse des Dampfverbrauchs im Vergleich zur normalen Schiebersteuerung aus.[113]

Die DRG verzichtete in Anbetracht der Grunewalder Untersuchungsergebnisse, der nicht ausgewiesenen Ersparnis und des zu erwartenden höheren Unterhaltungsaufwandes, der insgesamt die Maschinen verteuert hätte, bewusst auf eine Weiterverfolgung der Entwicklung dieser Steuerungsbauart. Trotzdem gelang es der Fa. Lentz, in den Kriegsjahren nochmals ihre Steuerung bei der Reichsbahn unterzubringen. Mit Hilfe des AA Konstruktion, Hauptausschuss Schienenfahrzeuge beim Reichsminister für Bewaffnung und Munition setzte sie den Einbau einer überarbeiteten Variante ihrer Steuerung in eine Lok der Baureihe 52 (52 4915) durch.

5.8 Akkumulator- oder „Zweikraft"-Loks

Im März 1925 wurden auf Veranlassung der DRG Versuche mit einer Akkulok unternommen. Ausschlaggebend war die begonnene Elektrifizierung der

Stadt-, Ring- und Vorortbahnen in Berlin. Damit einhergingen Überlegungen, den gesamten Eisenbahnverkehr innerhalb Berlins auf elektrischen Betrieb umzustellen. Es musste „in absehbarer Zeit damit gerechnet werden ...), daß die Verwendung von Dampflokomotiven im Bereich der Stadt Berlin gesetzlich untersagt wird. Berlin ist nämlich die einzige Weltstadt, für die diese Bestimmung noch nicht besteht. Es wird dann notwendig, neben dem Personenverkehr auch den auf der Ringbahn durchgeführten Güterverkehr zwischen den Hauptverschiebebahnhöfen zu elektrisieren."

Somit stand man vor der Tatsache, einen brauchbaren Fahrzeugtyp zu finden, der die anstehenden Aufgaben bewältigen konnte. Verständlich, dass man dabei anfänglich auf ein Fahrzeug zurückgriff, das in seiner Konstruktion bewährt war.

Die dreiachsige Akku-Lok wurde von der AEG zur Verfügung gestellt und war mit zwei Fahrmotoren ausgerüstet, die zwei Achsen direkt sowie eine Achse indirekt über Kuppelstangen antrieben. Die 46 t schwere Lok konnte eine Höchstgeschwindigkeit von 12 km/h erreichen.

Bei den Versuchen wurden Akkumulatoren mit 168 Zellen des Afa-Typs 8 TM 450/5 verwendet. Damit wurde eine Leistung von 97 kW bei einer Spannung von 325 V erreicht. Die Lok entstamm-

Ausschlaggebend für die Erprobung dieser Akku-Lokomotive der AEG waren Überlegungen, den Rangierbetrieb auf den innerstädtischen Berliner Bahnhöfen zu „elektrisieren". Das RZA wählte eine bei Industriekunden bewährte Bauart aus und ließ Rangierfahrten auf dem Verschiebebahnhof Grunewald im März 1925 durchführen.

Slg. D. Winkler

Hin zur Reichsbahn-Einheitslokomotive

te einer Typenreihe von elektrischen und Akku-Lok der AEG, die bereits zahlreich in der Industrie Verwendung fanden, war somit also keine speziell für die Versuche neu entwickelte Maschine.

Die Versuche mit der Akkulok dauerten vom 23. bis zum 31.3.1925. Ziel war es, zu ermitteln, welche Verschiebeleistung mit der Lok erreichbar waren und Erfahrungen zu gewinnen, welche Höchstgeschwindigkeit für den Verschiebedienst erforderlich wäre. Letztendlich sollten mit den Versuchen die Rechnungsgrundlagen für den Entwurf leistungsfähigerer elektrischer Verschiebelok gelegt werden. Als geeigneten Ort für die Versuchsfahrten wählte man den Verschiebebahnhof Grunewald aus, der mit seinen vielfältigen Aufgaben am geeignetsten erschien.

So boten sich Aufgaben in der Personenzug- und Reisezugbereitstellung und im Güterzugrangierdienst an.

Anschließend nahm die VL Vergleichsfahrten mit einer T 12 vom 19. bis zum 23.5.1925 vor. Hierbei zeigte sich, dass der Energieverbrauch je Tonnenkilometer bei der elektrisch angetriebenen Lok weit günstiger lag als bei der Dampflokomotive.

Aus Vergleichen der bei den unterschiedlichen Diensten erreichten Geschwindigkeiten gelangte *Draeger* zu dem Schluss, dass die elektrische Lok für die zu bewältigenden Aufgaben im Verschiebedienst für eine niedrige Höchstgeschwindigkeit ausgelegt werden kann. Das Resultat sei bei reinen Rangierlokomotiven der Einsatz von leichten, schnelllaufenden Motoren, die bei günstigem Übersetzungsverhältnis eine hohe Anfahrbeschleunigung erlaubten.

Das allgemeine Ziel der Versuche, die Ermittlung der Grundlagen für die weitere Auslegung von elektrischen Verschiebelokomotiven, wurde erreicht.[114] Das Zentralamt verfolgte die Idee, im Verschiebedienst Akku-Lokomotiven einzusetzen, über die Jahre weiter. Man gelangte schließlich zum Konzept der Akku-Kleinlok sowie zu den Zweikraft-Kleinloks, von denen mit Kbs 4072–4077 wenigstens eine kleine Serie realisiert wurde.

Im Jahre 1933 kam dann mit der V 16 004 eine Maschine zur Reichsbahn, die sich deutlich von den Kleinlok abhob. Im Äußeren den Akku-Lok ähnlich, wie sie zahlreich bei Industriebahnen im Einsatz waren, hatten sie die Siemens-Schuckert-Werke in Berlin ebenfalls als Zweikraftlok ausgeführt. Nachdem die Lok seit Oktober 1933 zusammen mit den T 12 des Bw Anhalter Bf im Rangierdienst eingesetzt worden war, absolvierte sie vom 17. April bis zum 4. Mai 1934 mehrere Messfahrten bei der VL.

Auf der Strecke Nauen – Börnicke wurden u.a. Zughakenleistung, Beschleunigungsvermögen und Brennstoffverbrauch aufgenommen sowie ihre Leistungsfähigkeit im Verschiebedienst gemessen. Um Vergleichswerte zu erhalten, absolvierte 74 1105 das gleiche Programm.

Allgemein bewährte sich die V 16 004 dabei recht gut, war jedoch der T 12 nicht deutlich überlegen. So lag das Beschleunigungsvermögen unter dem der T 12.

Zur Betriebsstoffmessung unternahm die Messgruppe der VL Fahrten zwischen Kienburg und Börnicke, wobei Züge aus 12 bzw. 8 D-Zugwagen zu bewegen waren. Hierbei schnitt die V 16 004 besser ab als die preußische Heißdampfmaschine, die Betriebskosten lagen günstiger.

Obwohl *Witte* damals die Überlegenheit der Zweikraftlok würdigte und dabei deutlich die leichte Handhabbarkeit und den Einmannbetrieb hervorhob, unterblieb eine Serienbeschaffung der Lok.[115]

---

114 Draeger, Winfried: Verschiebedienst mit elektrischen Lokomotiven. Elektrische Bahnen. 23 (1926), S. 172

115 Winkler, Dirk: Die Zweikraft-Lokomotive" V 16 004. Lok Magazin. 32 (1993) S. 296

Weitere Untersuchungen

5.9 Untersuchung von neuen Triebfahrzeuge mit Verbrennungsmotor

5.9.1 Lokomotiven mit Verbrennungsmotoren

Wie konträr die Lager bei der Reichsbahn im Hinblick auf die Entwicklung von Großdiesellokomotiven waren zeigt der Bau von V 16 101, der späteren V 140 001. War auf der einen Seite das durch Wagner geprägte konservative, am Dampflokomotivbau angelehnte preußische Lager im RZA Berlin, so setzte die bayerische Gruppenverwaltung mit dem Konstruktionsdezernat im RZA München den im Kleinlok- und Triebwagenbau beschrittenen Weg mit dem Einsatz der hydraulischen Kraftübertragung auch für Lokomotiven größerer Leistung fort. Im Sommer 1935 gelangte nach nur achtmonatiger Entwurfs- und Bauzeit die Maschine, die von Krauss-Maffei gebaut und mit einem Motor der MAN Augsburg und

einem Voith-Föttinger-Flüssigkeitsgetriebe ausgerüstet war sowie weitere Teile bayerischer Firmen besaß (u.a. ein Planetengetriebe der Bayer. Hüttenwerke Sonthofen), zur Reichsbahn. Das Leistungsprogramm sah die Beförderung von Güterzügen auf Nebenbahnen mit 500 t auf Steigungen 1:100 mit 30 km/h sowie die Beförderung von Personenzügen auf Hauptbahnen mit 100 km/h vor. Weiterhin sollte ihr Einsatz im Wendezugbetrieb sowie im Leig-Verkehr möglich sein. Da die Lokomotive umgehend nach ihrer Fertigstellung zur Jahrhundertfeier nach Nürnberg überführt wurde, konnten erste Versuchsfahrten unter Leitung der VL Grunewald erst Ende 1935 durchgeführt werden. Die Tests zogen sich bis 1937 hin und beinhalteten neben Versuchen auf dem Rollenprüfstand in Grunewald zahlreiche Streckenfahrten auch auf den bayerischen Gebirgsbahnen. Sie zeigten die Erfüllung der an die Lokomotive gestellten Forderungen und wiesen ihrer Verwendbarkeit im Betriebsdienst nach. Hervorgehoben

Kleinlok Kbe 4735 von Henschel mit Benzolmotor und elektrischer Kraftübertragung. Sie zog bei der Messfahrt 308 Tonnen Zuggewicht mit 10 km/h.

Messter, Slg. A. Gottwaldt

Hin zur Reichsbahn-Einheitslokomotive

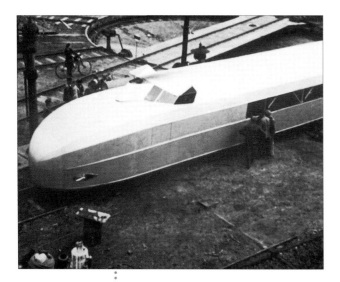

Immer wieder sorgte der Schienenzeppelin, wie er liebevoll genannt wurde, für Aufsehen.

Slg. A. Gottwaldt

116 Fuchs, Fr.; R. Graßl: 1400 PS-Diesellokomotive der Deutschen Reichsbahn mit Flüssigkeitsgetriebe. ZVDI. 79 (1935), S. 1229, Boetcher, G.: Ergebnisse der Abnahmefahrten mit der 1400 PS-Diesellokomotive der Reichsbahn mit Flüssigkeitsgetriebe. ZVDI. 82 (1938), S. 753
117 Schreiben: Reichsbahn-Ausbesserungswerk [Grunewald]. Versuchsabteilung für Lokomotiven – Fklvi 302 VL H a – vom 14. Mai 1932. SaWi

wurde die Bewährung des neuen hydraulischen Getriebes für die erforderliche große Leistung sowie die leichte Bedienbarkeit der Lok. [116]
Zu größeren Stückzahlen kamen bei der DRG nur die Anfang der dreißiger Jahre in die Serienproduktion gehenden Kleinlokomotiven, die zur Rationalisierung des Rangierbetriebes beitrugen und sich umfassend bewährten. Da die Kleinlokomotiven in den unterschiedlichsten Bauarten gefertigt wurden, nahm man umfangreiche Erprobungen aller Bauarten bei der VL vor.
So standen im Frühjahr 1932 gleich vier Maschinen der VL für Versuche zur Verfügung. Zwischen dem 9.3. und dem 8.4.1932 führte die VL Messungen auf dem Bf Seddin mit Kleinlokomotiven von Jung, Deutz und Krauss-Maffei durch. Die Maschinen wiesen 50 bzw. jeweils 60 PS Motorleistung auf und waren mit mechanischen Getrieben ausgerüstet. Für die dabei angesetzten Schleppversuche zur Ermittlung der Getriebewiderstände modifizierte die VL eigens die Zugkraftmessdose des Messwagens 1 so, dass damit auch kleinere Lasten gemessen werden konnten. Dabei schleppte entweder eine Kleinlok oder eine Dampflok das zu untersuchende Fahrzeug. Allgemein umfasste das Versuchsprogramm die Ermittlung des Brennstoffverbrauchs, der maximalen Zugkräfte und des Fahrwiderstandes des Fahrzeugs. [117] Im Spätsommer setzte dann die VL mit der von Schwartzkopff gelieferten Kb 4041 die Untersuchung von Kleinlok fort. Es wurde das selbe Versuchsprogramm abgewickelt. [118]
Nach der Auslieferung der ersten Kleinlok mit Verbrennungsmotor und Hydraulikgetriebe (Kbf) im Jahre 1935 unterzog man bei der VL die Lok (Kbf 4736) einer eingehenden Erprobung. Im Vordergrund des Interesses der Versuche stand hierbei das neue Flüssigkeitsgetriebe.
Die Kleinlok bewährte sich bei den Messfahrten sowie den Betriebsversuchen auf dem Bahnhof Hermsdorf und hat „den Erwartungen, die man an sie hinsichtlich der einfachen Bedienung, des gleichmäßigen Zugkraftverlaufs und der Unempfindlichkeit gestellt hatte, voll entsprochen."[119]
Neben den Kleinlokomotiven mit Verbrennungsmotorantrieb kamen auch einige Bauarten von akkumulatorgespeisten Kleinlokomotiven zur Ausführung. In diese Kategorie können auch die Speicherschlepper eingereiht werden, die von der AEG 1930 ausgeliefert wurden. Mit einem der Fahrzeuge, die Nummern ab A 6001 erhielten, führte die VL Versuchsfahrten auf dem Bahnhof Zehlendorf-Mitte in Berlin durch. Dabei wurden einerseits die Zahl der Verschiebebewegungen bei einer Batterieladung ermittelt, zum anderen Zugkraftmessungen vor einem der Messwagen vorgenommen. [121]
Im Jahre 1933 lieferten dann die Siemens-Schuckert-Werke sechs Zweikraft-Kleinlok an die Reichsbahn ab, die als Kbs 4072 – 4077 eingereiht wurden. Auch mit einer dieser Lok führte die VL Messfahrten durch. Neben der Ermittlung der Zugkräfte vor dem Messwagen

Bei Babelsberg entstand dieses Foto eines SVT „Hamburg" am 27. Mai 1935 während einer Probefahrt.

H. Meyer/
Slg. D. Winkler

sowie mehreren Großraumwagen (330 t) und der Stromaufnahme führte die VL mehrwöchige Betriebsversuche auf dem Gbf Halensee durch. [122]

5.9.2 Die Schnelltriebwagen

Einen anderen und für die Zeit innovativ maßgeblichen Weg zur Steigerung der Reisegeschwindigkeit beschritt man bei der Reichsbahn seit Anfang der dreißiger Jahre mit dem Entwurf, der Entwicklung und dem Bau von Schnelltriebwagen. Hatte man Mitte der zwanziger Jahre bereits begonnen, der Konkurrenz der Kraftfahrzeuge sowie dem Verkehrsrückgang vornehmlich auf Nebenbahnen mit der verstärkten Einführung von Verbrennungstriebwagen zu begegnen und diesen Weg in den dreißiger Jahren erfolgreich fortgesetzt, trug man mit den Schnelltriebwagen dem Anliegen zur Fahrzeitverkürzung im Fernverkehr auf ausgewählten Städteverbindungen Rechnung und trat der Konkurrenz durch den Luftverkehr entgegen. Sicherlich waren auch die Erfolge *Kruckenbergs* mit seinem Propellertriebwagen und die Publizität, die der Schnellbahngedanke damit erreichte, ein weiterer Grund für die Reichsbahn, auf diesem Gebiet aktiv zu werden. Im November 1930 regte die Hauptverwaltung der DRG die Entwicklung eines Schnelltriebwagens an und gab im Februar 1931 die Genehmigung zur Beschaffung an das RZA. [123] Nach Probefahrten bei Friedrichshafen konnte der als „Berlin 877" eingereihte SVT am 19. Dezember 1932 seine erste Fahrt von Berlin nach Hamburg unternehmen. Die Grunewalder Versuchsabteilung nahm in den folgenden Monaten am „Fliegenden Hamburger", wie der Triebwagen bald inoffiziell heißen sollte, eingehende Untersuchungen vor. Dazu gehörten auch etwa 30 Messfahrten zur Erprobung und Verbesserung des Wagenlaufs. Wesentliche Beachtung schenkte man der Aufnahme der Leistungscharakteristik des Fahrzeuges und führte Mitte Januar 1933 umfangreiche Bremsversuche durch, bei denen gleichzeitig Brennstoffverbrauchsmessungen vorgenommen wurden. Mitte März fanden Versuchsfahrten auf der Strecke Saalfeld – Bamberg statt, um zu ermitteln, ob die Maschinenanlage zur Bewältigung der Steigung über den Thüringer Wald ausreichend ist und andererseits die Bremseinrichtungen auf der Gefällestrecke genügen. Bemängelt wurde von der VL, dass alle Versuche stark darunter litten,

118 Schreiben: Reichsbahn-Ausbesserungswerk [Grunewald]. Versuchsabteilung für Lokomotiven – Fklvi 302 VL H a – vom 21. September 1932. SaWi

119 Flemming, F.: Motorkleinlokomotive mit Voith-Flüssigkeitsgetriebe. In: VtW. 29 (1935), S. 361

120 nach Unterlagen des RVM (in Ba Pd), BMAG (LaPd), St 10a/11a (in VMN), Betriebsbuchauszügen

121 Norden: Speicherschlepper für Rangierdienst der Deutschen Reichsbahn. In: EB. (1931), S. 76

122 Witte, Fr.: Zweikraft-Kleinlokomotive der Deutschen Reichsbahn. In: VtW. 27 (1933), S. 171

123 Fuchs, Friedrich; Max Breuer: Der Schnelltriebwagen der Deutschen Reichsbahn. ZVDI. 77 (1933), S. 57

Hin zur Reichsbahn-Einheitslokomotive

Mit vormontiertem Windmesser durchfuhr SVT 137 901 am 4. September 1938 den Bahnhof Wannsee. Weitere zehn Tage sollte der Zug noch der LVA zur Verfügung stehen

H. Meyer, Slg. D. Winkler

124 Reichsbahn-Ausbesserungswerk, Versuchsabteilung für Lokomotiven. Fkwvt 380 / VL 3, vom 4. August 1933. SaWi

125 Versuchsfahrt mit dem Schnelltriebwagen auf der Strecke Berlin-Nordhausen. DR. 9 (1933), S. 952

126 Nordmann: Der Luftwiderstand der Eisenbahnfahrzeuge. Organ. 90 (1935), S. 395

127 Gottwaldt, Alfred B.: Schienen Zeppelin. Augsburg: Rösler+Zimmer, 1972, S. 45-49

„daß von den beteiligten Firmen dauernd noch Veränderungen vorgenommen wurden, ohne daß vorher oder auch nachher uns davon Mitteilung gemacht wurde. Allerdings war es für die Firmen insofern schwierig, da bei allen Fahrten von wenigstens 2 Versuchsabteilungen gleichzeitig Versuche ausgeführt wurden, eine einheitliche Leitung aber immer fehlte."[124]

Im November 1933 untersuchte die VL das Laufverhalten des SVT 877 in Krümmungen bei Fahrten zwischen Berlin und Nordhausen.[125]

In Zusammenhang mit den Versuchen zur Ermittlung des Luftwiderstandes von Lokomotiven und Wagen führte die VL auch mehrere Messungen an Triebwagen durch, um auch hier, wie bei den Versuchen mit Dampflokomotiven und deren Modellen, geeignete Formen der Verkleidung und deren Gestaltung zu finden. Bei einem Auslaufversuch am Propellertriebwagen von Kruckenberg konnte ein cw-Wert von 0,36 ermittelt werden. Messungen während einer Beharrungsfahrt am SVT 877 ergaben $c_w = 0{,}58$ sowie ein Auslaufversuch am VT 137 031 einen c_w-Wert von 0,51.[126]

Konnten die Mitarbeiter der VL im März 1933 das Versuchsprogramm am SVT 877 nahezu abschließen, kehrte am 27. März 1933 der Propellertriebwagen von Kruckenberg nach erfolgtem Umbau auf Radantrieb in die Versuchsabteilung nach Grunewald zurück. Als man den Wagen am nächsten Tag auf den Rollenprüfstand fahren wollte, stellte sich das Unterfangen als nicht umsetzbar heraus. Das Fahrzeug war für die nur 26,55 Meter messende Drehscheibebühne in Grunewald um 3,3 Meter zu lang geworden. Somit blieb den Fachleuten der Abteilung nichts weiter übrig, als den Wagen erneut auf der Relation Spandau – Altona zu untersuchen. Während der Fahrten am 4., 6. und 8. April 1933 begleiteten Ingenieure der Wagen-, wie auch der Lokomotivversuchsabteilung den Triebwagen und nahmen Auslaufversuche sowie Untersuchungen der unterschiedlichen Bremssysteme vor. Der Bericht des VL hob den sehr ruhigen Lauf und die Eigenschaften des Föttinger-Getriebes hervor. Allerdings wies man darauf hin, dass nur Dauerversuche ein abschließendes Urteil erlauben würden.[127]

Der Erfolg, den man mit SVT 877 verzeichnete, veranlasste die Reichsbahn dazu, weitere Schnelltriebwagen zu bestellen. Die ersten Wagen der Serienbauart „Hamburg", SVT 137 230 und 231, kamen im November und Dezember 1935 zur VL und wurden ebenfalls

Weitere Untersuchungen

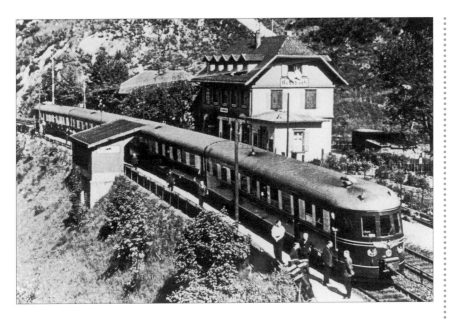

Zwischenhalt auf dem Bahnhof Nussbach. Mit dem im Mai 1938 an die LVA überstellten SVT 137 901 wurden etliche Versuchsfahrten durchgeführt. Trotzdem unterblieb eine abschließende Beurteilung des Triebzuges. Neben einigen Messfahrten auf den Stammstrecken der LVA gelangte der Zug auch zu einer Messfahrt auf die Schwarzwaldbahn.

Werkbild MAN,
Slg. A. Gottwaldt

umfangreichen Versuchsfahrten unterworfen. SVT 137 230 befand sich nach Angaben des Betriebsbuches vom 11. bis 15. November und 18. bis 25. November 1935 bei der VL. An den beiden dazwischen liegenden Tagen (16./17.11.) war er zu einer T0 im RAW Wittenberge. Der zweite Schnelltriebwagen der Bauart „Hamburg", SVT 137 231, kam dann im Anschluss zur VL und verblieb hier bis zum 2.12.1935.[128]
Anfang des Jahres 1936 folgte der erste Schnelltriebwagen der Bauart „Leipzig". Der neue, dreiteilige diesel-elektrische Triebzug SVT 137 233 stand vom 16.1. bis zum 7.4.1936 der Versuchsabteilung zur Verfügung.[129] *„Die Erprobung des Schnelltriebwagens erstreckte sich vor allem darauf, das Beschleunigungsvermögen des Fahrzeugs auf der Waagerechten zu bestimmen, die Leistungen in den einzelnen Fahrstufen festzustellen, seine Steigfähigkeit zu erproben, den Laufwiderstand zu ermitteln und Beobachtungen allgemeiner Natur zu machen, aus denen Erkenntnisse für die Fortentwicklung der Triebwagen gesammelt werden können."*
Die Beschleunigungsversuche fanden am unbesetzten und am besetzten, d.h. mit 80 kg-Gewichten je Sitzplatz bestückten, Triebwagen auf der Strecke Kirchmöser – Genthin – Burg statt, wobei der Zug ein gutes Beschleunigungsvermögen aufwies. Ähnlich wie bei den SVT „Hamburg" stand auch für den dreiteiligen Zug die Frage nach dem Fahrverhalten auf steigungsreichen Strecken. Hierzu absolvierte man Steigungsfahrten zwischen Probstzella und Rothenkirchen, die auch für den diesel-elektrischen SVT „Leipzig" gute Ergebnisse ausgewiesen. Einen Höhepunkt stellten die Schnellfahrversuche dar. Die Messgruppe der VL unter der Leitung von *Ewald Hüttebräucker* nutzte die besser geeignete Strecke Berlin – Hamburg. *„Gleich der erste Versuch (am 17.2.36) ergab eine Geschwindigkeit von 180 km/h nach 11 min 3 sec. Da sich bei einer Nachprüfung der Fahrmotoren nichts Besonderes gezeigt hatte, wurde bei einem zweiten Versuch schon auf 190 km/h in knapp 14 min gegangen. Zwecks weiterer Erhöhung der Höchstgeschwindigkeit wurde dann die Selbsterregung der beiden Hauptstromerzeuger durch Verändern der Vorschaltwiderstände verstärkt, damit gerade bei den hohen Geschwindigkeiten*

128 Betriebsbuchauszüge. SaWi

große elektrische Leistungen zur Verfügung stehen sollten. Ein erneuter Fahrversuch erbrachte dann eine größte Geschwindigkeit von reichlich 201 km/h... Die Schnellfahrt mußte dann wegen des Bahnhofes Wittenberge, der langsam befahren werden muß, abgebrochen werden." Der Fahrzeuglauf während der Schnellfahrt war *"völlig ruhig und die Fahrmotoren wiesen bei der nachträglichen Untersuchung keine Schäden auf."*[130][131]

Entsprechende Vergleichsfahrten mit dem diesel-hydraulischen SVT 137 154, Bauart „Leipzig", sind denkbar, zumal er der erste Schnelltriebwagen mit dieser Kraftübertragungsanlage war. Er stand der Versuchsgruppe in Grunewald vom 4.2. bis 9.3.1936 zur Verfügung. Anzumerken ist, dass mit dem genannten diesel-hydraulischen SVT bereits durch das RAW Wittenberge in Zusammenarbeit mit der Herstellerfirma LHB umfangreiche Probefahrten seit September 1935 stattgefunden hatten (23./26.9., 2./4./9.10., 21./23.11. 1935, 24./29.1., 22.4., 5./6.5.1936), an denen die LVA nicht direkt beteiligt war.[132]

Nach dem großen Erfolg des Triebwagenschnellverkehrs entstanden weitere Pläne zum Ausbau des Schnellverkehrsnetzes. Ausgehend von den Erfahrungen mit den ersten Ausführungen von Schnelltriebwagen entwarf die Reichsbahn weitere Bauarten, von denen die SVT „Berlin" und „Köln" zur Auslieferung gelangten. Auch diese kamen nach anfänglichen Probefahrten zur LVA. Dabei fallen die teilweise recht langen Aufenthaltszeiten in Grunewald auf, die jedoch in mancher Hinsicht, wie beim SVT „Berlin", durch die neue Bauart sowie die weiter anstehenden Projekte begründet waren. So verzeichnet das Betriebsbuch des SVT 137 901 (Berlin) eine „Beheimatung" bei der LVA vom 15. Mai bis zum 16. September 1938.[133] Neben den üblichen Messfahrten zum Erhalt der Leistungskennlinien und Verbrauchswerte nahm man mit dem SVT „Berlin" auch Bremsversuchsfahrten in Süddeutschland auf der Schwarzwaldbahn vor. Auch die SVT „Köln" liefen längere Zeit unter Aufsicht der LVA, bekannt ist hier vom SVT 137 855, dass er vom 25.6. bis 29.8.1939 an die LVA abgegeben war und in diesem Zeitraum bei Messfahrten 13.071 km zurücklegte.[134] Neben den in recht konventioneller Bauweise ausgeführten Schnelltriebwagen der Bauarten „Hamburg", „Leipzig" und „Köln" gelangte mit dem SVT 137 155 ein Fahrzeug zur Reichsbahn, das in Gestaltung und Konstruktion in seiner Zeit Maßstäbe setzte. Maßgebend beteiligt an der Konstruktion war an diesem dreiteiligen Schnelltriebwagen *Franz Kruckenberg*, der bereits mit dem Propellertriebwagen ausgefallene Wege für den Schienenfahrzeugbau beschritten hatte. Sein neuer Zug, nunmehr mit zwei 600 PS-Dieselmotoren und einem neuartigen Föttinger-Hydraulikgetriebe ausgestattet und somit mit konventionellen Achsantrieb versehen, wies etliche zukunftsträchtige Neuerungen auf. Der Triebzug zeichnete sich durch seine extreme Leichtbauweise der Wagenkästen sowie die neuartige Drehgestellausführung mit Gummielementfederung aus. Die Inneneinrichtung der Wagen war sachlich schlicht an die Grundsätze des Bauhauses angelehnt. Auch dieser Triebwagen wurde einer längeren Erprobung durch die LVA unterzogen, wobei man bei den Messfahrten einen Schwerpunkt auf die Untersuchung des Laufverhaltens des neuartigen Fahrwerks legte. Dabei zeigte sich, dass der Triebwagen auch bei sehr hohen Geschwindigkeiten gute Laufeigenschaften aufwies. Während einer solchen Messfahrt am 23. Juni 1939 auf der Strecke Hamburg - Berlin konnten über einen längeren Streckenabschnitt 200 km/h gehalten und eine Spitzengeschwindigkeit von 215 km/h erzielt werden.[135]

---

129 Betriebsbuchauszug. SaWi

130 Koch, K.: Versuchsmäßige Durchprüfung des dreiteiligen dieselelektrischen Schnelltriebwagens der Deutschen Reichsbahn. In: GA. (1936), S. 133

131 Stroebe: Erfahrungen mit dieselelektrischen Schnelltriebwagen in Bau und Betrieb. VtW. 30 (1936), S. 663

132 Betriebsbuchauszug. SaWi

133 Betriebsbuchauszüge. SaWi

134 Betriebsbuchauszüge. SaWi

135 Neuer Geschwindigkeitsrekord bei der Reichsbahn. Schnelltriebwagen fährt 215 Stundenkilometer. DR. 25 (1939), S. 678

136 Norden: Zweiachsige 120 PS-diesel-elektrische Leichttriebwagen der Deutschen Reichsbahn-Gesellschaft. Organ. 87 (1932), S. 435

137 DR. 10 (1934), S. 28

138 Hüttenbräucker, Ewald: Der Triebwagenmeßwagen der Deutschen Reichsbahn. Organ. 92 (1937), S. 448

139 Deutsche Reichsbahn-Gesellschaft. Hauptverwaltung. 33 Fktv 417 vom 9. Oktober 1934. SaK

140 Breuer, M.: Neue besonders leistungsfähige Dieseltriebwagen der Deutschen Reichsbahn. Organ 91 (1936), S. 358

5.9.3 Neue Verbrennungstriebwagen für Haupt- und Nebenbahnen

Weit weniger ist über die Versuche mit den neuen zwei- und vierachsigen Einheitstriebwagen bekannt. Zum einen standen sie im publizistischen Schatten der Schnellfahrten der frühen dreißiger Jahre, zum anderen unter der Treibstoffkontingentierung bei der Reichsbahn und der Beschlagnahme der Fahrzeuge durch die Wehrmacht im Zweiten Weltkrieg. In den trotzdem noch zahlreichen Publikationen über die neuen Fahrzeuge werden diese zwar eingehend beschrieben, über Mess- und Versuchsfahrten finden sich jedoch fast keine Angaben. So werden von *Norden 1932* nur am Rande Versuchsfahrten mit dem neuen VT 805 – 806 (VT 135 000 – 001) mit elektrischer Kraftübertragung erwähnt. [136] Weitere Versuchsfahrten unternahm die Grunewalder VL 1933 mit einem neuen Schienenomnibus. [137]

Dass bei der VL auch Mitte der dreißiger Jahre umfangreiche Versuche mit den neuen Einheitstriebwagen durchgeführt wurden, zeigt allein das Vorhandensein eines eigenen Messwagens. In dem Aufsatz über den Triebwagen-Messwagen der VL Grunewald wird darauf verwiesen, dass seit seiner Indienststellung (Ende 1936/Anfang 1937) ein 210-PS-dieselmechanischer VT, ein 560-PS-dieselelektrischer VT sowie verschiedene Untersuchungen an 410-PS-dieselelektrischen VT durchgeführt wurden. Weiterhin untersuchte man mit seiner Hilfe auch einen der Dampftriebwagen.[138] So sah die Verteilung der Steuer- und Beiwagen vom Oktober 1934 vor, dass VT 137 074 zusammen mit VS 145 070 der *„Lokomotiv-Versuchsabteilung Grunewald zur Erprobung des neuen MAN-Motors"* [139] zu überweisen war. Die mit 560 PS Antriebsleistung ausgestatteten Triebwagen der Reihe VT 137 156 bis 159 untersuchte die VL Grunewald auf mehreren Strecken, so u.a. auf der badischen Murgtalbahn zwischen Friedrichsthal und Freudenstadt sowie im Fichtelgebirge. Außerdem fanden Anfahrversuche mit unterschiedlicher Belastung statt.[140]

Einen Versuch, eine adäquate Konkurrenz zum Dieseltriebwagen zu schaffen, stellte der DT 59 von Borsig mit seinem Schwelkoks-Kessel dar. Im Sommer 1939 befasste sich die Triebwagen-messgruppe mit dem Einzelgänger.

Th. Düring,
Slg. A. Gottwaldt

Zu den Fahrzeugen, deren Untersuchung bekannt ist, gehörte VT 137 249, den das Bw Chemnitz für den Zeitraum vom 7.12.1937 bis zum 29.4.1938 an die VL Grunewald abgegeben hatte, also erst nach den vorhergehend erwähnten VT nach Grunewald kam. [141] Welcher Art die Versuche an dem Chemnitzer Triebwagen waren, lässt sich nur vermuten. Sicherlich gehörte bei diesem Fahrzeug, das aus einer neuen Bauart stammte, die allgemeine Leistungsuntersuchung und Kraftstoffverbrauchsmessung wie auch die Beurteilung der Fahreigenschaften mit zu den Aufgaben der VL.

5.10 Weitere versuchstechnische Aufgaben der VL

5.10.1 Betriebsmessfahrten

Neben den reinen Versuchsfahrten, bei denen die Aufnahme der Lokomotivcharakteristik und die Untersuchung der zumeist neuen Maschinen hinsichtlich der Betriebstüchtigkeit und noch notwendiger Verbesserungen im Vordergrund standen, gehörte zu den Aufgaben der VL auch die Durchführung von Betriebsmessfahrten, bei denen einzelne Maschinen im Betriebseinsatz begleitet und die dabei zu erbringenden täglichen Leistungen beobachtet und erfasst wurden.

Die Betriebmessfahrten stellten weiterhin eine unumgängliche Ergänzung der reinen Versuchsfahrten vor dem Messzug dar, da sie Werte unter realen Einsatzbedingungen lieferten, die oft von den unter idealen Bedingungen und theoretisch hochgerechneten Leistungs- und Verbrauchswerten abwichen. Demzufolge begleitete recht oft einer der Grunewalder Messwagen mit seiner Mannschaft eine Lokomotive im Betriebseinsatz vor repräsentativen Zügen.

So unternahm die VL 1932 mit der zuvor vor dem Messzug und einer Bremslok untersuchten 01 093 insgesamt zwanzig Betriebsmessfahrten auf der Strecke Berlin-Charlottenburg – Hamburg vor einem allerdings nur für Versuchszwecke zusammengestellten D-Zug mit 455 und 600 t, um die Leistungsfähigkeit der Baureihe 01 in Bezug zu einem recht anspruchsvollen Fahrplan, der Höchstgeschwindigkeiten von 110–120 km/h verlangte, zu untersuchen.

Dabei erzielte man auf dem Abschnitt Charlottenburg – Wittenberge mittlere Geschwindigkeiten von 97 km/h bei rund 600 t- und 112–120 km/h bei rund 500 t Zuggewicht. Während einer Fahrt mit 601 t konnten sogar 118–122 km/h durchgehalten werden. Dies waren keine sonderlich überragenden Leistungen, hingegen liefen während der Fahrten wiederholt die vorderen Treibstangenlager heiß, in zwei Fällen musste man aus diesem Grund die Fahrten abbrechen. Weiterhin trat mehrere Male Rohrlaufen auf, während einer Fahrt sogar mit so großem Wasserverlust im Kessel, dass auch hier die Fahrt abgebrochen werden musste. Demzufolge enthielt die Beurteilung der VL auch die Aussage, dass die 01 nur in absolut einwandfreiem Zustand in der Lage sei, 600-t-Züge auf ebenen Flachlandstrecken mit Geschwindigkeiten bis zu 120 km/h zu fahren, wobei die Anstrengungen für den Heizer als hoch bezeichnet wurden. Starker Gegenwind hätte sogar eine Überlastung der Maschine zur Folge.

Mit der Einführung der Schnelltriebwagen setzten bei der Reichsbahn auch Bemühungen ein, die dampfgeförderten Züge soweit zu beschleunigen, dass sie in den Fahrzeiten weitestgehend an die SVT-Leistungen herankamen. Als problematisch erwiesen sich insbesondere die Steilrampen des Thüringer Waldes und des Frankenwaldes zwi-

Weitere versuchstechnische Aufgaben

schen Probstzella und Pressig-Rothenkirchen. Besondere Bestrebungen verfolgte man hierbei für das Zugpaar FD 79/80 (Berlin – München). Zu diesem Zwecke sollte bei Vergleichsfahrten ab Mitte Juli 1933 mit den drei dafür in Frage kommenden Lokbaureihen mit 01 023 (Bw Erfurt), 03 075 (Bw Halle P) sowie 18 511 diese FD-Züge (200/250 t) ohne Schiebelok und mit einer Mindestgeschwindigkeit von 55 km/h über die 25‰-Steigung gefördert werden. Das Saalfelder Personal erreichte bei einer vorab durchgeführten Fahrt bereits 53 km/h, das Erfurter Personal erzielte am Tag darauf wegen Dampfmangels am Ende der Rampe nur 23 km/h. Nach Schulung des Lokpersonals in Fahrweise und an den Steigungsverhältnissen angepasster Feuerführung konnte jedoch das gesteckte Ziel, im Rahmen der Fahrzeiten des mit nur 85 t Zuggewicht belasteten SVT „Hamburg" zu bleiben mit allen drei Lokomotiven erreicht werden.[142]

Erst die bevorstehenden Erhöhungen der Höchstgeschwindigkeiten im Sommerfahrplan 1934, die durch die Vergrößerung der Vorsignalabstände auf allen wichtigen Schnellzugstrecken von 700 auf 1000 Meter möglich wurden, bescherten der Lokomotiv-Versuchsabteilung umfangreiche Aufträge zur Durchführung von Betriebsmessfahrten.

Um die höheren Geschwindigkeiten erreichen zu können, war eine Steigerung der Durchschnittsanstrengung der Lokomotiven notwendig. Klagen des Betriebsmaschinendienstes über ungenügende Kesselleistungen der Einheitslokomotiven der Baureihen 01 und 03, die zunehmend seit der Erhöhung der Fahrgeschwindigkeiten von Schnellzügen ab dem Sommerfahrplan 1934 vorgebracht wurden, veranlassten HV und RZA dazu, umfangreiche Betriebsmessfahrten anzuordnen und eine Arbeitsgemeinschaft zu bilden.

Von Ende Oktober 1934 bis Mitte April 1935 begleiteten in diesem Zusammenhang *Roth* und *Koch* im Messwagen 3 insgesamt elf FD-Züge, 40 Schnellzüge und zwei Eilzüge auf den wichtigsten von Berlin ausgehenden Strecken: Berlin-Schlesischer Bf – Schneidemühl, Berlin-Lehrter Bf – Hamburg-Altona, Berlin-Charlottenburg – Hamm – Köln/Aachen, Berlin-Anhalter Bahnhof – Frankfurt (Main). Besetzt mit ihrem dienstplanmässigen Personal wurden drei Maschinen der BR 01 und acht der BR 03 aus den Bw Schneidemühl, Karlshorst, Grunewald, Lehrter Bf, Altona, Hamm, Hannover, Frankfurt/Main 1 und Erfurt begleitet (u.a. 03 029, 038, 096). Die Ausrüstung der Lokomotiven mit Messinstrumenten beschränkte sich auf den gerade notwendigen Umfang. *„Auf die Feststellung der Rauchgastemperaturen, der Unterdrücke und die Indizierung wurde verzichtet."*

Beobachtung und Auswertung der Messergebnisse erbrachten dann auch recht unterschiedliche Belastungswerte, die die VL dazu veranlassten, auf die richtige Bedienung des Feuers und die hohe Leistungsfähigkeit des Kessels einerseits, gleichzeitig aber auch auf die hohe Kesselbelastung hinzuweisen. Dieses Schwanken zwischen Lob der Konstruktion der Einheits-Schnellzuglok und sachtem Herausstreichen ihrer Mängel klang des öfteren in den Berichten an. So wies man denn auch in dem Bericht vom Juli 1935 darauf hin, dass ein pünktliches Fahren der Züge für die Reichsbahn werbewirksamer sei als hohe Fahrgeschwindigkeiten.

„Die Betriebsmeßfahrten waren so aufschlußreich, daß sie auch ohne Anknüpfung an besondere Ausschußarbeiten fortgesetzt wurden. Sie fanden weiterhin auch eine Ausdehnung auf Güterzüge und auch auf Hügelland- und Gebirgsstrecken, so auf die Schwarzwaldbahn und die Eifelstrecke. ... Als sich Ende 1937 die Zweckmäßigkeit einer Synthese des gesamten Versuchsmate-

---

141 Kurz, Heinz R.: Die Triebwagen der Reichsbahn-Bauarten. Freiburg: EK-Verlag. 1988, S. 363

142 Düring, Theodor: Schnellzug-Dampflokomotiven der Einheitsbauart. S. 175-178, 288-292

143 Nordmann: Ausführung und Ergebnisse von Betriebsmeßfahrten mit Dampflokomotiven. GA. 63 (1939), S. 281

144 Düring, Theodor: Schnellzug-Dampflokomotiven der Einheitsbauart. S. 175-178, 288-292

rials zeigte, waren in mehr als der Hälfte aller Reichsbahndirektionen 101 FD-, D- und Eilzüge und 26 Güterzüge mit dem Meßwagen untersucht." Diese Synthese, wie *Nordmann* schrieb, wurde notwendig, nachdem sich *„1937, vornehmlich im Gefolge des nach 1933 erfreulich ständig gewachsenen Verkehrs, öfter Verspätungen zeigten..."* Doch zeigte sich, dass für die Verspätungen vornehmlich verlängerte Aufenthalte die Ursache waren und nicht so sehr überanstrengte Maschinen.

Doch man behielt die Thematik in den Direktionen im Auge und ließ nach Fahrplanänderungen noch so manchen Zug von der LVA begleiten. [143]

Einige Beispiele mögen dies noch illustrieren: So nahm Anfang/Mitte Februar 1935 die Versuchsabteilung vor FD-Zügen Betriebsmessfahrten auf der Strecke Köln – Düsseldorf – Essen – Dortmund – Hamm – Hannover mit 01 002 vor. Die Messfahrten fanden vor dem nur rund 400 t schweren FD 21 u.a. am 6. Und 12. Februar sowie vor dem D 23/24 (Nord-Express Paris – Warschau) mit planmäßigen 600 t Zuglast am 7., 8. und 13. Februar 1935 statt, wobei der Zug am 13.2. mit 14 D-Zug- und dem Messwagen der VL 724 t erreichte. Im April setzte man die Reihe der Messfahrten mit 01 023 auf den Relationen Erfurt – Frankfurt (M) und Leipzig – Erfurt vor den D 42 und D 202 fort. Insgesamt gaben alle Fahrten ein positives Bild der Reihe 01 in ihrer älteren Bauform wieder.

Weitere Betriebsmessfahrten fanden 1935 mit Lok der Reihe 01 in den Rbd'en Karlsruhe, Berlin und Dresden statt, um auch hier die Auslastung der Reihe 01 vor den Schnellzügen zu untersuchen. Anfang September weilte die Grunewalder Messgruppe im Karlsruher Bezirk und überprüfte 01 052 (Bw Offenburg) vor den Schnellzügen D1/44, D191/192 und D 201/202, die mit charakteristischen Lasten bei 600 t lagen (D 201 nur 450 t) und über die Strecke Mannheim/Heidelberg – Basel zu fördern waren. Auch hier lag die Kesselbelastung unterhalb des Grenzwertes von 57 kg/m^2 und eine volle Auslastung der Maschinen war wiederum nicht gegeben. Mit der 01 017 des Bw Anhalter Bahnhof setzte man dann am 7. Juli 1935 vor dem D 62/61 nach Dresden die Reihe der Fahrten mit gleichem Ergebnis wie zuvor dargestellt fort. [144]

An Lokomotiven der Baureihe 01 setzte man mit 01 140 erstmals mit einer Lok der geänderten Bauart die Betriebsmessfahrten im Mai 1936 fort. Diesmal wurde der Grunewalder Messwagen in die Zugpaare D 117/118 und D 125/126, die auf der Strecke Breslau – Dresden verkehrten, eingestellt. Aufgrund des schlechten Breslauer Wassers und des eingesetzten Kesselstein-Lösemittels kam es ständig zum Wassermitreißen. Allgemein lagen auch bei diesen Fahrten die Heizflächenbelastungen unterhalb des zulässigen Wertes und überstiegen diesen Wert nur bei der Fahrt am 28.5.36 vor dem D 125 auf den Steigungen bei Dresden-Klotzsche und zwischen Bautzen und Löbau. [145]

Ebenfalls vor dem Hintergrund der Fahrzeitverkürzung und Anpassung an das durch die neuen Schnelltriebwagen vorgegebene Geschwindigkeitsniveau unternahm man im März 1938 Fahrten auf der Strecke Emmerich – Mannheim – Basel. Zuglok war hier die Kölner 01 197, die von der RBD Köln zur Förderung vor dem „Rheingold"-Zugpaar FFD 101/102 vorgesehen war. Ziel war es, den Zug ab dem Sommerfahrplan 1938 auf der auf 20 t Achslast ausgebauten Mittelrhein-Strecke mit Maschinen der Reihe 01 anstatt der bay. S 3/6 zu fahren. Da man von der Lok im vorgesehenen Fahrplan recht hohe Leistungen erwartete, wurde sie vor Beginn der Messfahrten zum VL beordert und hier umfassend überprüft und unter nicht geringem Aufwand für die Fahrten umgerüstet und instand gesetzt. So setzte man das Blasrohr um 100 mm höher, wechselte abgenutzte Teile aus, versah das hintere Treibstangenlager mit neuem Weißmetall-Ausguss, verringerte das Lagerspiel durch Auswechseln der Beilagen. Die Schmierung der Zylinder, Schieber und Kolbenstangen wurde komplett umgebaut. Die Kolbenstangenschmierung sollte nach den erfolgreichen Fahrten später in dieser Art zur Norm werden.

Nach dem gründlichen Überholen und Herrichten der Maschine mit den entsprechenden Messgeräten wurde 01 197 mit dem Messwagen 2 nach Duisburg überführt. Für die recht ehrgeizige Erprobung hatte man Sonderpläne mit den geplanten Fahrzeiten und Zuglasten aufgestellt. Die erste Fahrt absolvierte sie am 16. 3. 38, es folgten weitere Fahrten am 17. und 18.3. Düring hat in seinem Buch über die Einheits-Schnellzuglokomotiven diese Versuchsfahrten recht ausführlich dargestellt und auch die Beweggründe dafür aufgezeigt. Das Ergebnis fiel zufriedenstellend aus, wenn auch vermerkt wurde, dass für den vorgesehenen Einsatz die Maschinen in besonders gut gewarteten Zustand sein müssten. Man empfahl, für diese Zugart eine gesonderte Gruppe von besonders gepflegten *„Schnellfahr-Lokomotiven"* aufzustellen, die den Leistungen gewachsen wären.[146]

5.10.2 Material- und Bauteiluntersuchungen

Neben der Untersuchung der gesamten Lokomotive gehörten für die VL auch immer wieder Versuche mit neuartigen Bauteilen und Baugruppen sowie neuen Materialien und dem allgemeine Verhalten von Materialien an den Lokomotiven zur täglichen Arbeit. So wurden an 01 058 Rollenlager in den Treib- und Kuppelstangen erprobt. Umlaufbuchsenlager in den Treib- und Kuppelstangen erhielt 01 158, an der man auch Kreuzköpfe mit beweglichen Kolbenstangenverbindungen Bauart Kuen untersuchte.[147] Für das Jahr 1933 hielt die Reichsbahn u.a. offiziell fest, dass *„zahlreiche Sondereinrichtungen, wie z.B. Kesselisolierungen, Speisepumpen, elektrische Zugbeleuchtung, Abdampfentölung und Schmiereinrichtungen für Dampflokomotiven mit mehr oder weniger gutem Ergebnis untersucht"* wurden.[148]

In das Kapitel der Bauteiluntersuchungen fallen auch Dehnungsmessungen an der Treibstange einer G 12, die Mitte der dreißiger Jahre durchgeführt wurden, um die auftretenden Beanspruchungen der Treibstange festzustellen. Hierzu hatte man ein entsprechendes Dehnungsmessgerät auf der Treibstange montiert. Die Versuche führte man einerseits mit der G 12, dem Oszillographenwagen und dem Werkstattwagen auf der Strecke Ferch – Lienewitz in gezogenem und geschobenem Zustand durch, andererseits mit der selben Zuganordnung und einer Bremslokomotive auf der Strecke Potsdam – Magdeburg. Hierbei hatte die Bremslok während einer Versuchsfahrt den Zug zu schieben, so dass die Messung an der antriebslos geschobenen G 12 erfolgen konnte, sowie bei einer weiteren Fahrt den Zug zu bremsen. Die Messungen wurden bei Geschwindigkeiten von 50, 60 und 70 km/h vorgenommen.[149]

Zu den Bauteilerprobungen an Schnellzuglokomotiven gehörten Ende 1934/Anfang 1935 Betriebsbeobachtungen an Lok der Reihe 03, die mit neuen Druckluftscheibenwischern ausgestattet waren,[150] oder Versuche mit Neumann-Lagern an 03 154 im Juni 1936.[151]

Die Aufgaben waren vielfältig und umfangreich und standen immer im publizistischen Schatten des Grunewalder Versuchsgeschehens. Die Deutsche Reichsbahn war nach der Machtergreifung der Nationalsozialisten rasch bemüht, die Umstellung auf Heimstoffe

145 Düring, Theodor: Schnellzug-Dampflokomotiven der Einheitsbauart. S. 179
146 Düring, Theodor: Schnellzug-Dampflokomotiven der Einheitsbauart. S. 179-183
147 Weisbrod; Petznik: Baureihe 01,. a.a.O., S. 56/65
148 Die Reichsbahn. (1934), S. 29
149 Lehr, E.: Dynamische Dehnungsmessungen an einer Lokomotiv-Pleuelstange. ZVDI. 82 (1938), S. 541
150 Reichsbahnausbesserungswerk. Versuchsabteilung für Lokomotiven. Fklve 400 VL 5 /53 vom 26. Juni 1935. SaKu
151 Reichsbahn-Ausbesserungswerk. Versuchsabteilung für Lokomotiven - Fklvsch 617 VL 4 - vom 10.6.1936. SaKu

152 Wagner, R.P.; H. Muethen: Heimstoffwirtschaft im deutschen Lokomotivbau unter besonderer Berücksichtigung der Lagerfrage. GA. (1936) I, S. 31, 59, 103
153 Untersuchungen über das Kräftespiel zwischen Fahrzeug und Oberbau. Organ. 89 (1934), S. 349
154 Harm: Die Schwingungsmeßeinrichtung der Lokomotivversuchsabteilung Grunewald. GA. 59 (1935) II, S. 179 u. 191
155 Nordmann: Der Krümmungswiderstand der Eisenbahnfahrzeuge. GA. 59 (1935) II, S. 129

zu fördern. Seit 1934 arbeitete sie auf vielfältigem Gebiete daran, bisher bewährte Materialien durch andere, einheimische, zu ersetzen. Die VL war damit beschäftigt, zahlreiche zusätzliche Untersuchungen an Kesselspeisepumpen, Ventilen, Speisewasservorwärmern usw. durchzuführen, die meist zum Verwurf der angedachten Konstruktionen führten. [152]

5.10.3 Lauftechnische Untersuchungen

Eine weitere Aufgabe der VL bestand in der Untersuchung der Laufeigenschaften der Lokomotiven. Erste eingehende Versuche mit messtechnischer Grundlage wurden Ende der zwanziger, Anfang der dreißiger Jahre durch eine Arbeitsgemeinschaft der Reichsbahn unter Beteiligung des Heinrich-Hertz-Institutes der TH Berlin durchgeführt. Ausschlaggebend für die Untersuchungen waren Entgleisungen von Lokomotiven der bayerischen Gattung S 3/6 bei niedrigen Geschwindigkeiten. Nach jahrelanger Entwicklungsarbeit hatte man die nötigen Instrumente geschaffen, um Messungen an den Federn und Achslagern der Lokomotiven vornehmen zu können und für die Aufgabe einen eigenen Messwagen ausgerüstet. Die Versuche fanden im Bahnhof Belzig auf normalen sowie speziell hergerichteten Gleisen mit den Lokomotiven 18 482 und 01 063 statt.[153][154]

In Vorbereitung des Umbaus der Müglitztalbahn bei Dresden von 750 mm Schmalspur auf Normalspur nahm die VL u.a. im Jahr 1933 auf der Windbergbahn Versuchsfahrten zur Ermittlung des Widerstandes von Eisenbahnfahrzeugen in Gleiskrümmungen mit unterschiedlichen Personenwagenbauarten vor, bei denen die vierachsigen Wagen der Langenschwalbacher Bauart die geringsten Widerstandswerte aufwiesen. Weitere Versuchsfahrten fanden im Herbst 1934 mit einer G 12 und drei Zügen aus unterschiedlichen Wagengattungen auf der Strecke Eisfeld – Sonneberg statt, wobei auch hier die Untersuchung den Wagenbauarten galt.[155]

Weitere eingehende lauftechnische Untersuchungen nahm die Grunewalder Versuchsgruppe 1935/36 an 03 096 vor,

Weitere versuchstechnische Aufgaben

wobei vornehmlich das Verhalten der Lok bei hohen Geschwindigkeiten in überhöhten Gleisbögen untersucht wurde. Die ersten Ergebnisse führten zur Verstärkung der Rückstellfedern des führenden Drehgestells, womit die Laufeigenschaften verbessert werden konnten. [156]

Herauszuheben aus den lauftechnischen Untersuchungen sind hierbei u.a. die Versuche an geschobenen D-Zügen. Grund für die sehr umfangreichen Versuche waren die in der damaligen Eisenbahn-Bau- und Betriebsordnung (BO) vorgegebenen sehr niedrigen Geschwindigkeiten für geschobene Züge und Lokomotiven bei Fahrt mit Tender voraus (25 u. 45 km/h) und die Aufnahme des Triebwagenverkehrs mit Steuerwagen. Hatte man bei Einführung der ersten Steuerwagen bereits in der BO seit 1928 eine Ausnahmeregelung für diese Betriebsart geschaffen, bestanden die Beschränkungen für den lokomotivgetriebenen Zug weiter. Die VL hatte somit die Aufgabe, die vorgegebenen mit tatsächlich erreichbaren Geschwindigkeiten zu vergleichen und Rückschlüsse für neue Betriebsarten zu ziehen. Messfahrten an Lok mit geschobenem Tender nahm man an Maschinen der Gattungen G 8^2 und G 12 vor, wobei man zu dem Ergebnis kam, dass die Geschwindigkeit für Rückwärtsfahrten bei Lok mit dreiachsigen Tendern bis zur Geschwindigkeit für Vorwärtsfahrt erhöht werden könne.

Ende 1936 führte die VL auf der elektrifizierten Höllentalbahn Schiebeversuche mit einem von einer Ellok geschobenen Güterzug auf der Steilrampe sowie Reisezügen auf den flacheren Streckenabschnitten durch. Die hierbei mit Geschwindigkeiten von 60 km/h gemachten Ergebnisse stellte man anschließend Messergebnissen gegenüber, die mit nachgeschobenen Zügen (jeweils BR 85 und E244 als Schiebelok) und Wagenzügen aus den vorher untersuchten zweiachsigen Güterwagen sowie Oszillographenmesswagen der VL und Bremsmesswagen der Bremsversuchsanstalt sowie mehreren Ci-Wagen vorgenommen wurden. Das entscheidende Ergebnis der Messreihen war, dass sich für die geschobenen Schlusswagen keine höheren Druckspitzen bei hohen Geschwindigkeiten

Versuchslok 03 193, einzige vollverkleidete Lok der Reihe 03$^{0-2}$, die von Borsig für Vergleichszwecke mit der Standardausführung gebaut wurde.

Slg. D. Winkler

Hin zur Reichsbahn-Einheitslokomotive

Die VL nutzte ausgiebig die ihr zur Verfügung stehende 03 154 für unterschiedliche Testzwecke, so auch für Schiebeversuche in Thüringen.

Hermann Maey, Slg. D. Winkler

einstellten, als bei den vorgegebenen 20 km/h und somit einer Geschwindigkeitserhöhung für geschobene Züge nichts im Wege stand. Anschließende Versuche mit Zügen bis zu 320 t aus E 244 und Drehgestellwagen (C4i) zeigten zwar hierzu im Gegensatz Druckzunahmen im Drehgestell, die jedoch nicht als kritisch angesehen wurden und somit auch hier einer Geschwindigkeitserhöhung auf Steilstrecken für nachgeschobene Züge nichts im Wege stand.

Gleiches untersuchte man nun für flachere Strecken bei Geschwindigkeiten bis 85 km/h an Ci- und BC4i-Wagen und kam auch hier zum Schluss, dass die *„Nachschubgeschwindigkeit von 85 km/h bei guter Gleislage und Verwendung von Hülsenpuffern der Regelbauart zuzulassen"* sei.

Im Frühjahr 1937 unternahm dann die VL Versuche für den reinen Schiebebetrieb auf den Strecken Halle – Bk Saaleck (bis zu 140 km/h), Saaleck – Saalfeld (bis zu 100 km/h) und Probstzella – Steinbach – Rothenkirchen mit Zügen aus bis zu acht vierachsigen Eil- und D-Zugwagen sowie dem Oszillographenmesswagen und der teilverkleideten 03 154 als Schiebelok. Auf der Steilstrecke wurde noch eine weitere Maschine hinzu genommen. Der führende Wagen erhielt einen improvisierten Führerstand. Auch diese Versuche zeigten, dass die bisher gehegten Bedenken gegen das reine Schieben von Zügen mit hohen Geschwindigkeiten unbegründet waren. *Nordmann*, der nicht frei von Bedenken war, schrieb dazu 1939: *„Der Dezernent für Brems- und Kupplungsfragen (auch der Einfluß der verschiedenen Pufferspielarten sollte festgestellt werden), hielt gleich mir das reine Schieben mit 140 km/h im Versuchsprogramm des ausführenden Versuchsamts für Lokomotiven und Triebwagen für etwas wagemutig, so daß wir die Absicht hatten, ein allmähliches Hochtasten über 100 km/h hinaus anzuwenden;... Als wir dann aber auf dem Führerstand des Vorderwagens stehend, den sehr ruhigen Lauf und das sanfte Einfahren in Krümmungen gleich bei 135 km/h erlebten, verloren sich die Reste alter Scheu vor dem Schiebebetrieb, und man konnte nur gespannt sein, in welchem Grade die Meßergebnisse das Empfinden sehr ruhigen Laufs bestätigen würden"* Fahrversuche mit Eilzugwagen im Bahnhof Brück durch Weichen unterschiedlichster Reichsbahnbauform mit den zulässigen Höchstgeschwindigkeiten zeigten ebenfalls die Laufsicherheit der Fahrzeuge.[157][158]

Damit hatte man 1938/39 wissenschaftlich bestätigt, was im Ausland wie auch in Deutschland bei der LBE im kleineren Rahmen bereits praktiziert wurde:

Weitere versuchstechnische Aufgaben

Die Möglichkeit des Schiebe-/Wendezugbetriebs für schnellfahrende Züge. Die erste Lokbaureihe, die man mit dem neuen Oszillographenwagen untersuchte, war die Reihe 86, da es mit diesen Lok auf ungünstigen Nebenbahnen zu Entgleisungen der Bisselachse gekommen war und man auch über die mit ihr verwandte Reihe 64 Klagen über unruhigen Lauf besaß. Somit führte man auf den Strecken Flöha – Annaberg und Plauen – Greiz Messfahrten mit 86 121 durch, die den schlechten Lauf der Bisselachse messtechnisch bestätigten.[159] Mit 86 293, die bereits mit einem Krauss-Helmholtz-Gestell ausgerüstet war nahm die lauftechnische Versuchsgruppe der LVA 1939 neuerliche Versuche auf derselben Strecke vor. Dazu wechselte man bei der Maschine anfänglich die Krauss-Helmholtz-Gestelle gegen Bisselachsen einer anderen verfügbaren Lok aus, um vergleichbare Ergebnisse an einer Lok erhalten zu können. Aus den Messfahrten schloss man, dass *„das Krauss-Helmholtz-Drehgestell der Bisselachse lauftechnisch ...überlegen ist."* und man den Bau weiterer Lok der Reihe 86 mit Krauss-Helmholtz-Gestell befürwortete.

Weitere Versuche nahm man 1939 mit 50 002 vor, um, bedingt durch die zu bauenden großen Stückzahlen und den Verwendungszweck der Lok, insbesondere den Rückwärtslauf zu untersuchen. Ebenfalls Klagen über Entgleisungen nach der allgemeinen Erhöhung der Fahrgeschwindigkeiten, insbesondere auf Nebenbahnen, führten zur Untersuchung der Reihe 57, wofür man 57 2309 als Versuchslok in drei Bauformen untersuchte: 1. in alter Regelausführung, 2. mit unveränderter Lok, aber flacheren Keilpuffern und Querausgleich an der ersten Tenderachse, 3. mit, durch einen gleicharmigen Längshebel, verbundene 1. und 2. Kuppelachse und gegenseitiger Seitenverschiebbarkeit von 15 mm und gleicher Verschiebbarkeit der vierten Kuppelachse sowie Tenderanordnung wie bei 2. Der neue Lenkhebel bewährte sich dabei sehr gut, der Tender erhielt zur besseren Laufgüte einen Federausgleich der Vorderachse. Ähnliche Probleme traten auch bei den Lok der Reihe 94 auf, deren Bauart daraufhin ebenfalls 1939 untersucht wurde. 1940 schlossen sich noch Messfahrten mit der sächsischen 94 2031 an. Auch hier erprobte man unterschiedliche Anordnungen zur Seitenverschiebbarkeit der Kuppelachsen. Bei Erscheinen des Aufsatzes im Mai 1941 liefen weiterhin noch Versuche mit 64 473.[160]

Nach den Versuchen an der preußischen 94 1301 im Jahre 1939 kam es im Ergebnis des Beschlusses der 30. Sitzung des Lokomotivausschusses, zwei E-Tenderlokomotiven für den Strecken- sowie den schweren Rangierdienst zu beschaffen. Damit einhergehend war festgelegt worden, die Thematik der Laufgüte von Lokomotiven ohne führende Laufachsen zu untersuchen. Als Versuchslok wurde 94 1301 umgebaut und zwischen den ersten und letzten beiden Achsen jeweils mit Beugniothebeln ausgerüstet. Die lauftechnischen Versuche bestätigten die Annahme, dass die Hebelwirkung des Beugniot-Gestells in der Wirkung einer Laufachse gleich kam.

Die Messwerte zeigten eine deutliche Reduzierung der Seitendruckkräfte bei Einsatz des Beugniot-Gestells im Vergleich zu den Fahrten mit festgelagerten Kuppelradsätzen. Als Resultat der Grunewalder Versuchsfahrten legte das RVM im November 1940 den Umbau aller Fünfkuppler ohne Laufachsen auf Beugniot-Gestelle fest, was allerdings durch den Krieg nicht mehr zur Ausführung gelangte.[161]

---

156 Nordmann: Die Laufeigenschaften der Lokomotive. Organ. 96 (1941), S. 129

157 Nordmann: Die Laufsicherheit geschobener Züge nach Untersuchungen mit dem Schwingungsmeßwagen. Organ. 94 (1939), S. 83

158 Schreiben 2202/31 Fklvschn 11.34 vom 5.7.1938. SaWi; Nordmann, H.: Untersuchungen über Schwingungen an Eisenbahnfahrzeugen. ZVDI. 83 (1939), S. 157 ff.

159 Knipping, Andreas: Die Baureihe 86. Freiburg. EK-Verlag, 1986, S. 44

160 Nordmann: Die Laufeigenschaften der Lokomotive. Organ. 96 (1941), S. 129

161 Ebel, Jürgen: Die Neubau-Dampflokomotiven der Deutschen Bundesbahn. Band 2: Technik und Geschichte der Tenderloks BR 65, 82 und 66. Stuttgart: Kohlhammer. 1984, S. 11

6 Die Versuchstätigkeit während des Zweiten Weltkrieges

6.1 Einheits- und Kriegslokomotiven

Noch vor Beginn des Zweiten Weltkrieges ging Mitte März 1939 der LVA Grunewald die erste leichte Einheits-Güterzuglok 50 001 zu. Da keine Abnahme erfolgt war, nahm die Mängelbeseitigung in Grunewald noch einige Tag in Anspruch, bis die Maschine am 29. März zur ersten Messfahrt ausfuhr. Es folgten elf weitere Fahrten bis zum 6. Juni, bei denen die Maschine in unterschiedlichen Geschwindigkeitsbereichen eingehend leistungstechnisch erprobt wurde, wobei teilweise bis zu drei Bremslok (43 001, 56 113 und 114) zum Einsatz kamen. Das Fazit des LVA war nach Auswertung der aufgenommenen Messwerte nicht überschwänglich. Man sprach von einer einfachen, aber *„auch nicht übermäßig wirtschaftlichen"* Lok. Am 28. Juni schloss sich noch eine Belastungsfahrt auf der mit einer 1:80 Steigung verlaufenden Strecke Holzminden – Seesen vor einem 850-t-Zug an. Die Lok bewies, dass sie in der Lage war, unter diesen Bedingungen einen Zug mit 22–25 km/h zu befördern, allerdings unter den Voraussetzungen bester Pflege, geübten Personals und brauchbaren Brennstoffs. [1] Die Untersuchung der mit Weikato-Funkenfänger ausgestatteten 50 011 und 012 schlossen sich im Juni 1939 an. [2]

Der Ausbruch des Zweiten Weltkrieges hatte recht schnell seinen Schatten auch über die Arbeit der LVA geworfen. Alle als nicht „kriegswichtig" eingestuften Versuchsaufträge wurden storniert, die Versuchsgruppen sowie die Mitarbeiterzahl reduziert. Einige der zu untersuchenden Lok standen vorerst noch in Grunewald, in der Hoffnung auf eine neuerliche Freigabe, die jedoch trügerisch war.

Man darf nicht unterschätzen, welchen Einfluss die Verschlechterung der Arbeitsbedingungen durch den Abzug von Fachkräften zur Wehrmacht, die Material- und Rohstoffsituation oder die Luftangriffe auf Berlin hatten. Material für Ausbesserungen oder Änderungen an den zu untersuchenden Lokomotiven wurde knapper, die gewohnte Zahl an Schlossern, Lokführern und Versuchsingenieuren fehlte. Hinzu kam ein häufiger Personalwechsel und in den späteren Kriegsjahren auch die Zuweisung von Fremdarbeitern für Schlosser- und Heizertätigkeiten. Prioritäten waren neu zu setzen und den Zeitabläufen geschuldet zu verändern. So rückten mit den Kriegsjahren zunehmend Untersuchungen an Bauteilen und Komponenten in den Vordergrund der Versuchsaufgaben, wie auch die Verwendung von sogenannten Heimstoffen an den Lokomotiven intensiv betreut wurde. Dies war einerseits der veränderten Lage der Lokomotiv- und Waggonbaufirmen sowie der Zulieferindustrie geschuldet, die unter dem zunehmenden Einfluss der Kriegswirtschaft standen und dem Zwang zur Rationalisierung der Produktion und Einsparung von Rohstoffen unterworfen waren, aber auch direkte Eingriffe der Ministerien bewirkten manche konstruktive Änderung, welche dann vom Grunewalder Personal untersucht werden musste.

Das Bemühen, die Arbeit der LVA in den Kriegsjahren wiederzugeben, gleicht einem Puzzlespiel. Schwang in den zwanziger und auch noch in den dreißiger Jahren ein gewisser Stolz in den Veröffentlichungen über neue Lokomotivbauarten und den mit ihnen durchgeführten Versuchen mit, so verringerte sich die Zahl der Veröffentlichungen seit Beginn des Zweiten Weltkrieges aus unterschiedlichsten Gründen drastisch. Trotzdem lässt sich ein Überblick der während der Kriegsjahre durchgeführten Versuche ermitteln und die Tätigkeit der LVA im Folgenden kurz aufzeigen.

Deutlich werden die Einschränkungen im Tätigkeitsgebiet der LVA, wenn man einen Blick auf die wenigen Versuche an Schnell- und Personenzuglokomotiven wirft, welche die LVA seit Herbst 1939 noch unternahm. Zu den infolge des Kriegsbeginns abgestellten Maschinen gehörte auch die Schnellzugtenderlok 61 002. Wie bereits oben erwähnt, wurden weitere Messfahrten mit ihr unterbunden. Seit ihrer Abstellung war die Maschine nur noch ein mal zu Filmaufnahmen im Einsatz, seitdem stand sie. Der zunehmende Lokmangel seit Kriegsausbruch regte die RBD Dresden dazu an, beim Dez. 22 um Zuweisung der Lok zu bitten, um sie noch im Weihnachtsverkehr 1940 einsetzen zu können. *Nordmann* genehmigte dies nach Rücksprache bei *Günther* und erteilte der LVA den Auftrag, die Lok nach Dresden zu überführen und dabei Laufuntersuchungen mit den Schwingungsmesseinrichtungen durchzuführen. Die Laufruhe war ausgesprochen gut, erst oberhalb 80 km/h traten geringe Schwingungen auf. Allerdings konnte die Versuchsgruppe das Laufverhalten nur bis 120 km/h untersuchen. [3]

Den zunehmenden Beschwerden aus dem Betriebsmaschinendienst über die ungünstige Ausführung der Triebwerksverkleidung an den Stromlinien-Schnellzuglokomotiven der Reihen 01[10] und 03[10] nachgehend, führte die LVA 1940 Versuche mit 03 1002 durch, an der die Triebwerksverkleidung gekürzt worden war. Die Vergleichsversuche ergaben, *„daß der Eigenwiderstand der Maschinen bei Geschwindigkeiten bis zu 120 km/h annähernd gleich"* war. Der betriebliche Vorteil einer besseren Zugänglich-

1 Ebel, Jürgen U.; Hansjürgen Wenzel: Die Baureihe 50. Band 1. Freiburg: EK-Verlag, 1988, S. 44-47
2 Ebel/Wenzel: BR 50. a.A.o., S. 50
3 Ebel, Jürgen U. (Hrsg.): Legendäre 18 201. Freiburg, 1995, S. 8-12 u. S. 16-21

Im Spätherbst 1941 wurde die 23 001 nach zahlreichen Messfahrten für Hermann Maey in Grunewald für eine Porträtaufnahme bereit gestellt.

Slg. D. Winkler

Versuchstätigkeit während des Zweiten Weltkrieges

keit zum Triebwerk bewog Wagner im Dezernat 23 im Anschluss an die Versuche eine grundsätzliche Bauartänderung an allen stromlinienverkleideten Maschinen anzuordnen. So sollten bei den Lieferungen ab 03 1010–1022 und 03 1051–1060 bereits gekürzte Triebwerksverkleidungen angebaut werden, für alle bereits ausgelieferten Maschinen der Baureihen 01^{10}, 03^{10} sowie für 03 193, 05 001 und 002 die Kürzung der Verkleidung im RAW erfolgen. Ausgenommen wurden vorerst nur die 05 003 und 61 001/002. [4]

Im Sommer 1941 kam die Baumusterlok der Baureihe 23 zum LVA nach Grunewald. Als Ersatz für die P 8 im Personenzugdienst vorgesehen und in vielem baugleich mit der Reihe 50, lieferte Schichau ganze zwei Exemplare. Die insgesamt geplanten 800 Lokomotiven dieser Baureihe blieben infolge der kriegbedingten Stornierungen eine Zahl auf dem Papier. Am 7. August 1941 überführte man 23 001 zum LVA, wo sie bis zum 21. September 1941 zahlreiche Messfahrten absolvierte. Fast ein Jahr später wurde auch 23 002 vor den Messwagen gekuppelt und vom 6. August bis 1. September 1942 untersucht. Nach Abschluss der Messreihe mit 23 002 war noch einmal vom 5. September bis 10. Oktober 1942 die 23 001 an der Reihe.[5] Sicherlich nicht durch den Ablauf der Messfahrten, sondern eher durch die Bauart der Lokomotive, hob sich die im Sommer 1941 beginnende Erprobung der mit Dampfmotor-Einzelachsantrieb ausgestatteten 19 1001 aus dem Grunewalder Alltag heraus.

Die Maschine traf am 8. Juli 1941 in Grunewald ein. Das anfängliche Vorhaben, nur die Feueranfachung und Zylinderschmierung zu untersuchen und dann eine gelegentliche Begleitung des Betriebseinsatzes, den die Maschine nach ihrer Zuteilung zum Bw Grunewald aufnehmen sollte, durchzuführen, gab man schnell auf.

Die obligatorischen Messfahrten bei unterschiedlichen Beharrungsgeschwindigkeiten fanden am 21., 23. und 24. Oktober 1941 statt, wobei sich erhebliche Mängel an der Steuerung zeigten. Die Reparatur der defekten Steuerung sowie weitere Umbauten führte die Firma Henschel in Grunewald durch. Hier zeigte sich wieder einmal der Vorteil der großzügigen Anlagen für die LVA, der sich in Grunewald mit den in ausreichender Anzahl vorhandenen Hallenständen bot. Nach über einem halben Jahr kam die Maschine am 27. Mai 1942 dann erneut vor den Messzug. Es folgten 40 Fahrten bis Anfang Oktober 1942, wobei teilweise zwei Bremslok zum Einsatz gelangten. Anfang Juli 1942 führte das Versuchsamt Betriebsmessfahrten in der Relation Berlin Anhalter Bf – Erfurt – Frankfurt (Main) durch. Eine weitere Betriebsmessfahrt schloss sich nach Abschluss der Fahrten vor dem Messzug am 13. Oktober auf der Relation Berlin Lehrter Bf – Hamburg-Altona an. Ende November erschien ein erster zusammenfassender Versuchsbericht der Versuchsgruppe 1 (VL 1), in dem die Maschine eine insgesamt gute Bewertung erhielt. Die Lok blieb beim Versuchamt in Grunewald stehen und wurde erst wieder Ende April und Anfang Mai 1943 nochmaligen Betriebsmessfahrten unterzogen, bevor sie am 17. Mai 1943 an das Bw Hamburg-Altona abgegeben wurde.

Nach einem schweren Schaden im November des gleichen Jahres und der sich bis zum September 1944 hinziehenden Instandsetzung der Lok stellte das MA Hamburg beim RZA Berlin den Antrag, die Lok aus dem Verkehr zu ziehen und wieder der LVA Grunewald zuzuteilen. Das RZA leitete diesen Antrag ans RVM weiter, was dem Vorhaben im Oktober 1944 zustimmte. Der Überstellung nach Grunewald kam jedoch ein Bombenschaden zuvor, der die Außer-

---

4 Schreiben DRB 31 Fkl 1003 vom 24. August 1940 sowie Reichsbahn-Zentralamt Berlin 2332 Fklds vom 8.1.1941. SaWi
5 Betriebsbuchauszüge und Miteilungen von V. Kubitzki
6 Troche, Horst: 19 1001. Freiburg, 1995
7 Versuchsbericht Fklvgt 1479 VL 3/31 vom 21.10.1942. wiedergegeben in Melcher: BR 64, a.a.O., S. 45
8 Ebel/Wenzel: BR 50. a.A.o., S. 50-52
9 Mitteilung von V. Kubitzki

Am bekannten Aufnahmestandort hielt Hermann Maey im Sommer 1941 auch die mit Dampfmotor-Einzelachsantrieb ausgestattete 19 1001 vor ihren Versuchsfahrten fest.

Slg. D. Winkler

betriebsetzung der Lok am 13. Oktober 1944 forderte. [6]

Doch es waren in den Kriegsjahren nicht nur die großen Schlepptendermaschinen, die durch die LVA untersucht wurden. So wandte man sich auch einer ursprünglich im Vorort- und Berufsverkehr der sächsischen Großstädte beheimateten Lokgattung zu: der XIV HT. Mit 75 559, die Ende Juli 1942 nach einer L4-Ausbesserung in Grunewald eingetroffen war, führte die Versuchsgruppe 3 zur Aufstellung eines s-V-Diagramms vom 16. bis zum 27. August 1942 die Leistungsmessungen bei 25, 40, 60 und 70 km/h durch. [7]

Ein weitaus umfangreicheres Arbeitsgebiet war die weitergehende Untersuchung der Reihe 50 in Bezug auf eine höhere Heizflächenbelastung. Hinzu kam, nachdem es bei 50 137 mehrfach zum Wasserüberreißen gekommen war, dass sich die LVA um die Ursachenforschung bemühen musste. Die Maschine befand sich von Ende Mai bis Ende Juli 1940 in Grunewald und wurde an sechs Tagen leistungstechnisch untersucht. Drei weitere Fahrten dienten der Dampffeuchtigkeitsmessung. [8]

In den Frühjahrsmonaten des Jahres 1942 hatte das LVA mit 44 1021 eine der schweren Güterzugmaschinen untersucht, die bereits in Übergang-Kriegsausführung (ÜK) gebaut worden waren. Vom 24. April bis zum 8. Juni 1942 führte eine der Grunewalder Messgruppen mehrere Fahrten mit der Maschine durch. [9]

Mitte September 1942 begannen dann die länger währenden Versuche an der Kriegslokomotive 52 180. Sie waren der Anfang einer Untersuchungstätigkeit, die sich, wie noch zu zeigen sein wird, über zweieinhalb Jahre bis zum Kriegsende hinziehen sollte.

Gleichzeitig arbeitete man in Grunewald weitere Versuchsaufträge an Lokomotiven der Reihe 50 ab, so von Mitte November 1942 bis Anfang Januar 1943 an der mit einem Lofag-Kessel ausgerüsteten 50 3010.

Die Maschine war auch die erste Lok dieser Baureihe in der ÜK-Ausführung, so dass die LVA auch den Vereinfachungen ihr Augenmerk widmete. Neben dem unruhigen Lauf der Lok fiel besonders das Fehlen der Windleitbleche unangenehm auf. Zeitgleich kam die mit einem Brotankessel ausgestatteten 50 3011 Mitte November 1942 zur LVA. Bei den Versuchsfahrten bis Dezember 1942 zeigten sich etliche Mängel, na-

Versuchstätigkeit während des Zweiten Weltkrieges

Von November 1941 bis April 1942 untersuchte die LVA die mit Krupp-Abdampfverzehrer ausgerüstete 50 1694.

Slg. D. Winkler

mentlich bei der Luftzufuhr zum Rost. Generell waren die Ergebnisse zufriedenstellend. [10]

Ein großer Anteil der Arbeiten des Grunewalder Versuchsamtes band die umfangreiche Material- und Bauteilerprobung, die durch die Suche nach einfacheren Konstruktionen und alternativen Materialien sowie Ersatzstoffen hervorgerufen wurde.

Zu prüfen galt es nicht nur Ersatzmaterialien sondern auch neue Baugruppen, die in manchen Fällen erst durch die Übernahme ausländischer Fahrzeuge und Konstruktionen wieder ins Blickfeld der deutschen Konstrukteure rückten. Hierzu gehörte u.a. auch als Alternative zu dem genutzten Knorr-Vorwärmer der „Heinl-Einspritzvorwärmer", der bereits seit 1940 auf dem ortsfesten Prüfstand der LVA untersucht wurde. Einen weiteren neuen Prüfstand baute man für die Untersuchung neuer Bruchplatten für Zylinderdeckel. [11]

Haupterprobungsträger für die unterschiedlichen neuen Bauteile und -gruppen waren hierbei die Lok der Baureihen 50 und 52. Im November 1941 erhielt das Grunewalder Versuchsamt mit 50 1890 eine Lok zugeteilt, die für längere Zeit zur Verfügung stehen sollte und insbesondere zur Erprobung der kriegsbedingten Vereinfachung genutzt wurde. Hierunter fiel auch die Ausrüstung von fünf Maschinen der Reihe 50 mit selbsttragenden Kolben und Verschleißteilen aus Gusseisen. Die erste der fünf von der BMAG ausgerüsteten Lok, 50 2920, erhielt das LVA vom 16.10. bis 27.11.1942 zur Untersuchung. Die mit Krupp-Abdampfverzehrer ausgestattete 50 1694 weilte von Mitte November 1941 bis Anfang April 1942 zu Versuchen. Den umfangreichen Versuchsaufträgen Rechnung tragend besichtigte ein Gruppe des AA Konstruktion am 22. April 1942 die LVA. Ihr Interesse galt vornehmlich der unterschiedlichen Schmierpumpen-Ver-

Einheits- und Kriegslokomotiven

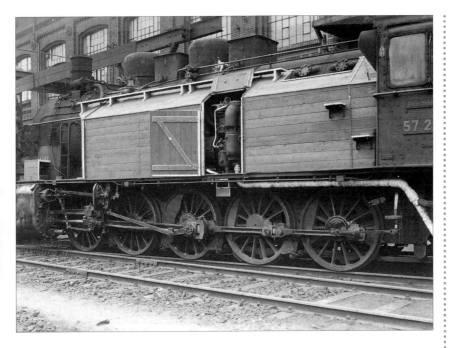

Die Schwierigkeiten des strengen russischen Winters zwangen die Reichsbahn zu ungewöhnlichen Maßnahmen. Der LVA fiel hierbei die Aufgabe zu, die Ausführung der Schutzkästen für Vorwärmer, Pumpen usw. zu beurteilen. Eine Ansicht von 57 2191. Der Schutzkasten ist geöffnet und zeigt die Vorwärmerpumpe. Vorn, über dem Zylinder, der Kasten für das Luftsaugventil

Slg. V. Kubitzki

suchsanordnungen. Anschließend besprach man noch weitere Punkte, so die durch die LVA untersuchte Möglichkeit zur Tenderwasser-Vorwärmung. [12]
Weiterhin wurden insgesamt 32 Maschinen der Reihe 50 zwischen August 1939 und März 1943 versuchsweise mit unterschiedlichen Lagerbauarten/-werkstoffen ausgestattet. Etliche der Maschinen wurden durch das Versuchsamt mehr oder minder umfangreichen Versuchen unterzogen. Dazu gehörten z.B. Heißlaufversuche u.a. an 50 2199 am 8.4.42 („Norweger"-Achslager), oder an 50 011 am 16.1.43 (Treibstangenlager aus Sondergusseisen). Weitere Erprobungen standen mit 50 2524, 2630, 2627 und 2631 nacheinander im Frühjahr 1943 an, die Rollenlager u.a. in Treib- und Kuppelstangen erhalten hatten. Mit Verfügung des RZA wurden diese Versuche am 5.4.43 abgebrochen. [13]
Da die Heißdampftemperatur bei der Baumusterlok 50 001 im Vergleich zu den übrigen Einheitslokomotiven recht unbefriedigend war, nahm man konstruktive Veränderungen zur Verbesserung der Überhitzerheizfläche vor. In diesem Zusammenhang untersuchte die LVA 50 984, an der die entsprechenden Umbauten vorgenommen worden waren. Die hierbei gemachten Erfahrungen gingen in den weiteren Serienbau ein und wurden an 50 1890 nochmals untersucht, die dann deutlich bessere Werte als 50 001 aufwies. [14]
Selbst die Erfahrungen des russischen Winters, die die Reichsbahn beim Einsatz ihrer Fahrzeuge auf den umgespurten Strecken machen musste, veranlasste das TZA, Versuchsaufträge an die LVA zu geben. Hintergrund waren Frostschäden an Pumpen, Vorwärmern und anderen Bauteilen der Lokomotiven, durch den strengen russischen Winter. Man versuchte durch unterschiedlichste Ausführungen von Verkleidungen Abhilfe zu schaffen, wobei auf die Verwendung von Werkstoffen Wert gelegt wurde, die auch in den vom Reichsgebiet weit entfernten Bahnbetriebswerken rasch zu beschaffen waren.

10 Ebel/Wenzel: BR 50. a.A.o., S. 79-84
11 Niederschrift über die 18. Sitzung vom Arbeitsausschuß Konstruktion. 11. Mai 1943, Anlage 4
12 Niederschrift über die Besichtigung im LVA Grunewald am 22. April 1942.
13 Ebel/Wenzel: BR 50, S. 52, 88, 92
14 Buttazzoni, Jakob; Karl Velan: Die Kriegslokomotiven der Deutschen Reichsbahn. Maschinenbau und Wärmewirtschaft. 5 (1950), S. 25, S. 49

Versuchstätigkeit während des Zweiten Weltkrieges

6.2 Blicke über die Grenzen

Die Erprobung der Einheits- und später der Kriegslokomotiven stand in den Jahren seit 1939 scheinbar im Vordergrund der Arbeiten des Versuchsamts. Aber auch eine Reihe weiterer, nicht mehr ganz so neuer Lokomotivbauarten fielen, wie oben gezeigt, unter das Versuchsprogramm, welches im Auftrag des RZA sowie der Industrie in Grunewald bestellt wurde. Doch nicht nur diese Aufträge wurden dem Versuchsamt beschert, weit interessanter wurden die Aufgaben durch eine Reihe von Vergleichsuntersuchungen mit Lokomotiven, die erst durch die Kriegsereignisse in den Einflussbereich der Reichsbahn gelangt waren.

In den damaligen Fachpublikationen wurde darüber kaum berichtet. Einerseits standen dem die bereits ohnehin durch Papierkontingentierung geringer gewordenen Veröffentlichungsmöglichkeiten im Wege, zum anderen offenbarten diese Versuche so manche Mängel der deutschen Einheitslokomotiven. Und so findet sich einer der wenigen Hinweise in einer Veröffentlichung *Karl Kochs* aus dem Jahre 1942, in dem Berechnungsgrundlagen für Saugzuganlagen dargelegt wurden. So schrieb er:

„*Im Laufe der Jahre sind beim Versuchsamt der Deutschen Reichsbahn allmählich viele Erfahrungswerte über günstig bemessene Saugzuganlagen gesammelt worden, so daß es möglich geworden ist, Betrachtungen über den Zusammenhang von Kesselgröße, Kesselmaßen, Blasrohrquerschnitten und Schornsteinabmessungen aufzustellen, vor allem dadurch, daß mit der Angliederung der Ostmark an das Reich allmählich auch die zahlreichen ehemaligen ÖBB-Bauarten, die z. T. nach anderen Grundsätzen erbaut sind, das Versuchsamt der DR durchliefen und dadurch, daß gerade in neuester Zeit Leihlokomotiven fremder Verwaltungen (z.B. französich-amerikanischer Herkunft), oder in Deutschland gebaute Maschinen ausländischer Verwaltungen (wie norwegische, türkische) oder auch deutsche Sonderbauarten zur Erprobung kamen..*:" [15] Somit nutzten also die Dezernenten im RZA die Gunst der Stunde zu vergleichenden Untersuchungen.

Hierzu gehörten u.a. Versuche mit ehemals österreichischen Lok, so mit einer der 1936 gebauten 1'D2'h2-Schnellzuglokomotiven der Reihe 214 (DR-Nr. 12 011), sowie einer 2'C2'h2-Personenzug-Tenderlok der Reihe 729 aus der Lieferung 1936/38 (DR-Nr. 78 661, später 78 621), beide mit Heinl-Mischvorwärmer ausgerüstet. Seitens des RVM

Standardportrait-Aufnahme der 19 123 in Berlin-Grunewald. Die leistungsfähigen Personenzuglokomotiven der ehemaligen PKP-Reihe Pt 31 gehörten zu den wohlbeachteten polnischen Maschinen, die in den Reichsbahnpark übernommen wurden.

H. Maey, Slg. A. Knipping

Während einer Messfahrt im Jahre 1939 nahm Theodor Düring 12 011, eine ehemalige österreichische 214 in Breddin auf.

Slg. H. Griebl

war man an der Leistungscharakteristik und der thermischen Wirtschaftlichkeit beider Bauarten interessiert, zumal sie unter anderen Baugrundsätzen entstanden waren, als die bisherigen Reichsbahn-Einheitsmaschinen. Hier dürften *Günther* und *Nordmann* an einem Strang gezogen haben, galt es doch, die eigenen, im Bereich der Lokomotivkonstruktion eingefahrenen Pfade zu verlassen und neue Ideen gegebenenfalls aufzunehmen. Unter Leitung von *Dipl. Ing. Koch* führte die Messgruppe VL1, der damals der junge *Theodor Düring* vom Dezernat 22 zugeteilt war, im Frühjahr 1939 Messfahrten zwischen Berlin und Hamburg durch, die jedoch zeigten, dass beide Maschinen im Vergleich zu den deutschen Einheitslok schlechter abschnitten. [16]

Als sich mit einem Exportauftrag der Firma Krupp die Gelegenheit bot, eine in Deutschland gebaute, moderne Verbundmaschine untersuchen zu können, nutzte man sie seitens des RZA umgehend. Die Messfahrten, welche das LVA vom 28. Mai bis zum 30. Juli 1940 mit der für die Norwegischen Staatsbahnen (NS) gebauten 1'D2'-h4v-Schnellzuglokomotive, Reihe 470, durchführte, regten *Nordmann* dazu an, nochmals die Thematik der konstruktiven Durchbildung einer Heißdampf-Verbund-Lokomotive zu betrachten. Neben der messtechnischen Leistungsaufnahme vor dem Versuchszug standen auch Betriebsmessfahrten mit der Norwegerlok auf dem Programm, so am 19. und 20. Juli 1940 vor Eil- und D-Zugleistungen auf der Relation Berlin – Breslau – Berlin. [17]

Die eingehende Gegenüberstellung der thermischen Verbrauchswerte der 470 mit denen der annähernd vergleichbaren Baureihen 01, 03[10] und 06 zeigten, dass die von Krupp gebaute Maschine sehr wohl, entgegen der bisher gepflegten landläufigen Meinung, thermische Vorteile bei mittleren Drehzahlen aufwies, was *Nordmann*, unter aller Verteidigung der deutschen Einheitsmaschinen mit einfacher Dampfdehnung, zu dem Urteil kommen ließ: „*Die Verbundmaschine ist also grundsätzlich empfindlicher gegen Erhöhungen der Drehzahl und Senkung der Leistung als die Maschine mit einfacher Dampfdehnung. Sie ist nur in einem, neuerdings erweiterten Teilgebiet sparsamer, und die einfach dehnende Maschine also im ganzen thermisch gleichmäßiger, sozusagen elastischer. Aber in dem thermisch günstigen Leistungsgebiet der*

15 Koch, K.: Grundlagen zur Berechnung von Saugzuganlagen für Dampflokomotiven. In: Die Lokomotive. 39 (1942), S. 71

16 Düring, Theodor: Reichsbahn-Versuche mit österreichischen Dampflokomotiven. LM. 13 (1974), S. 201

17 Mitteilung von V. Kubitzki

Versuchstätigkeit während des Zweiten Weltkrieges

Die 1940 gebaute und an die DRB ausgelieferte 39 1012p (ehem. PKP-Bauart Pt 31) befand sich von Oktober bis Dezember 1940 für Messfahrten bei der LVA. Auf der Pufferbohle findet sich die Anschrift: Unt. Gd ...11.40.

Slg. H. Griebl

modernen Verbundmaschine gehen doch andererseits die Mehrleistungen bei gleichem Dampfverbrauch bis zu so erheblichen Beträgen - 14% beim Zwilling, fast 19 % beim Drilling - hinauf, daß der Neubau von Verbundmaschinen mindestens versuchsweise wieder aufgenommen werden sollte." *Nordmann* gestand weitgehend ein, dass das Festhalten an der Bauart mit einfacher Dampfdehnung bei der Reichsbahn nicht dem damals technisch möglichen Stand entsprach und verwies auf die sehr guten Konstruktionen in Frankreich sowie die erzielten guten Ergebnisse bei den Drillingsmaschinen der Reihen 01[10], 03[10] und 06.[18]
Im Zusammenhang mit den Versuchen der für Norwegen gebauten Maschine sahen sich *Günther* im RVM und *Nordmann* im RZA Berlin dazu veranlasst, nochmals eine heimische Verbundmaschine, die preußische S 10[1], zu untersuchen. Man unternahm einige Betriebsmessfahrten vor fahrplanmäßigen Zügen mit Hilfe des Messwagens in den Bezirken der RBD Königsberg und Posen, wo, sicherlich auch zur neuerlichen Abschätzung der Leistungsfähigkeit dieser Maschinen, die im Krieg zu Diensten vor Zügen mit 600 und mehr Tonnen Gewicht herangezogen wurden, für die sie laut Belastungstafel nicht vorgesehen waren, insbesondere Messfahrten vor schweren Schnellzügen stattfanden. Eine der untersuchten Maschinen war 17 1212 des Bw Bromberg, die vor dem DmW 21 zwischen Danzig und Stolp, der bei 54 Achsen 621 t Last bot, zum Einsatz kam. Außerdem fanden Messfahrten auf der Strecke Thorn – Schneidemühl, die maximal 5 ‰ Steigung bot, vor Züge mit 600–650 t Last statt. Hierbei konnte die glückliche preußische Konstruktion nochmals eindrucksvoll ihre Leistungsfähigkeit amtlich unter Beweis stellen.[19]
Übrigens stellte die Firma Krupp beim RZA im März 1943 nochmals einen Antrag zur messtechnischen Untersuchung einer von ihr gebauten Lokomotive. Dabei handelte es sich um eine 1'D2'-h3-Maschine, die für die BDZ bestimmt war. Allerdings musste der Antrag mit Blick auf die geringe Versuchskapazität und die allgemeine Lage beim Lokomotivversuchsamt abschlägig beschieden werden. [20]
Ende 1940 / Anfang 1941 kamen auch zwei Lokomotiven der polnischen Baureihe Pt 31, einer 1'D1'-h2 Lok, zur Untersuchung vor den Grunewalder Messwagen. Zum einen 19 123 (Chrzanow 641, 1936), die noch vor dem Kriegsbeginn an die PKP ausgeliefert worden war, zum anderen die 1940 gebaute und somit an die DRB ausgelieferte 39 1012p (Chrzanow 795, 1940). Die Versuchs-

fahrten fanden im Zeitraum vom 17. Oktober bis 13. Dezember 1940 statt. Die Nachbaumaschinen der BR 39[10] wurden übrigens im Oktober 1941 in 19 155-166 umgezeichnet, die genannte Lok in 19 166.[21]

Mitte 1940 sowie im Jahre 1941 erhielt die LVA mehrere Aufträge zur Untersuchung französischer Dampflokomotiven. Dazu gehörten u.a. 140 G 631 und 140 411. Die Letztgenannte, eine 1'D2'-h3t-Lokomotive kam aus Durlach, die 140 G 631 aus Osnabrück zum Grunewalder Versuchsamt. Die Messfahrten fanden zwischen Januar und Februar 1941 statt. Vorangegangen war bei beiden Maschinen ein immenser Instandsetzungsaufwand (bei 140 411 waren es 1200–1300 Arbeitsstunden, bei 140 G 631 900–1000 Stunden Arbeitsaufwand), den die Grunewalder Versuchsamtsschlosser und Meister zu leisten hatten, bevor die Maschinen überhaupt zu den Messfahrten herangezogen werden konnten.[22]

Weiterhin überwies das Bw Kaiserslautern im August 1941 der LVA Grunewald die französische 150 P 8 zur Leistungsmessung. Hierbei handelte es sich um eine 1'E-h4v-Lokomotive mit Stoker. Mit ihr wurden ebenfalls mehrere Versuchsfahrten unternommen, so am 12. Dezember 1941 von Grunewald nach Stendal und Oebisfelde, oder am 7. und 21. Januar 1942 über Nauen, Hagenow nach Wittenberge. Weitere Fahrten schlossen sich mit der 150 P 37 an, ebenfalls einer 1'E-h4v-Lokomotive mit normaler Feuerung. Für die Untersuchung dieser beiden Maschinen sprachen sicherlich das Vierzylinder-Verbundtriebwerk und zum anderen bei 150 P 8 die automatische Feuerungsart, mit der in Deutschland nur ungenügende Erfahrungen vorlagen.

Auch die bereits Anfang der zwanziger Jahre bei der VL untersuchte Ty 23 (1'E-h2) der PKP gelangte nochmals in den Blickpunkt des Interesses des RZA.

Bereits seit dem Sommer 1940 wollte das RZA Berlin eine Maschine dieser Bauart in Grunewald untersuchen lassen. *Helberg* (Dez. 25), als Vertreter von Prof. *Nordmann* (Dez. 22), forderte Ende April 1942 eine Lok aus der letzten polnischen Bauserie zu Versuchen an. *„Nach Abschluß der zur Zeit im Lok-Versuchsamt Grunewald laufenden dampftechnischen Untersuchung der Lok 44 1021 bietet sich Gelegenheit, etwa ab Mitte Mai mit der lt obiger Verfügung angeordneten, aber bisher aus verschiedenen Gründen nicht durchführbar gewesenen dampftechnischen Untersuchung der Lokgattung 58*[23-26] *(ehemals polnische Ty 23) zu beginnen."* Helberg erachtete es als notwendig, diese *„als wohlgelungen zu bezeichnende Gattung"* baldmöglichst zu untersuchen. *Günther* im Referat 31 des RVM unterstützte dieses Vorhaben.[24] Und so stellte die RBD Posen die 1931 bei Cegielski gebaute 58 2684 vom Bw Karscnice zur Verfügung, die frisch aus einer L4 kam. Bis zum Oktober 1942 war die dampftechnische Untersuchung der Lok abgeschlossen.[25]

Noch ein weiterer Blick über die Grenze sei erwähnt. Im Oktober 1942 traf in Grunewald eine G 10 aus dem Osten ein, die eine Ölzusatzfeuerung besaß. Mit der Maschine 57 2104 vom FEKdo 5, die mit einem russischen Brenner ausgerüstet und in *„außergewöhnlich schlechten Betriebszustand"* zugeführt worden war, konnte die LVA nach *„notdürftigsten Unterhaltungsarbeiten"* eine Probefahrt unternehmen. Doch hierbei blieb sie mit Laufwerksschäden liegen und musste einer RAW-Ausbesserung zugeführt werden. Grund für die anberaumten Versuche war der Vergleich einer Ölzusatzfeuerung Bauart Krupp mit bereits im Einsatz befindlichen Bauarten. So stand im Bw Knittelfeld 57 2171 mit Hardy-Rundbrenner, eine mit einem Bauke-Rundbrenner im RAW Schwerte ausgerüstete G 8[1] sowie die im RAW Stendal auszurüstende 57 2750

18 Nordmann: Heißdampf und Verbundwirkung. Die Lokomotive. 38 (1941), S. 153
19 Maedel, Karl-Ernst: S101. Geschichte der letzten preußischen Schnellzug-Dampflokomotiven. Stuttgart: Franckh, 1972, S. 83, 84
20 Mitteilung von V. Kubitzki
21 Mitteilung von V. Kubitzki
22 (Schreiben des LVA vom 25.2.1941. mitgeteilt von V. Kubitzki)
23 (Bericht des LVA vom 5.6.1943. mitgeteilt von V. Kubitzki)
24 Schreiben Reichsbahn-Zentralamt Berlin 2231 Fklv 58 2/42 vom 29.4.1942. SaKu
25 Der Vorstand des Reichsbahn-Versuchsamts für Lokomotiven und Triebwagen Berlin-Grunewald. Fklvg 147C/VL 3 vom 14.10.1942. SaKu

Versuchstätigkeit während des Zweiten Weltkrieges

Eine der seltenen Streckenaufnahmen zeigt H17 206 vor einem Schnellzug auf der Strecke Leipzig – Kassel – Köln am 22. Mai 1930.

Slg. A. Knipping

mit erwähntem Krupp-Cosmovice-Brenner zur Auswahl. Die Ausrüstung der G 10 im RAW Stendal wurde bis zum Februar 1943 vorgenommen. Zu dem von *Nordmann* angeregten Versuchen vom RAW Stendal aus kam es dann nicht mehr. *„Wegen der geänderten Verhältnisse sind die Arbeiten vorläufig unterbrochen worden,"* hieß es im Schreiben des RZA Berlin vom Februar 1943. Man empfahl den Ausbau und die Einlagerung der Brenner in Stendal und die Rückführung der Lok zu ihren Heimatdienststellen. [26][27] Somit unterblieb auch ein Anknüpfen an die erfolgreichen Versuche der K.E.D. Frankfurt mit Ölzusatzfeuerungen, die von 1908 bis mindestens 1911 gedauert hatten. [28]

Letztendlich nicht ungenannt bleiben sollen die Messfahrten mit einer der letzten 1943 von der BMAG in Wildau gebauten 1'F2'-h3t-Güterzuglokomotive der Reihe 46 der Bulgarischen Staatsbahnen (BDZ). Die Maschine war eine Weiterentwicklung der 1931 von Cegielski gelieferten 1'F2'-h2t-Bauart, nunmehr in Dreizylinderausführung, mit leicht veränderten Rahmenabmessungen und Sondereinrichtungen entsprechend den Reichsbahn-Normen ausgestattet. Die Versuchsfahrten der LVA bestätigten die bei den Abnahmefahrten in Bulgarien erzielten guten Leistungswerte, *„so daß diese Weiterentwicklung einer vorhandenen Bauart als voller Erfolg bezeichnet werden kann."* [29]

6.3 Und immer wieder Betriebsmessfahrten

Recht zahlreich blieben die Aufträge des RZA zur Durchführung von Betriebsmessfahrten. Immer wieder waren die auf bestimmten Strecken eingesetzten Lokomotiven zu bewerten, neue Entscheidungen für den Betriebsdienst zu fällen oder nur Hinweise aus dem Betriebsdienst auf die Einsatzfähigkeit einer Lokomotivbaureihe zu überprüfen. Beispielhaft seien hier einige Fahrten des Jahres 1942 genannt.

So führte die LVA Betriebsmessfahrten vom 24.–28.2.1942 auf den Strecken Villach – Tarvis und Villach – Assling mit der Lok 59 013 des Bw Villach West durch. Es sollte die Auslastung der Reihe 59⁰ (wü. K) auf diesen Strecken ermittelt werden. Nach den Villacher Fahrten begleitete die Versuchsgruppe 3 (VL 3) die 59 038 des Bw Mürzzuschlag auf Fahrten am 5. und 6. März 1942 zwischen Mürzzuschlag – Semmering – Wiener Neustadt. Die Leistung der dabei teilweise eingesetzten Schublok wurde zusätzlich mit dem Messwagen der ehem. ÖBB gemessen.[30]

Vom 13. bis 19. März 1942 standen Betriebsmessfahrten mit SFR-Zügen auf der Strecke Wien-West – Linz – Passau – Nürnberg auf dem Programm der VL 3. Das RZA hatte die Fahrten angeordnet, um die Auslastung der Züge und den Durchlauf der Lok der 03¹⁰ von Wien nach Nürnberg zu untersuchen. Die Betriebsmessfahrten ergaben, *„daß Züge mit einer Belastung von 530 t auf der Strecke Wien – Passau – Wien von der 03¹⁰ mit Sicherheit befördert werden können."* Hingewiesen wurde im Bericht noch auf den Zusammenhang zwischen undichten Überhitzerelementen und der Saugzuganlage, die teilweise zu Problemen im Betrieb geführt hatten. Interessant erscheint noch der von *Klie* in der Zusammenfassung gemachte Nachsatz:

„Wird durch diese Maßnahme (Veränderung der Saugzuganlage; d.A.) *die sichere Beförderung der Züge mit der 03¹⁰ weiter erhöht, so empfiehlt es sich trotz alledem, wie bereits im Vorbericht erwähnt, bei Steigerung der Belastung über 530 t, die mehr für das Flachland gebaute 03¹⁰ von der Strecke Wien-West – Passau abzuziehen und mit einer 4-fach gekuppelten Lok auszutauschen. Am geeignetsten erscheint die 39¹⁰, ehem. polnische Pt 31, die als 4-Kuppler im jetzigen Einsatzgebiet (Flachland) wohl am ehesten durch die 03¹⁰ zu ersetzen ist.*

Auch diese Betriebsmeßfahrten haben wieder gezeigt, daß für den schweren Schnellzugdienst eine vierfachgekuppelte Schnell-

zuglokomotive in der 18-Reihe (gemeint sind 18 t-Achslast; d.A.) *von großem Nutzen ist. Nach unseren Erfahrungen würde eine 1D2-Lokomotive mit rd. 2000 mm Raddurchmesser (entweder als Drilling oder Vierzylinder-Verbundanordnung) mit neuzeitlichem Kessel (große Feuerbuchsheizfläche im Verhältnis zur Rohrheizfläche) zweifellos vom Betrieb außerordentlich begrüßt werden."* [31] Damit verwies *Klie* nochmals auf die guten Ergebnisse der Norwegenlok von Krupp.

Zur Ermittlung der Leistungsfähigkeit der Maschinen auf der Strecke Aschaffenburg – Würzburg – Treuchtlingen in Bezug auf die Beschleunigung des Güterverkehrs sowie deren Einsatz auf krümmungs- und rampenreichen Strecken fanden vom 21. bis 25. April 1942 Betriebsmessfahrten mit 45 005 statt. Weiteren Versuchsfahrten mit dieser Maschine schlossen sich vom 6. Mai bis 9. Juli von Grunewald aus an, bei denen u.a. untersucht wurde, ob bei herabgesetztem Kesseldruck ein Leistungsabfall vorhanden sei, was sich nicht bestätigte. Für die Grunewalder Versuchsingenieure schlossen sich dann vom 28. bis 30. April 1942 Betriebsmessfahrten in der RBD Karlsruhe mit zwei schweizerischen Leihlok, einer els.-loth. G 12¹ sowie mit der im Kesseldruck von 20 auf 16 atü herabgesetzten 44 012 statt. Es sollte die Möglichkeit der Beförderung der für Italien bestimmten Kohlenzüge mit 1600 t Last (Iko-Züge) mit den zur Verfügung stehenden Lokomotiven untersucht werden, wobei sich die Reihe 44 wie auch die 58 als ausreichend erwiesen. [32]

Erwähnt seien auch noch die Betriebsmessfahrten mit 50 181 im Juli 1943. Sie dienten der Beurteilung der mit einem Knorr-Mischvorwärmer ausgestatteten Maschinen. Die Fahrten in der RBD Dresden zeigten, dass der neue Vorwärmer sich in wärmewirtschaftlicher Sicht als vorteilhaft erwies und betriebssicher arbeitete.[33]

26 Reichsbahn-Zentralamt Berlin. 2201/31 Fklvz 1/42 vom 7.12.1942. SaKu

27 Reichsbahn-Zentralamt Berlin. 2330 Fkldke vom 19.2.43. SaKu

28 Sußmann, L.: Über Ölfeuerung für Lokomotiven mit Berücksichtigung der Versuche mit Teerölzusatzfeuerung bei den preußischen Staatsbahnen. GA. 35 (1911) I, S. 107, S. 125

29 Zimmermann, Walter: Die 1'F2'-Drilling-Heißdampf-Tenderlokomotive, Reihe 46, der Bulgarischen Staatsbahnen. In: Die Lokomotive. 40 (1943), S. 195

30 Der Vorstand des Reichsbahn-Versuchsamts für Lokomotiven und Triebwagen. Fklvs 1431/VL 3 vom 30.6.1942. SaKu

31 Der Vorstand des Reichsbahn-Versuchsamts für Lokomotiven und Triebwagen. Fklvs 1431 /VL 3 vom 31.7.1942. Sa Ku

32 Seiler; Ebel: BR 45. a.a.O., S. 76 - 81

33 Ebel/Wenzel: BR 50. a.a.O., S. 84-87

Versuchstätigkeit während des Zweiten Weltkrieges

Die von Orenstein & Koppel gebaute Kb 4446 besaß einen Imbert-Holzgasmotor. Sie war mehrmals seit 1934 in Grunewald zu Gast.

W. Hubert, Slg. D. Winkler

6.4 Holzgas und Wehrmachtsdiesellok

Ein anderer Schritt zur Rohstoffeinsparung im Dritten Reich betraf die Einschränkung des Verbrauchs von flüssigem Brennstoff im öffentlichen Bereich. Als Alternative bot sich die Nutzung von Gas an, das in ausreichender Menge vorhanden war oder auf mitführbaren Gaserzeugungsanlagen bereit gestellt werden sollte. Den Versuchen im Kraftfahrzeugbereich schloss sich auch die Reichsbahn an und strebte den Umbau von Kleinlokomotiven und Triebwagen auf Treibgasbetrieb an. Dabei hatte man schon 1934/35 mit Versuchen zur Nutzung der unterschiedlichen Gaserzeuger und Gassorten bei den Kleinlokomotiven begonnen und beachtliche Erfolge erzielt, die zur späteren Umstellung einer größeren Anzahl der Maschinen auf Gasbetrieb führte. Erste untersuchte Kleinlok war 1934 die Kb 4446 mit Imbert-Holzgasanlage. Erprobt wurde die Verwendung von Schwellen-Abfallholz sowie von Buchenholz, wobei mit Buchenholz die besseren Leistungswerte des Motors erzielt werden konnten.

Nachdem man mit Holz als einheimischen Treibstoff nicht die gewünschten wirtschaftlichen Ergebnisse erzielte, wandte man sich der Verwendung von teerfreien Brennstoffen, wie Schwelkoks aus Braun- oder Steinkohle zu. Ausgehend von Erfahrungen mit stationären Anlagen wurden drei Sauggasanlagen für Kleinlok bei O&K, Humboldt-Deutz und der BMAG in Auftrag gegeben. Von O&K wurde Kb 4758 im Jahre 1935 abgeliefert, von Humboldt-Deutz die Kb 4757. Beide Anlagen auf den Kleinlokomotiven bewährten sich, wobei man der Ausführung von Humboldt-Deutz den Vorrang gab, da sie bei dem vorgesehenen Umbau der vorhandenen Kleinlok ohne besondere Änderungen auf dem Fahrzeug zu installieren war. RZA wie die beteiligten Firmen führten die Entwicklung dahingehend weiter, dass eine weitgehend automatische Beschickung der Anlagen erfolgen konnte. Dem entsprach bereits die Ausführung von BMAG/Visco, die wenig später zur Auslieferung kommen sollte.[34]

Neben der Umstellung der Kleinlokomotiven strebte man auch den Umbau von Verbrennungstriebwagen auf Gasbetrieb an, um einen Teil der weiterhin zivil verfügbaren Fahrzeuge trotz der Einschränkungen in der Kraftstoffversorgung nutzen zu können. Umgebaut wurden dann auch fast alle zwei- und vierachsigen Verbrennungstriebwagen mit Ottomotor. Weitere Umbauten auch an den Triebwagen mit Dieselmotor wurden angestrebt, kamen aber über ein Versuchsstadium kaum hinaus. So untersuchte die LVA von Juni bis August 1944 den auf Leuchtgasbetrieb umgebauten VT 137 372, Bauart „Stettin".[35] Da die Umstellung bei anderen Triebwagenbauarten bereits Jahre früher erfolgte, sind hier weitere Erprobungen denkbar.

In den Kriegsjahren gehörten neben der Untersuchung von Maschinen für die Reichsbahn weitere Versuche mit Lokomotiven, die nicht zur DRB gelangen sollten, zu den Aufgaben der LVA. Zu nennen wären hier u.a. die eingehenden Erprobungen der unterschiedlichsten Bauarten der Wehrmacht-Rangierlokomotiven (WR-Lok).

Mit Ablieferung der ersten Maschinen der Vorserienbauarten im Jahre 1937 begann eine langjährige Erprobung der WR-Lok im Auftrag von Heereswaffenamt, Arbeitsgemeinschaft Motorlokomotive (ATM) und dem TZA. Den Beginn machten Versuchsfahrten mit der noch als HR360B18 bezeichneten und von der BMAG gelieferten Maschine sowie der HR360C12 von Orenstein & Koppel (O&K). Am 7. und 8. Juni befuhr man dabei die Strecke Nauen – Börnicke und am 9 Juni die Strecke Stendal – Magdeburg. Im Vordergrund stand die allgemeine Bauarterprobung, wobei man Motor, hydraulischem Getriebe sowie der Doppelloksteuerung besondere Aufmerksamkeit widmete. Der Versuchsbericht der LVA bewertete insbesondere das Zusammenspiel beider Lokomotiven als gut. Die am 10. und 11. Juni vorgenommenen weiteren Erprobungen auf der 28 km langen Strecke Uchtspringe – Hillersleben zeigte gute Zugleistungen.[36]

Den ersten Messfahrten sollten Vergleichsfahrten mit ähnlichen Diesellokomotiven anderer Hersteller folgen. So nahm die LVA mit der sogen. K5-Lok von Krupp vergleichende Versuche am 19. und 20. Juli 1937 zwischen Nauen und Börnicke vor. Ähnliche Fahrten schlossen sich vom 11. bis 15. März 1938 mit der 360C-Baumusterlok von den Deutschen Werken Kiel (DWK) an. Die von der „Erprobungsstelle der Luftwaffe" in Rechlin zugeführte Maschine wies noch den Mittelführerstand auf, den die DWK bei der Serienausführung zugunsten des Endführerstandes entfallen lassen sollte. Die LVA verglich die Messergebnisse und Beobachtungen mit denen der WR360C von O&K, wobei die DWK-Maschine insbesondere in der Bedienung besser abschnitt als die beiden Konkurrenten. Hingegen wies man deutlich auf die Vorteile des hydraulischen Getriebes hin.[37] Insgesamt legte die HR360B rund 12.000 km, die HR360C sogar fast 22.000 km während des Versuchszeitraumes zurück. Seit Ende Juni 1938 kam es dann zur Ablieferung der ersten Serienmaschinen der Bauart WR360C12 durch BMAG und O&K, mit Beginn des Jahres 1939 dann auch die WR360C14. Nach der Fertigstellung der ersten Musterlok der Bauart WR240B15 durch BMAG und O&K im Oktober 1939 überführten die Herstellerfirmen die Maschinen ebenfalls zur LVA Grunewald, wo sie mit Treibstoff versehen, zu den üblichen Messfahrten vor dem

---

34 Jessen, Heinz: Heimische Treibstoffe zum Betrieb der Motorkleinlokomotiven der Deutschen Reichsbahn. GA. (1935), S. 83

35 Betriebsbuchauszug. SaWi

36 Der Vorstand des Reichsbahn-Versuchsamts für Lokomotiven und Triebwagen. Fklvi 870/ VLI vom 1.7.1937. Rep. TZA 247. ZVA

37 Der Vorstand des Reichsbahn-Versuchsamts für Lokomotiven und Triebwagen. vom 27.4.1938. BA Rep. R5 / 2216

Versuchstätigkeit während des Zweiten Weltkrieges

Messwagen auf die Strecke Nauen - Börnicke kamen. Die Leistungen der BMAG-Lok war erheblich über dem errechneten Wert, doch bei beiden Lok traten Probleme am Getriebe auf. Eine zusätzliche Leistungserprobung der BMAG-Lok nahm man auf der Strecke Belzig – Wiesenburg vor.[38]

Als im Frühjahr 1941 eine erste Lok der Bauart WR200B14 zur Verfügung stand, führte die LVA auch mit dieser Bauart die üblichen Messfahrten durch. Untersucht wurden zwischen März und Mitte April 1940 die 27306 von KHD und 11273 von der BMAG, teils einzeln, später auch im gekuppelten Zugverband. Insgesamt war das Urteil in dem Bericht von *Koch* gut, wobei die Motorsteuerung nicht immer einwandfrei zu handhaben war. Auch zeigten sich Probleme beim Anlassen der Motoren. Erhebliche Mängel ergaben sich beim anfänglichen Zusammenspiel als Doppellok. *„Wären die beiden Lok ohne Berührung des LVA an den Betrieb gelangt, so hätten sie selbst als Einzelfahrzeuge nicht vollwertig (Brennstoffeinrichtung bei Deutz, Gestänge bei BMAG) und vor allem gekuppelt niemals einwandfrei zusammenarbeiten können, da die eine, voll leistende Lok immer die andere, minder ziehende, hätte schleppen müssen."*[39]

Im Oktober 1941 gelangte aus der Fertigung der BMAG die erste Baumusterlok (Fabrik-Nr. 11118) der vierachsigen Bauart WR550D14 in den Betrieb. Auch sie wurde umgehend von der LVA den üblichen Messfahrten unterzogen. Wegen Bauarbeiten auf der Strecke Nauen – Börnicke wich Koch mit seiner Messgruppe auf den Abschnitt Börnicke – Flatow aus. Es zeigten sich erhebliche Kinderkrankheiten, die Leistung blieb hinter den Rechenwerten zurück. Herausgehoben wurde von Koch in seinem Bericht die unerträgliche Lärmbelästigung, ein Faktor, den die Versuchsingenieure bei allen untersuchten Maschinen bemängelten. [40] [41]

Nach Fertigstellung der zweiten Baumusterlok von Deutz (27307) Ende Mai 1942 und der Beseitigung der Mängel an der BMAG-Maschine nahm die LVA dann die Untersuchungen an der „Doppellok" vor, diesmal zwischen Nauen und Wittenberge. Die Leistungen der Fahrt vom 18. Juni 1942 waren befriedigend, hingegen erwiesen sich die Treibstangen als zu schwach ausgeführt. Trotzdem zog *Koch* ein eher positives Resultat.[42]

Neben den Streckenfahrten in der Mark Brandenburg vor dem Messwagen 1 der LVA setzte man mindestens eine Maschine im Bereich des Anhalter Bahnhofs zur Untersuchung des Rangierverhaltens ein. Hintergrund war die Auswahl eines geeigneten Loktyps für die Rangiertätigkeit auf den von der RBauD Berlin geplanten Berliner Bahnhöfen. Vom 20. bis 22. November 1940 arbeitete von 8 bis 14 Uhr die vom Heereswaffenamt geliehene O&K-Lok mit der Nummer 21 119 im Rangierdienst. Anschließend *„wurde die Lok zum Versuchsamt für Lok und Triebwagen beim RAW Gd überführt, um vor dem Meßwagen noch weitere Ergebnisse festzustellen."* Es zeigten sich während des Einsatzes am Anhalter Bf zahlreiche Mängel, so u.a. die unzureichende Zugkraft für das Umstellen und Abstoßen ganzer D-Züge. Ungünstig für die Rangiertätigkeit war die Lage der Schaltpunkte des hydraulischen Getriebes. Auch machte sich wieder der Lärm im Führerstand störend bemerkbar. Nach dem Ende des Einsatzes auf dem Anhalter Bahnhof setzte die LVA das Rangierprogramm der RBauD in Börnicke fort. Die vorgesehenen Versuche im Anhalter Bahnhof mit einer WR 550 mussten unterbleiben, so dass man sich auf eine Vergleichsrechnung der bei den Streckenversuchen mit diesem Loktyp erzielten Werten begnügen musste. Deutlich wurde auch diesmal wieder die überaus hohe Lärmbelästigung her-

---

38 Der Vorstand des Reichsbahn-Versuchsamts für Lokomotiven und Triebwagen. Fklvi 1232 VLI vom 21.12.1939. Rep. TZA 230. ZVA

39 Der Vorstand des Reichsbahn-Versuchsamts für Lokomotiven und Triebwagen. Fklvi 1334 VLI vom 22.4.1940. Rep. TZA 246. ZVA

40 Der Vorstand des Reichsbahn-Versuchsamts für Lokomotiven und Triebwagen. Fklvi 1412 VLI vom 28.11.1941. Rep. TZA 229. ZVA

41 Reichsbahn-Zentralamt Berlin. 2232 Fklvi 2/41 vom 8.4.1942. SaWi

42 Der Vorstand des Reichsbahn-Versuchsamts für Lokomotiven und Triebwagen. Fklvi 1412a VLI vom 4.7.1942. Rep. TZA 229. ZVA

43 Reichsbahndirektion Berlin. 23 M 32 Fklv - 127 vom 13.1.1941. SaWi Reichsbahn-Zentralamt Berlin. 220/31 Fklvi 3/39 vom 16.4.1941. SaWi, Der Vorstand des Reichsbahn-Versuchsamts für Lokomotiven und Triebwagen. Fklvi 1320 VL I vom 24.12.1940. SaWi Reichsbahn-Zentralamt Berlin. 2232 Fklvi 2/41 vom 8.4.1942. SaWi

Holzgas- und Wehrmachtsdiesellok

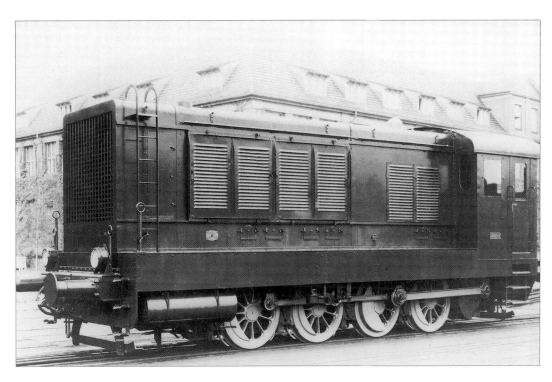

vorgehoben, die einen Einsatz im Rangierdienst verboten hätte.⁴³
Weitere Versuche mit einer Maschine aus der WR-Lok-Reihe nahm die LVA Grunewald auf der Strecke Heidenau – Altenberg (Müglitztalbahn) in der RBD Dresden vor, die im Rahmen eines Exportauftrages der BMAG über Diesellokomotiven der Bauart WR360C14 für die Rumänische Staatsbahn stattfanden. Hierbei stand die Forderung der Rumänischen Staatsbahn im Vordergrund, einen Zug mit 200 t Gewicht in 700 m Höhe auf einer Steigung von 4 % bei einer Geschwindigkeit von 5 km/h fördern zu können. Man wählte für die Fahrten am 16. und 17. Februar 1942 die Müglitztalbahn aus, da sie mit ihren langen Steigungen eine Höhe von über 750 m erreichte, auch wenn sie nur eine maximale Neigung von 3,62 % aufwies. Doch erhöhten die engen Krümmungen und die teilweise vorhandenen Leitschienen den Fahrtwiderstand zusätzlich, so dass man sich auf die Versuche auf dieser Strecke einigen konnte. Das Hauptaugenmerk legte die LVA auch hierbei auf die Aufnahme der Zugkraftkennlinie und die Messung des Kraftstoffverbrauches.

Der Versuchszug bestand aus dem Messwagen der LVA sowie weiteren drei vierachsigen Wagen. Zwischen der Versuchslok und dem Messwagen wurde, wie üblich, die Zugkraftmessdose installiert, zur Kraftstoffmessung diente ein geeichtes Gefäß. Die Leistungsanforderungen bedeuteten für den Betrieb der Lok ein beständiges Arbeiten an ihrer Grenzleistung, so dass angenommen wurde, die Strecke bei 5 bis 7 km/h in einstündiger Fahrt im Wandler zurücklegen zu müssen. Um die notwendige Zugkraft erbringen zu können, wäre die Ausnutzung der höchsten erreichbaren Haftreibung erforderlich gewesen. Fahrten am ersten Tag zum Erlangen der Streckenkenntnis der Versuchslokführer bei feinem Schneetreiben machten dann auch ein permanen-

Auch die vierachsige Bauart WR550D14 wurde umgehend von der LVA untersucht, das Bild zeigt die Maschine auf der Drehscheibe in Wildau.

BMAG, Slg. D. Winkler

Versuchstätigkeit während des Zweiten Weltkrieges

tes Sanden erforderlich. Am eigentlichen Versuchstag waren die Schienen dann jedoch trocken, so dass man auf diese Hilfe verzichten konnte. Die Fahrt verlief wie angenommen bei eingeschalteten Verschiebegang im Wandlerbetrieb. Auf der letzten Steigung zwischen Geising und Altenberg wurde das Anfahren unter den starken Streckenneigungsverhältnissen untersucht. Dabei setzte die Versuchslok nach zwei Halten den Versuchszug ohne Schleudern wieder in Bewegung. Die Versuche mit der WR 360 C14 zeigten, dass die geforderten Zugkräfte erreicht werden konnten und die Maschine auch noch auf steigungsreicher Strecke durchaus in der Lage war, einen 200-Tonnen-Zug zu bewegen. [44]

6.5 Die Erprobung der Kriegslokomotiven

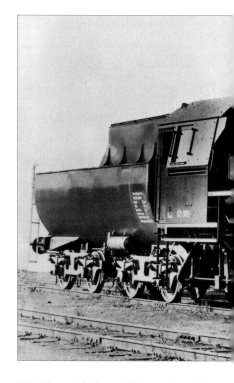

Relativ wenig ist bisher über die Versuche mit den Kriegslokomotiven der Baureihen 42 und 52 bekannt geworden, obwohl sie der LVA eines der umfangreichsten Versuchsprogramme bescherten, welches an Lokomotiven einer Baureihe absolviert wurde. Allerdings lag dies vornehmlich in der Vielzahl der Ausführungsvarianten an Lokomotiven dieser Baureihen begründet und der nahezu nicht enden wollenden Änderungen an Baugruppen und Bauteilen, die in den Maschinen der Reihe 52 sowie später der Reihe 42 Verwendung fanden. *Nordmann* selber veröffentlichte weder über die 52 noch über die 42 etwas, so dass es *Buttazzoni* und *Velan* in der österreichischen Fachzeitschrift „Maschinenbau und Wärmewirtschaft" erst im Jahre 1950 vorbehalten blieb, die damals scheinbar wenigen verfügbaren Aussagen zu veröffentlichen.

In der Veröffentlichung von 1950 bezogen sich die Autoren u.a. auf die Versuchsergebnisse, welche die LVA mit 52 180 erzielt hatte. Hier zeigte sich, dass die Werte des effektiven Dampfverbrauches der Reihe 50 und der untersuchten 52 180 bei 60 km/h vollständig übereinstimmten. Unter niedriger Belastung wies die 52 einen besseren Kesselwirkungsgrad als die 50 auf. An der Reihe 42 wurden, soweit bekannt, Messfahrten an 42 0002 (Brotankessel) und an 42 501 (Normalausführung mit Stehbolzenkessel) vorgenommen. Sie zeigten, dass die Leistungswerte der beiden Lok sich nur unwesentliche voneinander unterschieden. Ein Vergleich der Wirkungsgrade beider Kessel konnte aufgrund fehlender Werte für den Stehbolzenkessel nicht vorgenommen werden. [45]

Neben den zahlreichen Ausführungsvarianten der Kriegslok standen auch die unterschiedlichen Tenderbauformen im Blickpunkt der Untersuchungstätigkeit der Reichsbahn. So musste die LVA an dem Kastentender K4T32 im Frühjahr 1943 Entgleisungsversuche

---

44 Koch, Karl: Kurze Beschreibung des Aufbaues und Ergebnisse der versuchstechnischen Durchprüfung zweier 360-PS-Motorlokomotiven. MTZ. (1949), Beiheft 1 „Motorzugförderung", S. 48

45 Buttazzoni; Velan: a.a.O.

46 Niederschrift über die 18. Sitzung vom Arbeitsausschuß Konstruktion. 11. Mai 1943, Anlage 4

Die Erprobung der Kriegslokomotiven

Nach vielen Bauartänderungen und Entfeinerungen an der Baureihe 50 entstand die erste Kriegslokomotive. Die von den BLW gebaute 52 001 wurde zu einer Propagandafahrt herangezogen.

Werkbild, Slg. D. Winkler

durchführen, die Erkenntnisse über das Fahrverhalten bei rückwärts fahrender Lok erbringen sollten. Man kam zu dem Schluss, dass der Tender mit neuen Spurkränzen nicht entgleisungssicher sei, hingegen mit abgenutztem Spurkranz und Schmierung die Sicherheit gegeben ist. Um eine Vergleichbarkeit der erhaltenen Daten zu erhalten, führte man die selbe Versuchsreihe noch mit dem 2'2'T26 durch, der besser abschnitt. [46]

Ein weiteres Gebiet der Untersuchung betraf die Verschleißminderung an den Spurkränzen, wofür die unterschiedlichsten Arten von Spurkranzschmierungen untersucht wurden.
Eingebaut in 52 006 erprobte man verschiedene Ausführungen seit März 1943 für die Verwendung in der Kriegslokomotive. Und auch die Kombination von Öl- und Fettschmierung an den Treibstangenlagern untersuchte man, in diesem Falle seit Februar 1943 an 52 180.

Waren Entwicklung und Fertigung der Einheits-Kriegslokomotive mit einem klaren Programm zu Materialreduzierung und „Entfeinerung" verbunden, so bleibt der Bau der Baureihe 52 mit Kondenstender für die Kriegsjahre ein recht aufwändiges Unterfangen, schuf man doch damit eine Lokomotiv-Variante, die in Friedenszeiten sicherlich nie in Erwägung gezogen worden wäre. Diese Maschinen waren von vornherein für Einsatzgebiete in der besetzten Sowjetunion bestimmt gewesen. Die erste Lokomotive dieser Bauart, 52 1850, wurde im Zeitraum zwischen dem 9.4. und 4.12.1943 von der LVA systematischen Untersuchungen unterworfen, wobei die Lok vom 27.7. bis 31.8. in den „besetzten Ostgebieten" weilte. Die Untersuchungen zeigten die allgemeine Bewährung der Ausführung, wobei einige Mängel noch zu beseitigen waren. Es wurde festgestellt, dass der Einsatzbereich der Lok bei 1000 km ohne Wassernehmen lag. Gegenüber der vorher un-

Versuchstätigkeit während des Zweiten Weltkrieges

Fertig für die Fahrt in den Osten: Ein Lokzug, geführt von 52 1852 wartet auf dem Rangierbahnhof Schöneweide in Berlin.

Slg. A. Gottwaldt

tersuchten 52 180 zeigte sich eine um 3,4 % geringere Leistung der Lok, die auf den Energiebedarf der Hilfsturbinen zurückzuführen war. Hingegen lag der Kohlenverbrauch um 10 % unter der 52 180.⁴⁷

Hatte man bei der ersten Lieferung der Kondenslokomotiven im Falle eines Notbetriebes ohne Kondensationsanlage das Ausströmen des Abdampfes durch einen besonderen Stutzen vor der Lüfterturbine und die Neuanfachung des Feuers über das Saugzuggebläse vorgesehen, so wurde recht bald eine Umschaltung auf normalen Auspuffbetrieb gefordert. Die erste Lok, an der die entsprechenden Veränderungen vorgenommen wurden, war 52 1949, die daraufhin im Frühsommer 1944 zur LVA kam. Neben der Untersuchung der neuen Einrichtung standen noch weitere Versuche an, die Einfluss auf den Bau der Kondenslok der Reihe 42 haben sollten. Der Auspuffbetrieb bewährte

Die Erprobung der Kriegslokomotiven

sich so, dass alle weiteren Maschinen entsprechend ausgerüstet wurden. Die Versuche zur Verringerung der Kühlfläche des Kondensators zeigten die erwartete Verringerung der Kühlleistung. Weiterhin zeigte der Einbau eines Kühlerelementes an der Rückseite des Kühltenders die prinzipielle Möglichkeit dieser Anordnung.[48][49]

Neben der leistungsmäßigen Untersuchung der „Standardausführung" der Reihe 52 sowie der Kondenslok hatten sich die Mitarbeiter der LVA Grunewald mit der Typenvielfalt zu beschäftigen, die nach der Schaffung des AA Konstruktion im Hauptausschuss Schienenfahrzeuge der Reichsbahn trotz vielerlei Bedenken durch die Industrie beschert wurde. Zwei dieser Spielarten waren die Ausführung der Reihe 52 mit Krauss-Wellrohrkessel und die neuerliche Ausführung einer Lok für die Reichsbahn mit Lentz-Ventilsteuerung. Auf ihrer 1. Sitzung legte die neu geschaffene Arbeitsgruppe „Versuche" im AA Konstruktion in Berlin am 9.11.1943 das Versuchsprogramm für die zu bauenden Lok der BR 52 mit Lentz-Ventilsteuerung fest. Die Versuche sollten im Bereich der RBD Regensburg anlaufen, wo auch die nächste Sitzung, fachgemäß im dort befindlichen Messwagen der LVA, stattfinden sollte.[50] Während der 2. Sitzung der Arbeitsgruppe „Versuche" im AA Konstruktion in Regensburg am 8.2.1944 trug *Klie* von der LVA den bisherigen Stand der Arbeiten vor. Man hatte an der mit „Krausskessel" ausgerüsteten 52 3620 mit Anheiz- und Blasversuchen am 23.12.1943 begonnen sowie die Bewegungen des Wellrohrs gegenüber dem Kurzkessel gemessen, bevor die Lok das erste Mal am 11.1.1944 auf die Strecke geschickt wurde. Während der ersten Fahrten zeigten sich stärkere Bewegungen des Wellrohres, die zu sehr starken Undichtigkeiten am Bodenring führten, woraufhin die Versuche mit der Lok abgebrochen werden mussten. Die festgestellten Undichtigkeiten deckten sich mit den Beobachtungen während der Werksprobefahrten der Herstellerfirma Krauss-Maffei, die daraufhin an der Lok 52 3621 und den folgenden die Bodenringe verstärkte. Mit einer dieser Lok mit verstärkter Bodenringkonstruktion, 52 3622, setzte die LVA die Versuchsfahrten fort. Zwar traten auch hier Bewegungen zwischen Wellrohr und Kurzkessel auf, diese

47 Niederschrift über die 18. Sitzung vom Arbeitsausschuß Konstruktion. 11. Mai 1943, Anlage 4
48 Versuchsbericht Fklvg 1564 VL 3 vom 3.2.1944. (ZVA, Akte TZA 17). SaK
49 Versuchsbericht Fklvb 2045 VL 3 vom 12.9.1944. (ZVA, Akte TZA 17). SaK
50 Niederschrift über die 25. und 26. Sitzung vom Arbeitsausschuß Konstruktion. 18. und 19.1.1944, Anlage 12

Versuchstätigkeit während des Zweiten Weltkrieges

Die erste Maschine der zweiten Kriegslokbauart mit Brotankessel. Die LVA 1944 untersuchte die 42 0001.

Slg. D. Winkler

51 Niederschrift über die 27. Sitzung vom Arbeitsausschuß Konstruktion. 25.2.1944, Anlage 2
52 Vorbericht... des Reichsbahn-Versuchsamts für Lokomotiven und Triebwagen Berlin-Grunewald. Fklvk 1700 VL 3 vom 9.3.1944. SaWi
53 Niederschrift über die 27. Sitzung vom Arbeitsausschuß Konstruktion. 25.2.1944, Anlage 2
54 Schreiben Deutsche Reichsbahn, 31 Fkl 1259 vom 23.2.44; d.i. Anlage 1 in: Niederschrift über die 28. Sitzung vom Arbeitsausschuß Konstruktion. 13.3.1944
55 Niederschrift über die 31. Sitzung vom Arbeitsausschuß Konstruktion. 20.7.1944

hielten sich jedoch in vertretbar geringem Rahmen. Aufgrund der nunmehr befriedigenden Ergebnisse brach die LVA die ersten Beobachtungsfahrten ab, um die Lok für die systematischen Fahrversuche (Leistungsmessung etc.) auszurüsten. Im Rahmen der o.g. Besprechung wurde eine gemeinsame Versuchsfahrt mit 52 3622 von Regensburg nach Plattling durchgeführt.[51][52]
Weiterhin berichtete *Klie* auf der 2. Sitzung über den Stand der Versuche an der mit Lentz-Ventilsteuerung ausgerüsteten 52 4915, die am 21.1.1944 begonnen wurden. Generell waren auch hier, wie aus den zahlreichen vorhergegangenen Versuchen an ähnlich ausgerüsteten Maschinen keine besseren Ergebnisse zu erzielen. Zwar lobte man den sehr ruhigen Lauf der Maschine bei Füllungen kleiner 10 %, doch zeigten sich bereits nach nur 1000 km Laufleistung erhöhte Abnutzungen an der Ventilsteuerung, die auf ungenügende Materialgüte sowie mangelhafte Schmierung zurückzuführen waren. Da man, ausgehend von dem wiederholten und intensiven Bemühungen der Fa. Lentz,

ihre Ventilsteuerung bei der Reichsbahn unterzubringen, eine funktionstüchtige und betriebsreife Ausführung erwartet hatte, fiel die Kritik entsprechend scharf aus. Weiterhin brachen bei zwei Fahrten nach längerer Fahrtdauer die hinteren Zylinderbruchplatten. Generell war man seitens der LVA vorsichtig in der Bewertung der ersten Messergebnisse, *"....da die Versuche sehr unter der schlechten Lokkohle litten. Mehrere Fahrten mußten wegen starker Verschlackung des Feuers vorzeitig abgebrochen werden."* Allgemein fielen die Messergebnisse schlechter als bei 52 180 aus. Auf der Rückfahrt während o.g. Besprechung setzte man dann 52 4915 vor den Messzug und indizierte auch diese Maschine.[53]
Bereits Ende Februar 1944 teilte die Reichsbahn dem Hauptausschuss Schienenfahrzeuge mit, dass die bisherigen Versuchsergebnisse mit der 42 erkennen lassen, *"dass die verstärkte Kriegslok nicht die von uns erwartete Mehrleistung bringt. Wie aus den ... Teilberichten des Lokversuchsamtes hervorgeht, liegt der Grund in einem gegenüber der*

Die Erprobung der Kriegslokomotiven

ist zu gering, als dass der Bau einer neuen Kriegslokbaureihe gerechtfertigt wäre." [54]

Auf der 31. Sitzung des Arbeitsausschusses Konstruktion am 20. Juli 1944 in Mittweida berichtete *Koch* abschließend über die Ergebnisse der Messfahrten mit der Regelausführung der Baureihe 42. Verglichen wurden die Messergebnisse mit denen der Baureihe 52 (52 180) sowie den an 42 0002 (Brotankessel) gemessenen Werten. Die Messfahrten hatte die LVA Grunewald mit 42 501 unternommen. Befürchtungen über höhere Kohlen- und Dampfverbrauchswerte im Vergleich zur Reihe 52 bestätigten sich nicht. Die erreichten Leistungen befriedigten, wesentliche Bauartmängel lagen nicht vor. [55] In Hinblick auf die jedoch unbefriedigenden Leistung der Reihe 42 suchte man nach möglichen Lösungswegen und erwog u.a. den Einbau von Vorwärmanlagen der Bauarten Knorr und Heinl, die Ausrüstung mit Stoker sowie die Ausrüstung mit einem neuen, schweren Kessel, mit dem man sich eine Steigerung der Kesselleistung bei Nutzung eines Vorwärmers bis zu 20 % sowie eine Steigerung der Reibungsleistung um ca. 5 % versprach.[56] Die Vergrößerung des Zylinderdurchmessers bei der 42 von 630 auf 650 mm wurde nicht weiter verfolgt, da seitens der Reichsbahn der kleinere Durchmesser als ausreichend erachtet wurde, so dass die vorgesehenen Versuche mit 42 2521 unterblieben. Ebenfalls legte der AA Konstruktion im November 1944 fest, die Versuche an den weiterhin noch zu bauenden neun Loks BR 52 mit Lentz-Ventilsteuerung zurückzustellen sowie den Bau der Kondenslok der Reihe 42 und die lauftechnische Untersuchung der Reihe 42 zurückzustellen.[57]

Für die LVA brachten die Kriegslokomotiven in den Jahren seit 1942 ein mehr als umfangreiches Versuchsprogramm mit sich, was sich zunehmend auf die Erprobung neuer Baugruppen

Zahlreich waren die Erprobungsvarianten für Windleitbleche an den Kriegslokomotiven der Reihe 52. Ein Vorschlag des RZA Berlin sah einen Rahmen aus Profileisen und darin gefasste gespundete Bretter vor. Anfang 1943 erprobte die LVA diese Variante an der 52 180

F. Witte,
Slg. V. Kubitzki

R 52 höheren spezifischen Dampfverbrauch bei kleinen und mittleren Geschwindigkeiten und in der Nichtausnutzung des zulässigen Achsdruckes von 18 t." Weiter zog man den Schluss: *„Den Vorteil, den die Lok R 42 mit Stehbolzenkessel in ihrer jetzigen Ausführung gegenüber der R 52 bringt,*

56 Niederschrift über die 28. Sitzung vom Arbeitsausschuß Konstruktion. 13.3.1944
57 Niederschrift über die 32. Sitzung vom Arbeitsausschuß Konstruktion. 2.11.1944

Der Vorschlag „Karlsruhe" sah ein gekümpeltes Blech oberhalb der Rauchkammer vor. Die Versuchsfahrten Anfang 1943 zeigten aber nur eine mangelhafte Leistung.

F. Witte,
Slg. V. Kubitzki

Versuchstätigkeit während des Zweiten Weltkrieges

Im Juni 1943 kamen dann an 52 2328 Windleitbleche nach einem Vorschlag von Friedrich Witte zum Einsatz.

F. Witte
Slg. V. Kubitzki

und Bauteile bezog und umfangreiche Beobachtungsaufgaben und die Auswertung der Betriebsversuche notwendig machte. Materialeinsparung und Erprobung neuer Werkstoffe sowie die Bemühungen zur Leistungssteigerung führten soweit, dass sich der Hauptausschuss im Februar 1944 gezwungen sah, die Versuche zu bündeln. Weiter hieß es: *„Zur Entlastung des Lokversuchsamtes Grunewald ist anzustreben, Vor- bzw. Standversuche (keine Betriebsversuche) bei den Lokomotivfabriken vorzunehmen."*
Hinzu kamen Schadensuntersuchungen, wie bei den Drehgestellbrüchen an den Wannentendern der Baureihe 52. Bis Februar 1944 waren 23 Drehgestellrahmenwangen an Tendern K4T32 der Reihe 52 gebrochen.[58] Nachdem sich die Zahl bis Juli auf 353 erhöht hatte, entschloss man sich zur behelfsmäßigen Verstärkung der Drehgestelle. Zur Klärung der Ursachen und ggf. notwendigen Änderung der Konstruktion musste die LVA unter der Leitung von *Dr. Müller* Spannungsmessungen an den verstärkten und unverstärkten Tenderdrehgestellen vornehmen.[59]

An der mit Heinl-Mischvorwärmer ausgerüsteten 42 2637 unternahm die LVA im Herbst 1944 Beharrungsfahrten bei Lissa in der RBD Posen. Dabei zeigten sich erhebliche Störungen an der Anlage, die nach Umbaumaßnahmen behoben werden konnten. Ähnliche Versuche fuhr man mit einer mit Knorr-Vorwärmanlage ausgerüsteten 42'er. Allerdings musste hier die Pumpe wegen Störungen ausgebaut und auf den stationären Prüfstand genommen werden, bevor weitere Messfahrten erfolgreich verliefen.[60]
Erwähnenswert sind auch die Versuche, die *Witte* an 52 180 und anderen Maschinen in Bezug auf die Rauchbelästigung des Lokpersonals durch die aus dem Schornstein austretenden Abgase vornehmen ließ. Wie bekannt, fielen an den ersten Maschinen der Reihe 52 aufgrund der Bemühungen zur Materialeinsparung Windleitbleche, wie sie bisher für die Einheitslokomotiven charakteristisch waren, weg. Der Betrieb mit den ersten Lok der Reihe 52 sollte jedoch recht schnell zeigen, dass man auf Windleitbleche nicht verzichten konnte. Ursache war hierfür, wie bei den Einheitslokomotiven, dass durch die sehr groß dimensionierten Kessel der Schornstein entsprechend niedrig ausfallen musste, um innerhalb des Lichtraumprofils zu bleiben. Die Annahme, dass die im Güterzugbetrieb niedrigen Geschwindigkeiten den Fortfall der Windleitbleche rechtfertigen würden, erwiesen sich insofern als falsch, als dass insbesondere ein schräg von der Seite kommender Wind dem Lokführer die Streckenbeobachtung teilweise unmöglich machen kann. Anfängliche Versuche, diesen Einfluss außer Acht zu lassen und mit einem vor dem Schornstein angebrachten Blech die Ableitung der Abgase in größere Höhen herbeizuführen, wie sie ein ausreichend hoher Schornstein selbst bewirkt hätte, zeigten wenig Wirkung, da sie nicht die

Die Erprobung der Kriegslokomotiven

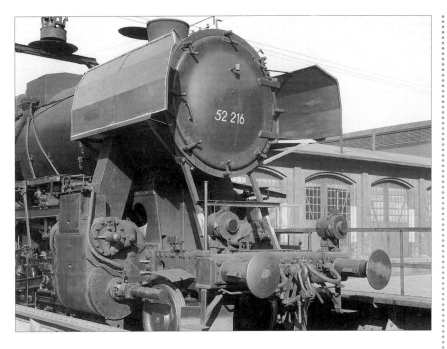

Bei der Auffahrt auf die Drehscheibenschiebebühne der LVA hielt Fr. Witte 52 216 fest, an der Stahl-Windleitbleche nach einem Vorschlag des RZA Berlin 1943 erprobt wurden.

F. Witte, Slg. V. Kubitzki

Grenzschicht und die dort vorhandene Wirbelzone beeinflussten.
So ließ man mehrere Varianten in Anlehnung an die alten Einheitsbleche unter dem Aspekt der Materialeinsparung bauen und führte mit den so umgebauten Maschinen Messfahrten durch. Eine entsprechende Konstruktionen aus Holz wies dann auch wieder die bekannten Unzulänglichkeiten der Einheitsbleche wie schlechte Zugänglichkeit der Pumpen usw. auf. Daraufhin ging *Witte* dazu über, den gesamten unteren Teil der Bleche fortzulassen. Eine erste Ausführung, wie sie an 52 2328 erprobt wurde, zeigte bereits den gewünschten Erfolg, wurde aber noch weiter verbessert, bis die typische Form der Windleitbleche erreicht war. Damit hatte *Witte* nicht nur die gewünschte strömungstechnische Beeinflussung der Abgase erreicht, sondern noch eine Materialeinsparung von einstmals 1000 kg bei der Reihe 50 zu 200 kg Stahl bei der 52 erzielt. In Ergänzung der Testreihen des Versuchsamts führte *Prof. Mölbert* an der TH Hannover auch Untersuchungen im dort vorhandenen Windkanal durch.[62] Diese neuen Windleitbleche fanden zuerst an den Kondens-Lokomotiven der Reihe 52 ihre Verwendung.

Vom Hauptausschuss Schienenfahrzeuge erhielt das LVA Grunewald den Auftrag, in Zusammenarbeit mit dem Staatlichen Materialprüfungsamt Berlin-Dahlem Untersuchungen an den unterschiedlichen Rahmenkostruktionen für die Baureihe 52 vorzunehmen. Zum einen führte die Versuchsgruppe 7 der LVA mit dem Dahlemer Amt 1943/44 an 52 001 und 52 6768 Dehnungsmessungen am unverstärkten und verstärkten Rahmen der Baureihe 52 durch.

Die Versuche fanden im Bahnhof Hof (Saale) statt. Hierzu wurden die Lok mit einer Geschwindigkeit von 45 km/h durch die Bahnhofsweichen geschoben, wobei die Verformungen am Rahmen aufgezeichnet wurden. Im Jahre 1944 schlossen sich Spannungsmessungen am geschweißten Rahmen von 52 524 an, die die Messgruppe im Zusam-

---

58 Niederschrift über die 28. Sitzung vom Arbeitsausschuß Konstruktion. 13.3.1944

59 Niederschrift über die 31. Sitzung vom Arbeitsausschuß Konstruktion. 20.7.1944

60 Niederschrift über die 32. Sitzung vom Arbeitsausschuß Konstruktion. 2.11.1944

61 Witte, Fr.: Windleitvorrichtungen bei Dampflokomotiven. Die Reichsbahn. (1948), S. 96

62 Niederschrift über die 25. und 26. Sitzung vom Arbeitsausschuß Konstruktion. 18. und 19.1.1944

Versuchstätigkeit während des Zweiten Weltkrieges

Alle haben sie sich vor der führenden Maschine versammelt, Lokführer, Heizer und die Herren vom Reichsbahnzentralamt. In der vorderen Reihe, dritter v.l. Ingenieur Rüggeberg, der die Kondenslok der Baureihe 52 während ihres Osteinsatzes begleitete und betreute und umfangreiche Berichte nach Berlin sandte, darunter auch Ergebnisse von im Osten durchgeführten Untersuchungen an den Maschinen. Neben ihm, im Kittel, Fr Witte vom RZA, nunmehr auf dem Posten Wagners als Lokomotivbaudezernent.

Slg. A. Gottwaldt

63 Hauptausschuss Schienenfahrzeuge beim Reichsministerium für Rüstung und Kriegsproduktion, Sonderausschuß Lokomotiven: Sonderanlage 10 zu den Niederschriften des A.A. Konstruktion, 32. Sitzung v. 2.11.1944

hang mit Fahrten zwischen Hof und Bamberg vornahm. Weiterhin untersuchten die Mitarbeiter des Dahlemer Materialprüfungsamtes an mehreren Kesseln der Baureihen 42 und 52 die Bewährung der ausgeführten Schweißungen, da es wiederholt zu Mängeln gekommen war.[63]

Die letzten Kriegsmonate machten schließlich ein kontinuierliches Arbeiten der Versuchsingenieure nahezu unmöglich.

Die zahlreichen Luftangriffe auf Berlin sowie die Zerstörungen der Bahnanlagen im Stadtgebiet verhinderten weitgehend jede zielgerichtete Tätigkeit. Die Messgruppen waren teilweise gezwungen, längerfristig mit den Messzügen in weniger luftgefährdete Regionen des noch unter deutscher Hoheit stehenden Territoriums auszuweichen. Eine Rückkehr der auswärtig arbeitenden Messgruppen erfolgte, wie oben gezeigt, zum Teil nicht mehr. Die Kapi-

Die Erprobung der Kriegslokomotiven

tulation des Deutschen Reiches und das damit endlich vollzogene Ende des Zweiten Weltkrieges in Europa bedeutete das Aus für das Grunewalder Lokomotiv-Versuchsamt.

Wie gezeigt, wurde die Einrichtung in den Grunewalder Hallen demontiert, die Messwagen fanden sich zum Teil nach dem Krieg im Osten und Westen Deutschlands wieder an.

Erst die zunehmende Normalisierung der Verhältnisse und die Überwindung der zahllosen Schwierigkeiten der ersten Wiederaufbaujahre in den Besatzungszonen ließen auch die systematische wissenschaftliche Untersuchung der Triebfahrzeuge wieder aktuell werden.

Und so entstanden mit vorerst bescheidenen Mitteln und zum Teil aus dem Erbe der LVA Grunewald neue Versuchsstellen bei beiden deutschen Bahnverwaltungen.

DIE REICHSBAHN
Nostalgie und Geschichte

Die Reichsbahn war für Eisenbahn-Freunde aus dem Westen bereits in den 60er Jahren ein lebendiges Museum. Holländische Enthusiasten haben damals die interessantesten Lokomotiven und Bahnanlagen der DR heimlich - und in Farbe - fotografiert. Die Ergebnisse ihrer abenteuerlichen Reisen durch Ulbrichts DDR wurden von Ton Pruissen zu einem sensationellen Farb-Bildband zusammengestellt!

T. Pruissen
Dampf zu Ulbrichts Zeiten
Best.-Nr. 30037
128 S., 150 Abb.,
Format 28 x 24 cm
ISBN 3-932785-37-1

Sie war die erste „gesamtdeutsche" Lokomotive. DR-Maschinen der Baureihe 112/143 fuhren ab 1991 bei der DB, ein Jahr darauf entschloss man sich sogar zur Weiterbeschaffung. Das Buch dokumentiert die Geschichte der Loks bis heute.

M. Dostal
Baureihen 112/143
Best.-Nr. 30050
160 S., 140 Abb.,
Format 17 x 24 cm
ISBN 3-932785-50-9

200 der „Kriegslokomotiven", Baureihe 52, wurden von der Deutschen Reichsbahn modernisiert. Und viele von ihnen dampfen noch heute - bei deutschen Museumsbahnen. Das Buch erzählt Ihre Geschichte unterstützt von zahlreichen eindrucksvollen Illustrationen.

M. Reimer/ D. Endisch
Baureihe 52.80
Best.-Nr. 7101
160 S., 140 Abb.,
Format 17 x 24 cm
ISBN 3-7654-7101-1

Das Ostkreuz – der lebendigste Bahnhof Berlins. An vier Bahnsteigen treffen insgesamt neun Linien zusammen. Erstmals gibt es jetzt ein Buch über diese berühmte Station, in der sich die Geschichte der Weltstadt Berlin und ihres Verkehrs spiegelt.

A. Butter/ H.-J. Kirsche/ E. Preuß
Berlin Ostkreuz
Best.-Nr. 30024
160 S., 140 Abb.,
Format 17 x 24 cm
ISBN 3-932785-24-X

Das Buch von Peter Bock gibt einen spannenden und erschü ternden Überblick über die E wicklung des Zugverkehrs zw schen der DDR und der BRD. den ersten Nachkriegs-woche bis hin zu den dramatischen Tagen der Grenzöffnung 1989

P. Bock
Interzonenzüge
Best.-Nr. 30033
240 S., 200 Abb.,
Format 17 x 24 cm
ISBN 3-932785-33-9

IHR KOMPETENTER PARTNER FÜR IHR HOBBY!

Erhältlich auch in Ihrer Buchhandlung.
Gleich bestellen: Telefon 0180-532 16 16 / Fax 0180-532 16 20 / www.geranova.de
Oder Gesamtprospekt direkt vom Verlag.